매일매일 쓰는 제미나이 AI
나노바나나

문수민, 박범희, 앤미디어 지음

생능북스

매일매일 쓰는 제미나이 AI
나노 바나나

초판 1쇄 발행 2025년 11월 10일
초판 3쇄 발행 2025년 12월 30일

지은이 | 문수민, 박범희, 앤미디어
펴낸이 | 김승기, 김민수
펴낸곳 | ㈜생능출판사 / 주소 경기도 파주시 광인사길 143
브랜드 | 생능북스
출판사 등록일 | 2005년 1월 21일 / 신고번호 제406-2005-000002호
대표전화 | (031) 955-0761 / 팩스 (031) 955-0768
홈페이지 | www.booksr.co.kr

책임편집 | 최동진
편집·진행 | 앤미디어
교정·교열 | 앤미디어
본문·표지 디자인 | 앤미디어
영업 | 최복락, 심수경, 차종필, 송성환, 최태웅, 김민정
마케팅 | 백수정, 명하나

ISBN 979-11-94630-35-7 (13000)
값 24,000원

- 생능북스는 ㈜생능출판사의 단행본 브랜드입니다.
- 이 책의 저작권은 ㈜생능출판사와 지은이에게 있습니다. 무단 복제 및 전재를 금합니다.
- 잘못된 책은 구입한 서점에서 교환해 드립니다.

제미나이의 AI 콘텐츠 생성법, 나노 바나나

혹시 같은 캐릭터로 여러 이미지를 만들 때마다 얼굴이 미묘하게 달라져 답답했던 경험이 있으신가요? 사진 속 복잡한 배경에서 인물 하나만 지우고 싶어, 편집 툴을 붙잡고 몇 시간씩 끙끙댄 적은 없으신가요? 또는 원하는 장면을 머릿속에 뚜렷하게 그리고도, 기존의 이미지 AI가 제멋대로 결과물을 내놓아 포기한 적은 없으신가요?
만약 그렇다면, 이 책이 바로 당신을 위한 책입니다.

소문만 무성했던 AI 모델, '나노 바나나(Nano Banana)'가 드디어 제미나이(Gemini)를 통해 우리 곁으로 왔습니다. 나노 바나나는 기존 이미지 AI가 안고 있던 여러 한계를 시원하게 돌파하며, 사용자의 말을 '찰떡같이' 이해하고, 창작자의 의도를 '정밀하게' 구현해 내는 놀라운 도구입니다. 그동안 어렵게만 느껴졌던 이미지 생성과 편집 과정이, 나노 바나나를 만나면 놀라울 만큼 간단하고 직관적으로 바뀝니다.

특히 제미나이 기반의 나노 바나나는 이미지와 영상을 다루는 창작자들에게 전혀 새로운 가능성을 열어줍니다. 단순히 멋진 이미지를 한 장 만들어내는 데 그치지 않고, 인물의 일관성을 유지하면서 연속적인 장면을 확장할 수 있는 능력은 영상 제작, 광고, 콘텐츠 마케팅 현장에서 게임 체인저가 될 만큼 강력합니다. 이제 우리는 한 번 정한 캐릭터나 모델을 중심으로, 다양한 표정과 동작, 새로운 배경과 상황을 자유롭게 그려낼 수 있습니다. 이를 통해 스토리텔링은 더욱 깊어지고, 브랜드 메시지는 더욱 생생하게 전달됩니다.

무엇보다 나노 바나나의 가장 큰 매력은 누구나 쉽게 배울 수 있다는 점입니다. '나노 바나나'라는 다소 장난스럽고 친근한 이름처럼, 이 기술은 결코 전문가들만의 전유물이 아닙니다. AI를 처음 접하는 초보자도 기본 개념과 사용법만 이해하면 곧바로 자신의 프로젝트에 적용할 수 있습니다. 이미지 편집 경험이 많지 않아도 괜찮습니다. 몇 가지 규칙과 활용 패턴을 익히기만 하면, 당신도 전문가 못지않은 결과물을 만들어낼 수 있습니다.

AI를 활용한 창작은 이제 선택이 아닌 필수입니다. 빠르게 변화하는 이 시대에, 누가 먼저 새로운 도구를 이해하고 활용하느냐가 곧 경쟁력으로 직결됩니다. 나노 바나나는 단순한 기술을 넘어, 창작자가 자유롭게 상상하고 표현할 수 있는 무한한 가능성의 열쇠입니다.

이 책이 여러분에게 AI 시대의 새로운 도구를 이해하는 출발점이자, 실질적인 작업 패턴을 익히는 든든한 길잡이가 되기를 바랍니다. 그리고 나노 바나나가 열어줄 창작의 세계에서, 당신만의 독창적인 결과물을 만들어가시길 기대합니다.

앤미디어

Preview

제미나이의 나노 바나나 모델을 이용하여 누구나 쉽고 빠르게 AI 콘텐츠 결과물을 얻을 수 있도록 4개의 파트와 50개의 레슨으로 구성하였습니다.

AI 생성 이론

나노 바나나의 생성 모델을 이용하여 이미지 생성하기 전에 AI 생성에 대한 개념을 학습합니다.

기능 학습

이미지 생성부터 보정, 합성 방법 등 효과적인 나노 바나나 모델 사용 방법을 학습합니다.

예제 미리보기

작업한 예제의 결과물을 확인할 수 있으며, 예제 과정과 콘셉트, 사용 기능을 소개합니다.

예제 따라하기

직접 예제를 따라하면서 학습할 수 있도록 예제 파일을 제공하고 작업 과정을 친절하게 설명합니다.

Contents

PART 1
나노 바나나를 제대로 사용하기 위한 기본기

01 구글의 이미지 AI, 나노 바나나 시작하기 16
  - 01 나노 바나나가 궁금해! 16
  - 02 완벽에 가까운 캐릭터 일관성 유지 17
  - 03 인물을 유지하면서 다른 배경 생성 원리 18
  - 04 사진처럼 자연스러운 이미지 합성 및 편집 21
  - 05 정보 검색과 사용자의 요구를 이해하는 정밀한 이미지 기능 24
  - 06 누구나 쉽게 사용할 수 있는 뛰어난 접근성 25
  - 07 생성한 이미지를 바로 영상으로 제작 가능 26

02 나노 바나나의 프롬프트 작성 노하우 10가지 27
  - 01 프롬프트의 기본 뼈대를 구성하라 _ 주체와 행동 그리고 배경 작성하기 27
  - 02 덜어내는 스킬을 사용하라 _ 방해되거나 모호한 키워드 제거하기 28
  - 03 묘사, 구체적인 디테일을 추가하라 _ 형용사를 활용한 이미지 묘사하기 30
  - 04 어려운 질문은 시각적으로 전달하라 _ 어려운 질문을 위한 파일 추가 기능 31
  - 05 퍼스트 프롬프트가 중요하다 _ 단어의 순서가 결과물 지배하기 32
  - 06 원하는 화면 비율 명시하라 _ 채팅창은 작업창이다 34
  - 07 일관성 있는 이미지를 생성하라 _ 나노 바나나의 특장점 살리기 35
  - 08 아트한 결과물은 스타일에서 나온다 _ 직관적이고 강력한 스타일 사용하기 36
  - 09 연출의 힘, 조명과 색감을 부여하라 _ 이미지에 분위기와 감성 표현하기 39
  - 10 피사체와의 시점을 지정하라 _ 구도와 앵글 활용하기 40

03 원하는 분위기로 이미지를 만들기 위한 조명 42
  - 01 강렬한 인상을 남기는 주광 42
  - 02 입체감을 살리는 보조광 43

03 인물의 실루엣을 표현하는 배경광	43
04 편안한 인상의 정면광	44
05 드라마틱한 분위기를 표현하는 측면광	45
06 강한 대비 효과를 주는 역광	46
07 따뜻한 빛	47
08 차가운 빛	48

04 이미지의 구도를 결정하는 카메라 샷 프롬프트   49

01 와이드 샷(Wide Shot)	49
02 웨이스트 샷(Waist Shot)	50
03 바스트 샷(Bust Shot)	50
04 1인칭 시점 샷(Point of View Shot, POV)	51
05 셀피 샷(Selfie Shot)	51
06 드론 카메라 샷(Drone Camera Shot)	52
07 오버 더 숄더 샷(Over-the-Shoulder Shot)	52
08 클로즈업 샷(Close-Up Shot)	53
09 익스트림 클로즈업 샷(Extreme Close-Up Shot)	53
10 하이앵글 샷(High-Angle Shot)	54
11 로우앵글 샷(Low-Angle Shot)	54
12 크레인 샷(Crane Shot)	55
13 더치앵글 샷(Dutch-Angle Shot)	55

PART 2
나노 바나나로 이미지 생성부터 편집 & 합성하기

01 제미나이 무료 사용부터 구독까지 알아보기   58

01 무료로 제미나이 실행하기	58
02 제미나이 구독과 취소하기	60

02 제미나이 메인 화면 알아보기	64
03 이미지와 영상 생성을 위한 프롬프트 입력창	66
04 사진을 화보처럼! 인물 의상과 배경 변경하기	68
01 인물을 유지하면서 부분 제거하기	69
02 인물 의상과 배경 변경하기	71
03 생성된 이미지에 야자수 이미지 추가하기	72
05 광고 사진처럼 부분 채도와 듀오톤 보정하기	74
01 특정 영역의 채도 조정하기	75
02 컬러 색을 줄여 분위기와 인물 강조하기	77
06 인물을 유지한 상태에서 계절 캠페인 배경 연출하기	79
01 이미지 속 배경을 계절별로 변경하기	80
02 계절 배경에 어울리는 의상 변경하기	83
07 옆면의 일상 사진을 정면 증명사진으로 만들기	84
01 측면 얼굴을 정면 얼굴로 수정하기	85
02 스냅사진을 증명사진으로 수정하기	87
08 감쪽같은 의상 피팅! 지정한 의상 갈아입히기	89
01 이미지를 업로드해 다양한 의상 갈아입히기	90
09 여러 장의 이미지를 한 장의 이미지로 합성하기	94
01 합성할 이미지 업로드하기	95
02 이미지를 구성하는 프롬프트 작성하기	96
10 드라마처럼, 서로 다른 인물의 동작을 변형하여 인물 합성하기	98
01 각각의 인물 사진으로 인물 합성하기	99
02 친근한 장면 연출하기	101
11 간단한 손 그림으로 원하는 포즈로 수정하기	103
01 손 그림으로 인물 동작 수정하기	104
02 피규어 형태로 이미지 재생성하기	107

12 밋밋한 사진에 카메라 구도로 다양한 샷 얻기 — 109
- 01 기본 카메라 구도로 이미지 생성하기 — 110
- 02 응용 카메라 구도로 이미지 생성하기 — 112

13 한 장의 이미지에 동일한 캐릭터 복제하기 — 114
- 01 기존 캐릭터 유지하면서 캐릭터 추가하기 — 115

14 비포 & 애프터, 피부 보정과 표정 변경하기 — 118
- 01 피부 트러블 보정하기 — 119
- 02 인물 표정 변경하기 — 120

15 원하는 나이에 맞게 인물 이미지 생성하기 — 122
- 01 유년기부터 노년기까지 인물 변경하기 — 123

16 구글 지도를 이용한 핫스폿 여행 장소 합성하기 — 127
- 01 구글 지도를 이미지로 저장하기 — 128
- 02 구글 지도 이미지와 인물 합성하기 — 130

17 원하는 화면 비율로 이미지 생성하기 — 133
- 01 9:16 비율의 숏폼 이미지 생성하기 — 134
- 02 16:9 비율의 유튜브 이미지 생성하기 — 135

18 연도별로 분석하여 이미지 생성하기 — 137
- 01 연도별 이미지 생성하기 — 138

19 외형과 정보의 결합으로 이미지 합성하기 — 141
- 01 서로 다른 견종 합성하기 — 142
- 02 강아지와 하우스 이미지 합성하기 — 143

20 페이스 오프! 인물 얼굴을 이용하여 인물 합성하기 — 145
- 01 서로 다른 인물 얼굴 교체하기 — 146
- 02 인물 배경 합성하기 — 148

21 이미지에서 분리와 합성을 자유자재로! — 150
- 01 인물과 의상, 소품을 분리한 이미지 생성하기 — 151
- 02 제미나이에서 의상과 소품 정보 얻기 — 152
- 03 패션 책 목업 이미지 만들기 — 154

PART 3
포토샵이 필요없는
나노 바나나 디자인 스킬

01 사진을 추출해서 일러스트 로고 만들기 — 160
- 01 추출한 이미지로 로고 생성하기 — 161
- 02 로고 수정하여 이미지 합성하기 — 163

02 상품 사진으로 홍보 연출 이미지 만들기 — 165
- 01 상품 사진에 맞게 인물 합성하기 — 166
- 02 광고 연출 컷 생성하기 — 168

03 디테일의 힘! SNS 홍보용 사진과 전단지 만들기 — 170
- 01 홍보 인물 설정하기 — 171
- 02 홍보 간판과 문구 생성하기 — 172
- 03 전단지 목업 이미지 만들기 — 173

04 타이포그래피를 이용한 에코백 디자인하기 — 175
- 01 문자 이미지에 원하는 색상 칠하기 — 176
- 02 채색된 문자 이미지로 에코백 생성하기 — 178

05 눈길을 사로잡는 팝업 광고창 이미지 만들기 — 181
- 01 상품과 광고 배경 합성하기 — 182
- 02 광고 문구 입력과 쿠폰 이미지 생성하기 — 183

06 문자 디자인 형태의 가로형 광고 배너 만들기 — 185
- 01 배너 비율과 배경 색상 지정하기 — 186
- 02 프롬프트로 광고 문자 입력하기 — 187
- 03 타이포그래피 이미지와 버튼형 아이콘 생성하기 — 188
- 04 문자와 배경 컬러 베리에이션하기 — 189

07 반려동물 사진으로 캐릭터 디자인 시트 만들기 — 191
- 01 사진을 캐릭터화하고 배경 변경하기 — 192
- 02 캐릭터 디자인 시트로 만들기 — 194

08 캐릭터로 다양한 동작의 이모티콘 제작하기   196
    01 여러 가지 표정 표현하기   197
    02 동작이 다양한 이모티콘 만들기   199
    03 캐릭터 꾸미기 아이템 만들기   200

09 분해와 조립도 마음대로! 광고 이미지 만들기   203
    01 제품의 부속이 보이도록 분해도 만들기   204
    02 분해된 제품을 완성하여 광고 이미지 만들기   206

10 부품 교체와 명칭, 정보까지 이미지 생성하기   208
    01 분해도 생성하고 변환하기   209
    02 지시선으로 부품 명칭 표기하기   211

11 원하는 스타일대로, 단계별 인테리어 구성하기   214
    01 기본 가구 배치하기   215
    02 인테리어 스타일 적용하기   218

12 게임 콘셉트부터 캐주얼 게임 타이틀 제작하기   220
    01 제미나이에서 게임 아이디어 얻기   221
    02 생성된 이미지에서 캐릭터 분리하기   223
    03 게임 타이틀 만들기   225

13 게임 패키지 디자인 캐릭터로 굿즈 만들기   227
    01 캐릭터를 활용해 피규어 제작하기   228
    02 피규어 패키지 제작하기   230

PART 4
이미지부터 영상까지!
실무 콘텐츠 제작

01 AI 영상 퀄리티를 높이는 카메라 구도 프롬프트 — 234
- 01 카메라 구도 프롬프트의 힘 — 234
- 02 영상 콘셉트와 카메라 샷 예시 — 234

02 영상의 기본, 카메라 샷으로 영상 생성하기 — 237
- 01 카메라 샷 프롬프트 작성하기 — 238

03 영상에 효과음과 성우 목소리 넣기 — 240
- 01 첨부 이미지와 사운드 프롬프트 입력하기 — 241

04 UI와 인포그래픽 프로필 커버 만들기 — 243
- 01 프로필 커버 생성하기 — 244
- 02 프로필 커버 영상 만들기 — 247

05 인물과 장면을 유지하면서 재미나이로 영상 만들기 — 250
- 01 영상 장면을 위한 소스 이미지 생성하기 — 252
- 02 소스 이미지를 기준으로 영상 생성하기 — 254

06 구글 어스와 제미나이로 이미지를 3D로 만들기 — 258
- 01 구글 어스에서 건물 스크린샷 캡처하기 — 259
- 02 제미나이로 3D 이미지 생성하기 — 261

07 메쉬 AI로 이미지를 3D 모델링하기 — 263
- 01 메쉬에서 2D 이미지를 3D로 생성하기 — 264
- 02 자동으로 텍스처 완성하기 — 266
- 03 윈도우 3D 뷰어로 불러와 확인하기 — 267

08 3D 스캐너처럼! 참조 이미지를 생성해 3D 인물 생성하기 — 272
- 01 애니메이션 장면 기획하기 — 273
- 02 주요 캐릭터를 디테일하게 생성하기 — 276

03 배경 이미지 생성하기	277
04 같은 배경을 다른 각도의 시야로 생성하기	280

09 이미지로 영상까지, 위스크로 애니메이션 만들기 281
01 스토리보드용 이미지 생성하기 282
02 위스크를 활용하여 장면 연출하기 284
03 생성된 장면을 영상으로 만들기 289

10 생성한 영상을 하나로, 캡컷으로 영상 합치기 292
01 캡컷 웹 버전으로 영상 불러오기 293
02 화면 전환 효과 적용하기 296

11 레시피와 재료 소스를 이용한 요리 영상 제작하기 297
01 구글 AI 스튜디오에서 나노 바나나 활용하기 298
02 재료를 활용한 밀키트 제작하기 302

12 구글 AI 스튜디오에서 디테일하게 영상 만들기 304
01 구글 AI 스튜디오에서 영상 생성하기 305
02 카메라 연출 영상 만들기 307

INDEX 309

예제 및 완성 파일 다운로드
생능출판사 홈페이지(https://booksr.co.kr)에서 다운로드할 수 있습니다.
- '나노 바나나', '제미나이'로 검색
- 여러 도서 중 이 책의 도서명을 찾아 클릭
- [보조자료]에서 다운로드

PART 1

나노 바나나를 제대로 사용하기 위한 기본기

이미지 생성형 AI인 나노 바나나를 시작하기 전에, 기본적으로 알아야 할 기본기와 완성도 높은 이미지 결과물을 만들어내는 데 최적화된 이론을 학습합니다. 특히 인물 유지와 배경 조합의 원리 이해, 정확한 정보 검색과 적용, 그리고 효과적인 프롬프트 작성 노하우 10가지 등 실질적인 가이드를 통해 이미지 품질을 한층 끌어올릴 수 있습니다. 이 모든 요소가 결합된 나노 바나나 모델은 누구나 쉽게 창의적이고 정교한 AI 이미지를 제작할 수 있도록 안내합니다.

LESSON 01 : 구글의 이미지 AI, 나노 바나나 시작하기

나노 바나나(Nano Banana)는 구글이 개발한 최신 인공지능(AI) 이미지 생성 및 편집 모델의 코드명이었습니다. 현재 이 기능은 제미나이(Gemini) 앱에 공식적으로 통합되어 강력한 이미지 편집 및 생성 능력으로 주목받고 있습니다. 단순한 이미지 생성을 넘어, 기존 AI의 한계를 뛰어넘는 섬세하고 일관성 있는 결과물로 사용자들 사이에서 큰 화제가 되고 있습니다.

01 나노 바나나가 궁금해!

나노 바나나의 놀라운 성능과 혁신적인 이미지 생성 능력은 구글의 최신 AI 모델인 제미나이 3 프로(Gemini 3 Pro)에 기반하고 있습니다. 이 모델은 수조 개에 달하는 이미지, 텍스트, 비디오 등 방대한 멀티모달 데이터를 학습하여, 이미지의 맥락을 정교하게 파악하고, 사용자 의도를 깊이 있게 이해하는 데 최적화되어 있습니다. 그 결과, 단순한 시각 요소를 넘어 의미와 감성, 상황까지 고려한 사실적이고 일관된 이미지 생성이 가능해졌습니다.

나노 바나나라는 이름은 사실 공식적인 제품명이 아닌, 개발 과정에서 우연히 탄생한 내부 코드명이었습니다. 하지만 이 이름이 가진 독특한 매력과 모델의 폭발적인 인기로 인해, 이제는 공식 명칭인 '제미나이 3 프로 이미지(Gemini 3 Pro Image)'보다 더 널리 알려지고 사용되는 이름이 되었습니다.

특히 캐릭터의 정체성 유지, 자연스러운 이미지 변환, 사용자 요청에 대한 정확한 반응 등 복잡한 이미지 편집과 합성을 요구하는 작업에서 탁월한 성능을 발휘하며, 나노 바나나의 핵심 기술적 동력으로 작용하고 있습니다. 이러한 AI 기술의 진화는 그동안 수작업으로만 가능했던 고난도 디자인 작업을 자동화하고, 창작자가 더 많은 시간과 에너지를 '창의성'에 집중할 수 있도록 해줍니다.

나노 바나나는 기존 이미지 생성 AI 모델들이 가지고 있던 여러 한계를 극복하며, 이미지 제작의 새로운 패러다임을 제시한 '게임 체인저'로 평가받고 있습니다. 이 혁신적인 모델은 단순한 이미지 생성에 그치지 않고, 실제 창작자와 디자이너의 작업 방식을 획기적으로 변화시킬 수 있는 다양한 기능을 제공합니다.

02 완벽에 가까운 캐릭터 일관성 유지

기존의 AI 이미지 생성 모델들은 동일한 캐릭터를 반복적으로 생성할 때 얼굴 생김새나 의상, 헤어스타일, 표정, 심지어 신체 비율이나 색조 등이 조금씩 달라지는 문제가 있었습니다. 이러한 일관성 부족은 특히 웹툰 작가들이나 동화책 일러스트레이터, 스토리보드 제작자, 광고 디자이너 등 연속된 이미지가 필요한 창작자들에게 큰 제약이 되어 왔습니다.

예를 들어, 웹툰에서는 같은 캐릭터가 여러 컷에 걸쳐 등장하지만, 얼굴이나 표정이 조금씩 달라지면 독자의 몰입을 방해할 수 있고, 동화책에서는 동일한 주인공의 모습이 변하면 이야기에 혼란을 줄 수 있습니다. 광고 시안 작업에서는 브랜드 이미지에 맞는 캐릭터의 일관된 표현이 매우 중요한데, 기존 AI 모델들은 이 점에서 한계를 보였습니다.

하지만 나노 바나나는 이러한 문제를 혁신적으로 극복했습니다. 한 번 생성된 캐릭터의 시각적 정체성, 즉 얼굴 형태, 눈매, 피부톤, 의상 스타일, 헤어스타일 등 고유한 특징을 거의 완벽에 가깝게 유지하면서도, 다양한 포즈와 표정, 카메라 앵글, 조명, 배경 변화 등을 자연스럽게 반영합니다. 예를 들어, 웹툰 작가는 같은 캐릭터가 웃다가 화를 내는 표정을 연속적으로 표현하거나, 동화책 일러스트레이터는 같은 주인공을 낮과 밤, 실내와 야외 장면에서 모두 자연스럽게 그려낼 수 있습니다. 광고 디자이너 역시 다양한 배경과 상황 속에서 브랜드 캐릭터의 일관된 이미지를 유지하면서도, 필요한 변화를 자유롭게 줄 수 있어 작업 효율이 크게 향상됩니다.

인물과 장소를 유지하면서 다양한 장면 생성이 가능한 나노 바나나(109쪽 참고)

이 덕분에 콘텐츠 제작자는 동일한 캐릭터를 기반으로 시간의 흐름과 감정 변화를 시각적으로 풍부하게 표현하는 연속 장면을 훨씬 수월하게 제작할 수 있습니다. 결과적으로, 나노 바나나는 콘텐츠의 몰입감과 전문성을 높이는 동시에 제작 과정의 속도와 효율성까지 획기적으로 개선하여, 웹툰, 출판, 광고, 게임 등 다양한 창작 산업 분야에서 새로운 표준으로 자리 잡고 있습니다.

03 인물을 유지하면서 다른 배경 생성 원리

동일 인물을 유지하면서도 시대와 장소, 의상, 분위기가 전혀 다른 배경 속에서 자연스럽게 어우러지는 이미지를 생성할 수 있는 이유는, 최신 이미지 생성 AI 모델이 갖춘 개념 분리(Concept Disentanglement)와 특정 개념 학습(Fine-tuning) 능력 덕분입니다. 이 능력은 AI가 하나의 프롬프트에 담긴 여러 요소를 각각의 독립된 구성 요소로 인식하고, 이를 유기적으로 결합해 결과물을 만들어내는 핵심적인 기술입니다.

좀 더 쉽게 설명하자면, AI는 수많은 이미지와 텍스트 데이터를 학습해온 '디지털 화가'와 같습니다. 이 디지털 화가는 단순히 외형을 그려내는 데 그치지 않고, 각 요소의 맥락적 의미와 표현 방식까지 이해하고 있습니다. 예를 들어, 사용자로부터 다음과 같은 프롬프트가 주어졌다고 가정해 봅시다.

> **프롬프트** 1920년대 경성의 거리에서 모던걸 스타일의 옷을 입고 있는 인물

AI는 이 문장을 하나의 통합된 이미지 설명으로 처리하지 않습니다. 오히려 다음과 같이 의미 단위별로 분해하여 각각의 요소를 해석합니다.

❶ **인물 정체성**: 반복적으로 등장하거나 강조된 특징을 기반으로 '이 인물이 누구인지', 즉 얼굴의 구조, 피부 톤, 눈매, 헤어스타일과 같은 고유한 시각적 정체성을 포착합니다. 이는 동일 인물을 여러 장면에 등장시키는 데 중요한 기준점이 됩니다.

❷ **시대적 배경**: '1920년대 경성'이라는 키워드는 당시의 건축 양식, 거리 풍경, 간판 디자인, 사회적 분위기 등을 떠올리게 합니다. AI는 학습한 데이터를 통해 그 시대적 분위기에 맞는 배경 요소들을 선택합니다.

❸ **의상 스타일**: '모던걸'이라는 단어는 특정 시대적 트렌드를 대표하는 복식, 예컨대 단발머리, 클로슈 모자, 짧은 치마, 하이힐 등을 연상시키며, AI는 이러한 복장을 입은 캐릭터를 그리는 데 필요한 시각 자료를 활용합니다.

❹ **화풍과 분위기**: 프롬프트에 '1920년대'라는 시간적 단서가 포함되어 있기 때문에, AI는 그 시대를 반영하는 빈티지한 질감, 낡은 필름 느낌, 흑백 또는 세피아 톤과 같은 시각적 표현 기법을 적용할 수 있습니다.

1920년 경성

이미지가 생성되었다면 생성된 이미지를 기준으로 다양한 시대별 도시 배경과 건축물, 인물 의상, 자동차, 이미지 색감 등을 프롬프트에 작성된 시대에 따라 시각적으로 생성합니다.

서울의 과거와 현재, 미래의 모습을 구현한 이미지로, 시대 배경과 인물, 색감의 조합을 시각적으로 표현

이처럼 나노 바나나는 각 요소를 독립된 층위로 분리하여 해석하고, 마치 다양한 재료를 조합해 요리하는 셰프처럼, 상황에 맞게 조화롭게 조립합니다. 이 과정에서 인물의 정체성은 고정된 기준으로 유지되며, 배경, 의상, 감정 표현 등은 자유롭게 변화시킬 수 있기 때문에, '시대가 바뀌어도 동일 인물처럼 보이는' 이미지를 생성할 수 있는 것입니다.

이러한 원리는 특히 하나의 캐릭터를 다양한 콘셉트로 변주해야 하는 IP 콘텐츠 제작, 게임 캐릭터 디자인, 애니메이션 설정화 등에서 매우 유용하게 활용됩니다. 예를 들어, 동일한 캐릭터가 고대 그리스 시대, 사이버펑크 미래 도시, 중세 판타지 세계 등 다양한 배경 속에 등장할 때에도 얼굴이나 표정에서 느껴지는 인물의 정체성이 유지된다면, 사용자나 관객은 그 캐릭터를 일관된 존재로 인식할 수 있게 됩니다.

2025년, 건물+자동차+인물+개(137쪽 참고)

2000년, 건물+자동차+인물+개

1980년, 건물+자동차+인물+개

1960년, 건물+자동차+인물+개

나노 바나나는 복합적인 텍스트 입력을 세부 개념 단위로 분리하고, 각각의 개념을 정확하게 시각화하는 능력을 통해, 변하지 않는 인물의 '정체성'을 다양한 배경과 스타일 안에서도 일관되게 유지할 수 있는 것입니다. 이 기술은 인간이 수작업으로 하던 '설정화' 또는 '콘셉트 아트'의 영역을 자동화하면서도 높은 수준의 품질을 유지할 수 있게 해주는 강력한 도구입니다.

Tip 입소문 때문에 유명해진 나노 바나나

'나노 바나나'는 구글이 자사 AI 이미지 모델을 익명으로 성능 테스트할 때, 임시로 붙인 이름이었습니다. 새벽 2시에 급히 정해진 이 엉뚱한 이름은 구글과의 연관성을 감추기 위한 것이었죠. 그러나 테스트에서 압도적인 성능을 보여주며 AI 커뮤니티에서 입소문이 났고, 독특한 이름 덕분에 사람들의 기억에 강하게 남았습니다. 이후 구글이 정체를 공개했을 때는 이미 '나노 바나나'라는 이름이 널리 퍼진 상태였습니다. 기술적인 명칭보다 훨씬 친근하고 기억하기 쉬워 대중적인 인기를 얻었고, 구글도 이를 자연스럽게 공식 커뮤니케이션에 수용하게 되었습니다. 이처럼 '나노 바나나'는 우연한 작명이 브랜드화된 대표적인 사례입니다.

04 사진처럼 자연스러운 이미지 합성 및 편집

나노 바나나는 단순히 이미지를 '그려주는' 도구를 넘어, 실제 사진과 육안으로 구분하기 어려울 정도로 자연스럽고 사실적인 합성·편집 기능을 제공합니다. 기존에는 전문 그래픽 디자이너가 포토샵과 같은 고급 툴을 사용해 수많은 레이어와 마스크를 조정해야 가능했던 복잡한 작업들이, 이제는 텍스트 한 줄 명령어만으로 구현됩니다. 사용자는 원하는 장면을 묘사하는 문장을 입력하기만 하면 되고, 나노 바나나는 그 지시에 따라 조명, 그림자, 색감, 원근감까지 정밀하게 조율하여 결과물을 완성합니다. 이 과정에서 생성된 이미지는 단순히 '그럴듯한 합성'이 아니라, 전문가 수준의 결과에 근접한 품질을 자랑합니다.

예를 들어, 서로 다른 장소에서 찍은 두 사람의 사진만 있더라도, 나노 바나나는 이들을 마치 같은 공간에서 함께 촬영한 듯한 장면으로 합성합니다. 단순히 피사체를 잘라 붙이는 것이 아니라, 인물 간의 시선 교차, 그림자의 방향, 배경의 조도와 질감까지 일관성 있게 맞춰 주어, 보는 이가 합성을 전혀 눈치채지 못할 정도로 자연스럽습니다. 이러한 기능을 응용하면, 한 명의 주인공을 다양한 상황 속에 배치하거나, 여러 캐릭터를 한 장면 속에 모아 스토리텔링을 전개하는 것이 가능합니다. 나아가 각 장면을 연결하면, 실제 촬영 없이도 짧은 영상 시퀀스를 제작할 수 있어 콘텐츠 제작의 시간과 비용을 획기적으로 절감할 수 있습니다.

등장 인물

등장 인물의 행동을 생성(98쪽 참고)

또한 나노 바나나는 얼굴, 의상, 배경을 자유롭게 교체하거나 조합할 수 있는 고도화된 이미지 합성 기능을 지원합니다. 특정 인물의 얼굴을 다른 인물의 몸에 자연스럽게 입히는 것은 물론이고, 촬영 당시에는 불가능했던 의상 변경이나 계절감 전환도 손쉽게 처리할 수 있습니다. 예컨대, 같은 모델이 여름에는 해변에서 반팔 셔츠를 입고, 겨울에는 눈 덮인 거리에서 두꺼운 코트를 입은 장면을 만들 수 있습니다. 이는 전통적인 사진·영상 제작에서 불가피하게 발생하는 재촬영 비용과 일정 부담을 없애 주며, 한 번의 인물 생성만으로 사계절 캠페인 이미지를 모두 확보할 수 있는 새로운 제작 패턴을 가능하게 합니다.

최근 드라마나 영화에서 활용되는 딥페이크 기법 또한 나노 바나나의 범주 안에 있습니다. 단순히 얼굴만 교체하는 수준이 아니라, 표정의 디테일, 피부 질감, 조명 반사까지 사실적으로 반영하기 때문에 시청자가 어색함을 느끼지 않습니다. 더 나아가 전혀 존재하지 않는 인물을 창조하거나, 역사적

인물을 현대의 장면 속에 등장시키는 등 기존 영상 제작 방식으로는 상상하기 어려웠던 시도도 손쉽게 실현할 수 있습니다.

나노 바나나는 단순한 이미지 AI를 넘어 현실과 가상의 경계를 허무는 차세대 합성·편집 플랫폼이라 할 수 있습니다. 사진처럼 자연스러운 결과물을 통해, 개인 크리에이터부터 광고 제작사, 영화사까지 누구나 창작 과정에서 혁신적인 효율성과 확장성을 경험하게 될 것입니다.

원하는 부분만 합성하거나 교체가 자유로운 나노 바나나(145쪽 참고)

05 정보 검색과 사용자의 요구를 이해하는 정밀한 이미지 기능

기존 이미지 편집 AI는 사용자의 요구를 부분적으로 반영하거나 문맥을 제대로 이해하지 못해, 종종 의도와는 다른 엉뚱한 결과물을 만들어내는 경우가 많았습니다. 그러나 나노 바나나는 높은 수준의 문맥 이해 능력과 함께, 실시간 정보 검색 능력까지 결합하여 사용자의 지시를 정밀하게 해석하고, 이를 정확하고 자연스러운 이미지로 구현해냅니다. 단순히 텍스트 명령을 따르는 수준을 넘어, 요청의 의미, 배경 지식, 시각적 의도까지 파악해 종합적으로 반영합니다.

예를 들어, '이 사진에서 사람만 없애줘'라는 요청에는 인물의 윤곽과 주변 배경을 정확히 파악하여 인물만 감쪽같이 제거하고 자연스럽게 배경을 복원합니다. 또 '입고 있는 옷 색깔을 파란색으로 바꿔줘'라는 명령에는 단순 색상 변경부터, 광원과 그림자, 질감까지 조정된 세밀한 편집을 자동으로 수행합니다. 여기에 더해 나노 바나나는 구글의 실시간 검색 및 지도 정보를 활용하여, '파리 에펠탑이 보이는 배경으로 바꿔줘' 또는 '디즈니랜드 파크를 배경으로 합성해줘' 같은 요청에 대해 실제 장소 데이터를 기반으로 한 정확하고 사실적인 배경 합성도 가능하게 합니다.

구글 지도의 디즈니랜드 파크를 배경으로 캐릭터 의상 생성(127쪽 참고)

이처럼, 나노 바나나는 단순한 이미지 생성이나 편집을 넘어, 사용자의 요구, 실제 정보, 시각적 맥락을 통합하여 완성도 높은 결과물을 만들어내는 차세대 멀티모달 AI입니다. 결과적으로 사용자는 더욱 정밀하고 직관적인 방식으로 AI를 제어할 수 있으며, 창작의 자유도와 품질은 한층 더 높은 수준으로 도약하게 됩니다.

06 누구나 쉽게 사용할 수 있는 뛰어난 접근성

이 모든 고급 기능들이 전문가만을 위한 도구에 국한되지 않고, 이제는 제미나이 앱을 통해 일반 사용자 누구나 손쉽게 사용할 수 있게 되었습니다. 별도의 고성능 그래픽 장비나 복잡한 소프트웨어 없이도, 스마트폰 하나만으로 고품질의 이미지 생성과 편집이 가능하다는 점은 나노 바나나의 가장 강력한 장점 중 하나입니다.

제미나이에서 프롬프트와 소스 이미지만으로 손쉽게 합성 이미지 생성(141쪽 참고)

사용자는 앱 내에서 음성 명령 또는 텍스트 입력만으로 원하는 이미지를 실시간으로 제작할 수 있으며, 직관적인 인터페이스와 빠른 처리 속도 덕분에 전문 지식이 없는 일반인도 손쉽게 창작 활동을 시작할 수 있습니다. 이로 인해 콘텐츠 제작의 진입 장벽이 크게 낮아지고, 개인 크리에이터부터 중소기업, 교육 현장에 이르기까지 다양한 분야에서 폭넓게 활용되고 있습니다.

07 생성한 이미지를 바로 영상으로 제작 가능

제미나이와 같은 강력한 AI 모델인 나노 바나나를 활용하면, 이미지 생성이 가능하고 제미나이 안에서 동영상으로 이어지는 콘텐츠 제작이 가능합니다. 이는 단순한 기능의 결합을 넘어서, 콘텐츠 기획부터 시각화, 영상화까지의 전 과정을 하나의 흐름으로 연결해 주는 혁신적인 작업 방식입니다.

이러한 통합적인 AI 활용은 콘텐츠 제작의 속도와 퀄리티 모두를 비약적으로 향상하며, 크리에이터와 디자이너, 마케터 등 다양한 분야의 작업자들에게 새로운 가능성을 제시합니다. 특히 추상적이고 감각적인 아이디어를 실시간으로 구체화할 수 있다는 점에서, 기존의 수작업 중심 제작 방식과는 비교할 수 없는 효율성과 창의성을 갖추고 있습니다. 예를 들어, 단 몇 줄의 텍스트 프롬프트만으로 머릿속 아이디어를 시각적 이미지로 구현할 수 있습니다. 인물 사진과 함께 UI 요소나 인포그래픽을 조합해 매력적인 프로필 커버 이미지를 생성한 뒤, 이 이미지를 기반으로 제미나이에서 자신을 소개하는 맞춤형 영상을 자동으로 제작하는 것도 가능합니다.

한 장의 인물 사진을 다양한 프로필 이미지로 생성

생성한 이미지의 인물이 움직이는 영상으로 제작(243쪽 참고)

LESSON 02  나노 바나나의 프롬프트 작성 노하우 10가지

나노 바나나는 상상하는 거의 모든 이미지를 생성할 수 있는 강력한 AI 모델이지만, 그 잠재력을 100% 끌어내기 위해선 '프롬프트'를 어떻게 쓰느냐가 핵심입니다. 단순한 문장 하나에도 따라오는 결과물은 완전히 달라질 수 있기 때문이죠. 나노 바나나를 처음 접한 사용자부터, 더 정교하고 감각적인 결과물을 원하는 크리에이터까지 모두에게 도움이 될 수 있도록 이미지 생성 프롬프트 작성의 실전 노하우 10가지를 알아보겠습니다.

01 프롬프트의 기본 뼈대를 구성하라 _ 주체와 행동 그리고 배경 작성하기

좋은 이미지 프롬프트를 작성하는 과정은 마치 하나의 완전한 문장을 만드는 것처럼, 세 가지 핵심 요소를 유기적으로 연결하는 것에서부터 시작됩니다. 이 기본 뼈대는 우리가 상상하는 장면의 청사진 역할을 하며, AI가 명확한 그림을 그릴 수 있도록 안내하는 가장 중요한 첫걸음입니다.

가장 먼저, 문장의 주어처럼 이미지의 명확한 주체를 설정해야 합니다. 이는 단순히 '강아지'나 '직장인' 같은 단어를 넘어, 이미지의 주인공이 누구인지, 무엇이 핵심인지를 구체적으로 정의하는 단계입니다. 예를 들어 '귀여운 강아지'나 '20대 한국 직장인'처럼 묘사를 더하는 것만으로도 AI는 훨씬 더 명확한 대상을 포착하게 됩니다.

다음으로, 이 주체에게 생명력을 불어넣는 행동이나 상태를 부여합니다. 주체가 무엇을 하고 있는지, 혹은 어떤 상태에 있는지를 묘사함으로써 이미지에 이야기와 동적인 느낌을 더할 수 있습니다. '힙합 스타일 옷을 입은 여성'이 가만히 있는 것이 아니라 '춤을 추고 있는' 행동을 추가하면, 정적인 장면이 아닌 역동적인 순간이 생성됩니다.

이 모든 이야기가 펼쳐질 무대, 즉 배경과 장소를 설정하여 장면을 완성합니다. 배경은 이미지의 전체적인 분위기를 결정하고 주체를 더욱 돋보이게 만드는 중요한 역할을 합니다. '힙합 스타일 옷을 입은 여성'이 '골목의 낙서가 있는 벽 배경'이라는 구체적인 공간에 놓이게 되면, 비로소 우리의 상상은 하나의 완전하고 안정적인 장면으로 구체화됩니다. [주체] + [행동] + [배경]이라는 세 가지 키워드가 모여 하나의 완전하고 지시적인 프롬프트 문장이 탄생하는 것입니다. 이처럼 각 요소를 논리적으로 연결하여 하나의 문장으로 구성하는 것이 프롬프트 작성의 가장 기본적이면서도 강력한 핵심입니다.

인물 + 힙합 춤 + 낙서가 있는 배경(103쪽 참고)

02 덜어내는 스킬을 사용하라 _ 방해되거나 모호한 키워드 제거하기

이미지 생성을 단순히 원하는 요소를 '더하는' 과정이라고 생각하기 쉽지만, 때로는 원하지 않는 요소를 정교하게 '덜어내는' 기술이 이미지의 완성도를 극적으로 끌어올립니다. 부정 프롬프트는 바로 이 '덜어내기'의 기술로, 마치 조각가가 돌덩이에서 불필요한 부분을 깎아내어 완벽한 형태를 드러내는 것처럼, AI의 무한한 가능성 속에서 우리가 원치 않는 결과물이 나타나지 않도록 명확한 가이드라인을 제시하는 역할을 합니다.

AI는 수많은 데이터를 기반으로 이미지를 생성하기 때문에, 우리가 특정 단어를 제시했을 때 연관성이 높은 다른 요소들을 의도치 않게 포함시키는 경우가 많습니다. 예를 들어, '아름다운 숲'이라는 프롬프트를 입력하면, AI는 데이터 속 '숲'과 자주 함께 등장했던 '등산객', '오솔길', '산장' 같은 인공적인 요소들을 자연스럽게 추가할 수 있습니다. 하지만 우리가 상상한 이미지가 사람의 손길이 닿지 않은 원시적이고 고요한 자연이었다면, 이러한 추가 요소들은 오히려 방해가 됩니다.

바로 이때 '~없이(Without)', '~아닌(No)', '~피하다(Avoid)'와 같은 제외 키워드가 강력한 힘을 발휘합니다. '아름다운 숲'이라는 기본 프롬프트 뒤에 '사람이나 건물이 없는'이라는 구체적인 제외 조건을 덧붙이는 순간, 우리는 AI에게 단순한 '숲'이 아닌, '인간의 흔적이 배제된 순수한 자연으로서의 숲'을 그려달라는 훨씬 더 정제된 명령을 내리게 됩니다. 이 한 구절의 추가만으로 이미지의 서사와 분위기는 완전히 달라집니다. 평범한 공원에서 아무도 없는 신비로운 원시림으로, 그 성격이 명확해지는 것입니다.

이 기술은 단순히 특정 개체를 빼는 것을 넘어, 이미지의 스타일이나 구성을 제어하는 데에도 매우 유용합니다. 예를 들어, 깔끔한 로고 디자인을 원할 때 '로고 디자인, 글자 없는'이라고 명시하여 불필요한 글자가 생성되는 것을 막거나, 인물 사진을 요청하며 '여성의 초상화, 장신구 없는, 단순한 배경'이라고 지시하여 피사체 본연에만 집중된 미니멀한 결과물을 유도할 수 있습니다.

이미지에서 배경을 삭제하거나 미니멀한 이미지로 정확하게 합성(160쪽 참고)

부정 프롬프트는 모호함을 줄이고 사용자의 의도를 AI에게 가장 명확하게 전달하는 핵심적인 소통 도구입니다. 원하는 것을 나열하는 것만큼이나 원하지 않는 것을 명시하는 과정은 수많은 가능성 속에서 길을 잃지 않고 우리가 상상한 단 하나의 완벽한 이미지에 도달하도록 이끌어줄 것입니다.

03 묘사, 구체적인 디테일을 추가하라 _ 형용사를 활용한 이미지 묘사하기

프롬프트에서 명사가 이미지의 '무엇'을 그릴지 결정하는 뼈대라면, 형용사는 그 뼈대에 살을 붙이고, 표정을 만들고, 고유한 형태를 생성하는 가장 핵심적인 도구입니다. 단순히 명사만으로 이루어진 프롬프트는 AI에게 매우 모호하고 개방적인 질문을 던지는 것과 같습니다.

형용사를 적극적으로 활용하는 것은 AI에게 단순한 '지시'를 내리는 것을 넘어, 마치 영화감독이나 예술 감독처럼 원하는 장면에 대한 '연출'을 하는 것과 같습니다. 풍부하고 적절한 형용사의 선택은 사용자의 머릿속에만 있던 추상적인 느낌과 감정을 AI가 이해하고 시각화할 수 있는 가장 효과적인 언어이며, 평범한 결과물과 감탄을 자아내는 작품을 가르는 결정적인 차이를 만들어냅니다.

예를 들어, '성'이라는 명사만 제시하면, AI는 자신이 학습한 데이터 속에서 가장 평균적이고 일반적인 형태의 성을 상상할 수밖에 없습니다. 그 결과물은 동화 속 성일 수도, 폐허가 된 요새일 수도 있으며, 이는 전적으로 AI의 해석에 달려있어 사용자의 의도와는 전혀 다른 이미지가 나올 확률이 높습니다. 여기에 형용사를 더하는 순간, 우리는 모호한 아이디어를 구체적인 '비전'으로 바꾸며 창작의 주도권을 가져올 수 있습니다. '성'이라는 단어 앞에 몇 가지 형용사를 추가해 보겠습니다.

이 프롬프트에서 각 형용사가 어떻게 마법을 부리는지 살펴보겠습니다.

프롬프트 알록달록한, 풍선으로 떠 있는 성

묘사 성

묘사 알록달록한, 성

묘사 알록달록한, 풍선으로 떠 있는 성, 반짝이는 강

❶ **알록달록한**: 다양한 색상이 조화를 이루는 생동감 있는 이미지를 만들어냅니다. 단조로운 회색 성이 아니라, 동화 같은 다채로운 색감으로 가득 찬 성을 표현하게 됩니다.

❷ **풍선으로 떠 있는**: 이 형용사는 성의 존재 방식을 바꿉니다. 땅 위에 세워진 전통적인 성이 아니라, 풍선들에 매달려 하늘을 나는 환상적인 건축물이 되는 것입니다. 이 설정 하나만으로도 가볍고 즐거운 분위기가 더해집니다.

❸ **반짝이는 강**: '강' 대신 '맑고 반짝이는 강'이라고 표현하면 상쾌하고 평화로운 풍경이, '반짝이는 강'이라고 표현하면 동화적인 상상력이 가득한 장면이 펼쳐지는 것처럼 말입니다.

이처럼 형용사는 단순히 대상을 꾸미는 것을 넘어, 이미지의 질감, 분위기, 상태, 스타일 등 눈에 보이지 않는 감각적인 영역까지 구체적으로 지시하는 역할을 합니다.

04 어려운 질문은 시각적으로 전달하라 _ 어려운 질문을 위한 파일 추가 기능

이미지를 첨부함으로써 사용자는 텍스트만으로는 충분히 표현하기 어려운 질문이나 요청을 직관적이고 시각적으로 전달할 수 있습니다. 단순히 사물이나 장면을 보여주는 것뿐 아니라, 사진이나 일러스트의 스타일을 분석해 달라거나, 두 이미지를 자연스럽게 합성해 달라는 요청, 혹은 특정 인물의 표정이나 자세를 바꿔 달라는 세부적인 편집 요청도 이미지 첨부를 통해 훨씬 명확하게 전달할 수 있습니다. 또한 원하는 결과물의 참고 이미지나 합성에 사용할 소스 이미지를 함께 제공함으로써, 제미나이는 시각적 맥락을 보다 정확히 파악하고, 스타일 일관성 유지, 배경 자연스러운 처리, 색감 조화 등 고도화된 작업을 수행할 수 있게 됩니다. 이러한 방식은 특히 디자인, 콘텐츠 제작, 마케팅 시안, 교육 자료 제작 등에서 매우 유용하며, 사용자와 AI 간의 상호작용을 단순한 문답을 넘어선 크리에이티브 협업 수준으로 확장시켜 줍니다.

제미나이에서는 이러한 이미지 추가 기능은 사용자의 스마트폰이나 컴퓨터에 저장된 이미지를 직접 제미나이에 업로드하는 방식입니다. 이 기능을 통해 JPG, PNG와 같은 일반 이미지 파일은 물론, PDF 문서, 동영상, 오디오 등 다양한 형식의 파일을 첨부할 수 있습니다. 업로드된 파일은 제미나이가 실시간으로 분석하거나 요약할 수 있으며, 이미지의 내용에 기반한 질문에도 자연스럽게 응답합니다. 일반적으로 한 번에 최대 10개의 파일을 업로드할 수 있고, 파일 형식에 따라 용량이나 길이에 제한이 있을 수 있습니다.

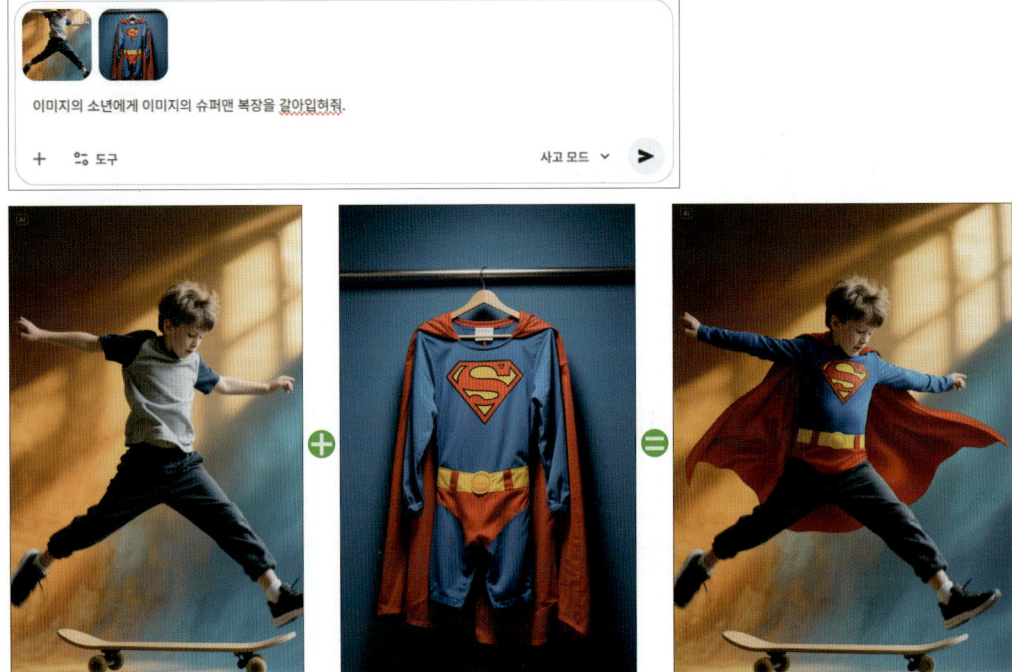

인물과 원하는 복장을 첨부하여 명확한 합성 이미지 생성(89쪽 참고).

05 퍼스트 프롬프트가 중요하다 _ 단어의 순서가 결과물 지배하기

프롬프트는 단순히 단어의 나열이 아니라, AI가 우리의 의도를 해석하는 체계적인 '문장'과 같습니다. 그리고 이 문장에는 우리가 눈치채지 못하는 중요한 문법이 존재하는데, 그중 가장 핵심적인 것이 바로 '단어의 순서'입니다. 결론부터 말하자면, 프롬프트의 가장 앞부분에 위치한 단어들은 이미지의 전체적인 방향을 결정하는 선장과 같은 역할을 수행하며, 뒤따라오는 단어들은 그 방향 안에서 세부 사항을 조율하는 선원의 역할을 합니다.

이러한 현상이 나타나는 이유는 AI가 프롬프트를 인간처럼 순차적으로 읽고 처리하기 때문입니다. AI는 가장 먼저 마주한 키워드를 이미지의 '주제' 또는 '핵심 컨셉'으로 인식하고, 그 개념을 중심으로 이미지의 기본 뼈대를 세우기 시작합니다. 그리고 이어지는 단어들은 이미 세워진 그 뼈대를 수정하거나 보강하고, 디테일을 더하는 방식으로 해석합니다. 따라서 어떤 단어를 앞에 두느냐에 따라 AI가 무엇을 가장 중요하게 여길지가 결정되며, 이는 최종 결과물에 지대한 차이를 만들어냅니다.

예를 들어, 두 가지 다른 순서의 프롬프트를 비교해 보겠습니다.

> **프롬프트** A. **햇살 가득한 꽃밭 속에서 즐겁게 뛰노는 강아지**, 밝고 귀여운 분위기, 강아지 초상화

> **프롬프트** B. **강아지 초상화**, 밝고 귀여운 분위기, 햇살 가득한 꽃밭 배경

A. 꽃밭과 뛰어노는 강아지의 비중이 크다.   B. 강아지 초상화의 비중이 크다.

두 프롬프트는 완전히 동일한 단어들로 구성되어 있지만, AI가 그려내는 결과물은 미묘하게 달라질 수 있습니다.

A 프롬프트는 '햇살 가득한 꽃밭'이라는 배경을 가장 먼저 제시했습니다. 따라서 AI는 풍성하고 화사한 꽃밭 풍경을 먼저 구성하고, 그 안에 '강아지'를 하나의 요소로서 배치할 수 있습니다. 이 경우, 인물(강아지)보다 배경의 비중이 더 커지거나, 강아지가 작게 묘사될 수 있습니다.

반면 B 프롬프트는 '강아지의 귀엽고 만화적인 초상화'를 최우선으로 내세웠습니다. AI는 이 지시를 받아 강아지의 표정, 디테일, 아기자기한 질감 묘사에 가장 많은 자원을 할애할 것입니다. 그리고 '햇살 가득한 꽃밭'이라는 후속 정보는 이미 완성된 강아지에게 적용할 배경으로 활용됩니다. 결과적으로 강아지가 중심이 되는, 훨씬 더 의도에 부합하는 클로즈업 또는 캐릭터 중심의 이미지가 생성될 확률이 높아집니다.

이처럼 프롬프트의 서두에 무엇을 배치할지는 전략적인 선택입니다. 만약 이미지의 주제가 명확하다면 '주체'를, 화풍이나 스타일이 가장 중요하다면 '핵심 스타일'을 가장 앞에 두는 것이 좋습니다. 예를 들어, '행복한 아이스크림 가게'로 시작하면 장소와 분위기에 집중하게 되고, '귀엽고 아기자기한 수채화 일러스트'로 시작하면 화풍과 톤에 우선 순위를 두게 됩니다.

06 원하는 화면 비율 명시하라 _ 채팅창은 작업창이다

훌륭한 이미지를 만드는 과정은 캔버스 위에 그림을 그리는 것과 같습니다. 화가가 그림을 그리기 전에 정사각형 캔버스를 쓸지, 가로로 넓은 풍경화용 캔버스를 쓸지 먼저 결정하듯, 우리 역시 AI에게 원하는 그림의 '형태', 즉 화면 비율(Aspect Ratio)을 명확히 알려주어야 합니다. 이 화면 비율은 이미지의 전체적인 구도와 인상을 결정하는 근본적인 요소이며, 사용자의 의도를 완성하는 데 필수적인 역할을 합니다.

사용자가 항상 16:9 비율을 선호한다면 프롬프트의 마지막에 '16:9 화면 비율', '와이드스크린', '영화적인 장면'과 같은 명확한 키워드를 추가하는 것은 AI에게 '이러한 가로로 넓은 캔버스 위에 당신의 비전을 그려주세요'라고 구체적으로 지시하는 것과 같습니다. 만약 이러한 지시가 없다면, AI는 가장 표준적인 1:1 정사각형 비율로 결과물을 제공하는 경우가 많아, 웅장한 풍경이나 영화적인 장면을 의도했더라도 양옆이 잘려 답답한 느낌을 줄 수 있습니다.

여기서 우리가 상호작용하는 '채팅창'의 한 가지 중요한 특징을 이해해야 합니다. 제미나이와의 대화창은 단순한 일회성 대화의 공간이 아니라, 하나의 연속성 있는 '작업 공간(Workspace)' 또는 '프로젝트'처럼 기능합니다. 이 작업 공간에서 사용자가 첫 번째 이미지를 생성하는 순간, 마치 화가가 첫 붓질을 하기 위해 캔버스를 이젤에 고정하듯, 해당 프로젝트의 기본 설정값, 특히 '화면 비율'이 고정됩니다. AI는 이 설정을 해당 채팅(프로젝트)이 끝날 때까지 기억하며, 이는 이후에 생성되는 모든 이미지에 일관된 비율을 적용하여 작업의 연속성을 보장하기 위함입니다.

16:9 화면 비율(133쪽 참고)

따라서 중요한 점은, 일단 16:9 비율로 이미지를 만들기 시작한 채팅창에서는 중간에 프롬프트를 수정하여 '9:16 세로 화면'이나 '1:1 정사각형' 비율을 요청하더라도, 이미 고정된 '16:9 작업 공간'의 규칙이 우선 적용되어 원하는 비율로 변경되지 않을 가능성이 매우 높다는 것입니다. 만약 기존의 16:9 와이드스크린 작업에서 벗어나 새로운 비율의 이미지를 만들고 싶다면, 이는 마치 다른 크기의 캔버스가 필요한 새 그림을 시작하는 것과 같습니다. 그 해결책은 바로 '새 채팅창을 시작하는 것'입니다.

새로운 채팅창은 모든 설정이 초기화된 깨끗하고 새로운 작업 공간이므로, 그곳에서 원하는 새로운 화면 비율(예: 9:16 세로 화면)을 명시한 첫 프롬프트를 입력함으로써 해당 비율을 새로운 프로젝트의 기본값으로 고정시킬 수 있습니다. 이 원리를 이해하면, 각 채팅창을 의도에 맞는 별도의 프로젝트로 관리하며 화면 비율을 완벽하게 통제할 수 있게 됩니다.

9:16 화면 비율

07 일관성 있는 이미지를 생성하라 _ 나노 바나나의 특장점 살리기

나노 바나나는 단순한 이미지 생성에 그치지 않고, 인물의 외형과 성격을 정교하게 분석하고 반영하여 일관된 비주얼 아이덴티티를 유지하면서도 다양한 상황과 콘셉트로 확장 가능한 고차원 이미지 생성 기술을 제공합니다. 사용자는 한 번 정의한 캐릭터를 기반으로 시간의 흐름, 감정의 변화, 환경의 전환 등 다양한 요소를 반영한 이미지를 자유자재로 만들어낼 수 있으며, 캐릭터는 이러한 변화 속에서도 고유한 일관성과 스타일을 유지합니다. 이는 단순한 이미지 생성 도구를 넘어, 브랜드 스토리텔링과 세계관 구축에 최적화된 솔루션으로 작동합니다.

특히, 나노 바나나는 연속된 이야기 구조 안에서 캐릭터의 변화를 유기적으로 반영할 수 있는 기능을 통해, 단편적인 컷 이미지가 아닌 스토리 흐름을 갖춘 비주얼 콘텐츠 제작이 가능합니다. 예를 들어, 한 인물의 정면부터 옆면, 뒷면 등을 시각적으로 구현하거나, 다양한 의상, 배경, 합성 사진 등을 적용하여 다채로운 이미지를 생성할 수 있습니다.

인물의 측면 이미지(원본)

동일한 인물의 정면 이미지(생성)

동일한 인물의 증명사진(생성)

스타일을 변경한 증명사진(84쪽 참고)

08 아트한 결과물은 스타일에서 나온다 _ 직관적이고 강력한 스타일 사용하기

만약 프롬프트의 주체, 행동, 배경이 이미지의 '이야기'를 구성하는 뼈대라면, '화풍과 스타일'은 그 이야기를 어떤 목소리와 감성으로 들려줄지 결정하는 '연출가'의 역할과 같습니다. 이는 프롬프트의 다른 어떤 요소보다도 이미지의 전체적인 느낌과 인상을 가장 강력하고 즉각적으로 지배하는 힘을 가집니다. 적절한 스타일 키워드의 선택은 평범한 아이디어를 예술 작품으로 승화시키는 가장 핵심적인 과정입니다.

우리가 스타일을 지정하는 것은 크게 네 가지 접근 방식으로 나눌 수 있으며, 이들은 각기 다른 방식으로 AI의 창의력에 방향을 제시합니다.

첫째로, 가장 근본적인 접근은 '미디어/기법'을 명시하는 것입니다. 이는 AI에게 어떤 도구와 재료로 그림을 그릴지 직접 알려주는 것과 같습니다. 예를 들어, '유화'는 두껍고 풍부한 질감과 깊이 있는 색감을, '수채화'는 맑고 투명하며 부드럽게 번지는 느낌을, '연필 스케치'는 흑백의 섬세한 선과 명암을 떠올리게 합니다. 이처럼 물리적인 재료를 지정하는 것만으로도 이미지의 기본적인 질감과 톤이 결정됩니다.

둘째로, 여기서 한 걸음 더 나아가 특정 시대의 철학과 감성을 담고 싶을 때 우리는 '미술 사조'를 활용합니다. 이는 단순히 기법을 넘어, 세상을 바라보는 특정 관점을 이미지에 부여하는 것입니다. '인상주의'를 선택하면 빛의 변화와 찰나의 순간을 포착하려는 듯한 부드러운 붓 터치가, '초현실주의'를 선택하면 현실의 논리를 뛰어넘는 꿈과 무의식의 세계가, '팝아트'를 선택하면 대중문화를 상징하는 강렬하고 대담한 색채가 화면을 지배하게 됩니다.

셋째로, 더욱 직관적이고 강력한 방법은 특정 '아티스트 스타일'을 직접 호출하는 것입니다. 이는 마치 우리가 상상한 장면을 그 아티스트에게 직접 의뢰하는 것과 같습니다. '빈센트 반 고흐의 화풍으로'라고 명시하면, 그의 상징인 소용돌이치는 붓질과 강렬한 감정이 담긴 색채로 세상을 재해석합니다. '스튜디오 지브리 스타일로'라고 하면 따뜻하고 서정적인 감성과 향수를 자극하는 특유의 애니메이션 화풍이 이미지 전체에 적용됩니다.

마지막으로, 현대적인 미디어나 장르의 느낌을 포괄하는 '분위기/스타일' 키워드가 있습니다. 이는 이미지의 최종적인 결과물이 어떤 장르의 콘텐츠처럼 보이길 원하는지를 결정합니다. '사진처럼 사실적인'은 어떠한 예술적 기법도 드러내지 않고 현실을 완벽하게 복제하라는 명령이며, 반대로 '영화적인'은 극적인 조명, 계산된 구도, 특정 색감 보정 등을 통해 한 편의 영화 속 장면 같은 인상을 만들어냅니다. '팝아트'나 '판타지' 같은 단어는 그 장르를 대표하는 수많은 시각적 요소들(컬러, 대표 미술 작품 등)을 이미지에 즉시 불러옵니다.

이러한 스타일 요소들은 독립적으로도 강력하지만, 서로 조합되었을 때 진정한 창의적 잠재력이 폭발합니다. 예를 들어, '수채화 기법으로 그린', '초현실주의적인', '햄버거를 들고 하늘을 나는 고양이'를 조합하면 귀엽고 기발하면서도 독특한 시각적 경험을 창조해낼 수 있습니다.

원본 이미지

팝아트 스타일

반 고흐 화풍

지브리 스타일

09 연출의 힘, 조명과 색감을 부여하라 _ 이미지에 분위기와 감성 표현하기

프롬프트의 기본 뼈대(주체, 행동, 배경)를 통해 이미지의 건축 설계도를 완성했다면, 이제 '조명', '색감', '세부 묘사'라는 세 가지 정교한 도구를 사용하여 그 공간의 분위기를 연출하고, 감성을 칠하고, 생생한 현실감을 불어넣을 차례입니다.

가장 먼저, 장면의 분위기를 살리는 요소는 '조명'입니다. 조명은 단순히 어둠을 밝히는 기능을 넘어, 이미지의 감정과 드라마를 지휘하는 무대 감독과 같습니다. 예를 들어, 피사체의 한쪽은 밝고 다른 쪽은 깊은 그림자가 지는 '극적인 조명'은 긴장감과 신비로움을 자아내는 반면, 그림자 없이 부드럽게 대상을 감싸는 '부드러운 빛'은 평화롭고 안정적인 분위기를 연출합니다. 해질녘의 모든 것을 황금빛으로 물들이는 '골든 아워'는 아련함과 따스함을 불어넣습니다. 이처럼 빛의 종류와 방향, 시간대를 지정하는 것은 장면의 입체감과 깊이를 결정하고, 보는 이의 시선을 어디로 이끌어야 할지 알려줍니다.

이렇게 조명이 무대의 분위기를 설정하면, 그 빛과 완벽한 조화를 이루며 감정의 결을 다듬는 것이 바로 '색감'입니다. 색은 이미지의 감성적인 언어이며, 조명이 만들어낸 분위기를 더욱 증폭시키는 역할을 합니다. 예를 들어 '거리를 비추는 따뜻한 빛'을 설정했다면, 여기에 '따뜻한 색조'나 '풍부하고 포근한 색감'을 더함으로써 아늑함을 극대화할 수 있습니다. 반대로 차가운 새벽의 빛을 표현했다면 '차가운 색조'가 그 서정적인 고요함을 완성시켜 줄 것입니다. '파스텔 톤'은 부드럽고 몽환적인 느낌을, '생생한 색감'은 활기차고 역동적인 에너지를 불어넣는 등, 색감의 지정은 이미지 전체에 일관된 감성의 필터를 씌우는 것과 같습니다.

만남을 연상하는 따뜻한 빛

헤어짐을 연상하는 차가운 새벽 빛

10 피사체와의 시점을 지정하라 _ 구도와 앵글 활용하기

이미지 생성을 위한 프롬프트가 한 편의 시나리오라면, '구도와 앵글'은 그 시나리오를 어떤 카메라 워크로 담아낼지 결정하는 감독의 연출 지시서와 같습니다. 단순히 '무엇'을 보여줄지를 넘어 '어떻게' 보여줄지를 결정함으로써, 우리는 이미지의 이야기와 감정선을 능동적으로 제어하고 보는 이에게 특정 심리적 효과를 유도할 수 있습니다. 이 감독의 언어를 이해하고 활용하는 것은 평면적인 묘사를 입체적인 경험으로 바꾸는 핵심 기술입니다.

먼저, 카메라와 피사체 간의 거리를 조절하는 '샷 크기(Shot Size)'는 우리가 장면에 얼마나 깊이 개입할지를 결정합니다.

- **와이드 샷**(Wide shot)은 관객에게 장면의 전체적인 맥락과 환경을 소개해 주는 '설정 샷'의 역할을 합니다. 예를 들어, '넓은 해변 위에서 서핑을 들고 있는 여성'은 밝고 자유로운 분위기를 전달합니다.

와이드 샷

- **풀 샷**(Full shot)은 인물의 머리부터 발끝까지 전체 모습을 담아, 행동이나 분위기를 명확히 보여줄 때 효과적입니다. '바나나 모양의 서핑보드를 들고 있는 여성'처럼 인물의 전신을 강조할 수 있습니다.

풀 샷

- 클로즈업 샷(Close-up shot)은 감독이 관객에게 '바로 여기에 집중하세요'라고 말하는 것과 같습니다. '행복한 표정의 활짝 웃는 20대 한국 여성'이라면 기쁜 표정과 순간의 즐거움이 선명하게 전달될 것입니다.

클로즈업 샷

다음으로, 카메라의 수직적 위치를 결정하는 '카메라 앵글(Camera Angle)'은 피사체와 보는 이 사이의 관계를 설정합니다.

- 아이레벨 샷(Eye-level shot)은 가장 자연스럽고 중립적인 시점으로, 관객이 피사체와 동등하게 교감하도록 만듭니다. '바나나 모양의 보드를 들고 걷는 인물'이라면 친근하고 현실적인 분위기를 줍니다.

- 로우앵글 샷(Low-angle shot)은 피사체를 아래에서 올려다보는 구도로, 위엄과 재미를 동시에 줄 수 있습니다. '커다란 바나나 모양의 보드를 들고 있는 인물'을 로우앵글로 본다면 바나나 형태의 보드가 더 크게 보일 것입니다.

- 하이앵글 샷(High-angle shot)은 피사체를 위에서 내려다봄으로써 아기자기하거나 작고 귀여운 느낌을 강조합니다. '야자수 위에서 서퍼를 내려다보는 장면'처럼 위에서 내려다보면 장난기 어린 재미를 전달할 수 있습니다.

하이앵글 샷

이 두 가지 요소가 결합될 때 연출의 힘은 배가됩니다. 예를 들어, '잔잔한 파도를 타는 서핑하는 인물'이라는 기본 프롬프트에 '클로즈업 샷'을 추가하면 파도를 즐기는 인물의 표정 디테일에 몰입하는 장면을 얻을 수 있습니다. 반대로 '와이드, 하이앵글 샷'을 적용하면 넓은 바다에 조그맣게 서핑을 즐기는 인물이 중심이 되어, '평화롭고 잔잔한 바다'라는 또 다른 분위기의 그림을 얻게 됩니다.

LESSON 03 ✏️ 원하는 분위기로 이미지를 만들기 위한 조명

이미지 제작에서 빛과 구도는 시각적 메시지의 전달력을 결정짓는 핵심 요소입니다. 그중에서도 주광(Key Light)은 장면의 전체 조명을 주도하는 중심 광원으로, 피사체의 밝기, 윤곽, 분위기를 설정하는 데 가장 중요한 역할을 합니다.

01 강렬한 인상을 남기는 주광

주광은 단순히 피사체를 비추는 것을 넘어, 장면에 입체감을 부여하고 감정의 뉘앙스를 형성하는 도구입니다. 예를 들어, 위쪽에서 비추는 주광은 인물의 이목구비를 또렷하게 드러내면서 자연스러운 명암을 형성해 강렬하거나 극적인 인상을 남길 수 있습니다. 반면, 옆이나 뒤쪽에서 조명할 경우 신비롭거나 긴장된 분위기를 연출할 수 있어 연출 의도에 따라 다양한 감정의 층을 만들 수 있습니다.

따라서 AI 기반 이미지 생성 과정에서도 주광의 위치, 세기, 방향을 전략적으로 설계해야 이미지의 품질과 몰입도를 높일 수 있습니다.

프롬프트

힙합 의상을 입고 피아노를 치는 여성 연주자, 강한 주광

02 입체감을 살리는 보조광

주광으로 인해 생기는 그림자를 완화하고, 화면 전체의 조명 밸런스를 조절하는 데 필수적인 조명 요소입니다. 이 조명은 피사체의 어두운 부분을 밝히는 보조적 역할을 하며, 장면의 디테일을 보다 명확하게 드러내는 데 기여합니다. 특히 주광이 강하거나 특정 방향에서만 들어올 경우, 깊은 그림자가 생겨 피사체의 얼굴이나 물체의 일부분이 지나치게 어두워질 수 있습니다. 이때 보조광을 적절히 활용하면 그 어두운 부분을 부드럽게 밝히면서 입체감을 유지할 수 있습니다.

다만, 보조광의 세기는 신중하게 조절해야 합니다. 너무 강하게 설정하면 그림자가 사라지면서 장면이 납작하고 생동감 없는 느낌이 들 수 있습니다. 반대로 너무 약하면 그림자가 강하게 남아 피사체의 표정이나 질감이 충분히 드러나지 않을 수 있습니다. AI로 이미지 장면을 연출할 때도, 보조광의 역할을 의도적으로 설계하면 인물과 공간의 분위기 표현에 큰 차이를 만들 수 있습니다.

프롬프트
비너스 조각상 주변을 비추는 오렌지색 보조광, 옆에서 셀카를 찍는 소녀

03 인물의 실루엣을 표현하는 배경광

피사체의 뒤편 또는 배경 쪽에서 비추는 조명으로, 피사체를 배경과 시각적으로 분리시켜 입체감을 높이는 데 핵심적인 역할을 합니다. 이 조명은 장면에 깊이를 부여하고, 시선의 초점을 자연스럽게 피사체로 유도하는 데 효과적입니다. 배경광은 종종 피사체의 실루엣을 부각시키거나, 공간의 레이어를 분명히 드러내기 위해 사용됩니다. 예를 들어 어두운 배경에 인물이 위치한 경우, 인물 뒤쪽에 은은한 배경광을 배치하면 인물의 외곽선이 강조되어 훨씬 더 입체적인 효과를 얻을 수 있습니다.

또한 배경 자체를 강조하거나 특정 분위기(어두운 방의 창밖 불빛, 스모그 속 헤드라이트 등)를 연출할 때도 배경광은 중요한 역할을 합니다. 단, 배경광이 지나치게 밝거나 직접적으로 피사체를 향할 경우, 피사체의 윤곽이 과도하게 날아가거나 세부 묘사가 사라질 수 있으므로 조명의 세기와 각도를 섬세하게 조정해야 합니다.

AI 기반 이미지 생성에서도 배경광은 장면의 구성력을 강화하는 중요한 요소로 활용됩니다. 프롬프트에서 '림 조명', '배경의 은은한 빛', '실루엣 강조' 같은 키워드를 함께 사용하면 피사체와 배경 간의 구분이 명확한 입체적인 결과물을 얻을 수 있습니다.

프롬프트
거실 안에 앉아있는 남성, 창가에서 비추는 네온사인 간판 조명, 배경광

04 편안한 인상의 정면광

카메라와 동일한 방향에서 피사체를 향해 빛을 비추는 조명 방식으로, 피사체를 고르게 밝히고 그림자를 최소화하는 데 효과적입니다. 이 조명은 피부의 결점을 감추고 부드럽고 깨끗한 인상을 전달하기 때문에, 시청자에게 안정감과 친근함을 주는 데 자주 활용됩니다. 특히 뉴스 방송, 토크쇼, 인터뷰 등에서 정면광이 많이 사용되는 이유는 인물의 표정을 뚜렷하게 보여주면서도 과도한 대비 없이 자연스럽고 균형 잡힌 인상을 줄 수 있기 때문입니다. 이로 인해 피사체는 카메라 앞에서 보다 편안하고 신뢰감 있게 표현됩니다.

하지만 정면광은 입체감이 부족하다는 단점도 있습니다. 명암 대비가 줄어들어 피사체가 평면적으로 보일 수 있으며, 화면에 깊이가 느껴지지 않을 수 있습니다. 따라서 드라마틱한 연출이나 감정 표현이 중요한 장면에서는 피하는 것이 좋습니다. AI 기반 이미지 생성 시에도 정면광을 활용하면 명확하고 친숙한 분위기를 만들 수 있으며, 특히 인물 중심 콘텐츠나 제품 소개 이미지에서 유용하게 적용됩니다. 다만 장면의 목적에 따라 빛의 방향과 세기를 적절히 조정하는 것이 중요합니다.

> **프롬프트**
> 컬러풀한 의상을 입고 광고하는 20대 여성 쇼핑호스트, 정면광

05 드라마틱한 분위기를 표현하는 측면광

피사체의 옆면에서 빛을 비추어 명암의 대비를 극대화하고, 텍스처와 입체감을 선명하게 드러내는 조명 기법입니다. 이 방식은 빛이 닿은 부분과 그렇지 않은 부분 사이에 뚜렷한 경계를 만들어 피사체의 구조, 윤곽, 질감을 강조하는 데 탁월한 효과를 발휘합니다. 특히 인물의 얼굴에 적용할 경우, 한쪽은 밝고 다른 쪽은 어두운 명암 대비가 생기면서 감정의 깊이나 드라마틱한 분위기를 표현하는 데 적합합니다. 이러한 효과 때문에 측면광은 영화, 연극, 인물 사진 등에서 감정의 긴장감이나 미묘한 내면 표현을 전달할 때 자주 활용됩니다.

예를 들어, 회의적인 표정이나 내면의 갈등을 표현할 때 인물의 한쪽 얼굴을 밝히고 다른 쪽을 그림자 속에 두면, 시청자는 자연스럽게 인물의 감정 상태에 몰입하게 됩니다. 또한 정물이나 제품 촬영에서도 물체의 질감과 디테일을 강조하고 싶을 때 효과적입니다. AI로 이미지 씬을 생성할 때도 측면광은 감정적 깊이와 시각적 흥미를 부여하는 강력한 연출 도구가 됩니다. 단순히 조명의 방향만 바꿔도 이미지의 메시지와 분위기가 달라지므로, 콘텐츠의 목적에 맞춰 섬세하게 설계해야 합니다.

프롬프트
바닷가 20대 남성 또는 여성의 옆면 상반신, 강한 측면광

06 강한 대비 효과를 주는 역광

역광(Backlighting)은 피사체의 뒤쪽에서 빛을 비추어, 피사체의 윤곽을 강조하고 인물이나 사물의 실루엣을 도드라지게 만드는 조명 기법입니다. 이 방식은 강한 대비와 빛의 테두리를 통해 장면에 신비롭고 감성적인 분위기를 더하며, 화면에 깊이와 극적인 긴장감을 부여합니다.

프롬프트
야외 공연장에서 노래를 부르는 여성 기타리스트, 역광

특히 감정의 여운을 남기거나 스토리의 전환점을 암시할 때 효과적입니다. 인물의 얼굴을 드러내지 않고 형태만을 보여줌으로써 미스터리한 분위기를 조성하거나, 태양이나 강한 광원이 배경에 위치할 때 환상적이고 몽환적인 느낌을 연출할 수 있습니다. 하지만 역광만 사용할 경우, 피사체의 전면이 어둡게 되어 디테일이 완전히 사라질 수 있기 때문에, 일반적으로 전면이나 측면에서 보조광을 함께 사용해 주요 정보나 표정을 보완합니다. 이때 약한 보조광이나 리플렉터(반사판)를 활용하면 실루엣의 분위기를 유지하면서도 필요한 부분의 명확성을 확보할 수 있습니다.

AI 기반 이미지 생성에서도 역광은 감정의 깊이나 시적인 연출을 가능하게 하는 중요한 도구입니다. 특히 일출, 일몰, 창문 앞 장면 등에서 적절히 활용하면 이미지에 감성적 무게감을 더할 수 있습니다.

07 따뜻한 빛

노란색, 주황색 계열의 색온도가 낮은 조명으로, 시각적으로 부드럽고 감성적인 분위기를 조성하는 데 효과적입니다. 이 조명은 자연광에 가까운 색감을 지니며, 인간의 정서에 안정감과 온기를 전달해 편안하고 친근한 인상을 줍니다. 따뜻한 빛은 주로 일출·일몰 시간대의 햇빛이나 조명이 은은한 실내 공간에서 자주 사용됩니다. 식탁 위의 조명, 벽난로 주변, 혹은 저녁 시간대의 창가 장면 등에서 활용되며, 가족 간의 유대감, 회상, 낭만적인 감정 등을 시각적으로 전달할 수 있습니다.

프롬프트

음식점 안의 털실로 짠 모자를 쓴 소녀, 펭귄과 함께 앉아있는 모습. 따뜻한 빛 감정 연출 면에서는 따뜻한 빛이 공감, 애정, 안락함을 부각시키는 데 적합하며, 인물의 피부 톤을 자연스럽고 건강하게 표현하는 데도 유리합니다. AI로 이미지를 생성할 때도 '따뜻한 조명', '석양 톤', '아늑한 분위기'와 같은 프롬프트 요소를 활용하면 장면에 따뜻하고 감성적인 정서를 더할 수 있습니다. 특히 인물 중심의 감정적 연출이나, 공간의 분위기를 부드럽게 연출하고자 할 때 필수적인 조명 설정입니다.

08 차가운 빛

청색 계열의 색온도가 높은 조명으로, 화면에 냉정하고 정제된 분위기를 부여하는 조명 방식입니다. 주로 푸른빛이나 청록색 계열의 톤을 띠며, 시각적으로는 서늘하고 세련된 인상을 전달합니다. 이러한 차가운 조명은 현대적인 공간, 첨단 기술, 혹은 겨울과 같은 계절적 배경을 표현할 때 자주 활용됩니다. 깨끗하고 선명한 이미지를 연출할 수 있어 병원, 실험실, 미래적 공간이나 도시 야경 장면 등에서 효과적입니다. 감정적으로는 고요함, 고립감, 혹은 긴장감을 강조하는 데 유리하며, 인물의 심리적 거리감을 표현할 때도 쓰입니다.

예를 들어, AI 기술이나 디지털 환경을 다룬 이미지에서는 차가운 조명이 기술적이고 비인간적인 느낌을 강화해주는 역할을 할 수 있습니다. 반면 인간의 감정이 소외되거나 갈등이 있는 장면에서도 차가운 빛은 감정적 거리감을 강조하는 데 적합합니다. AI 이미지 생성 과정에서도 차가운 색조의 조명을 설정하면 분위기 연출의 방향성을 명확히 할 수 있으며, 프롬프트에 '차가운 빛', '블루 톤' 등의 표현을 함께 사용하면 보다 정밀한 시각 효과를 구현할 수 있습니다.

> **프롬프트**
> 스노보드를 타고 내려오는 남성, 푸른 빛 조명

LESSON 04  이미지의 구도를 결정하는 카메라 샷 프롬프트

NANO BANANA

이미지의 구도를 결정하는 데 있어 카메라 샷 관련 프롬프트는 매우 중요한 역할을 합니다. 단순히 '무엇을 그려달라'는 요청을 '어떻게 보여줄 것인가'로 지시함으로써, 사용자가 의도한 바를 훨씬 정교하고 효과적으로 시각화할 수 있기 때문입니다. 이미지 생성에서 꼭 알아야 할 카메라 샷 프롬프트에 대해 알아보겠습니다.

01 와이드 샷(Wide Shot)

와이드 샷은 풀 샷보다 더 넓은 범위를 담아내며, 인물뿐 아니라 주변의 전반적인 환경까지 보여 줍니다. 장면의 전체적인 분위기나 위치를 시청자에게 전달하는 데 유용하며, 인물이 어떤 공간에 위치해 있는지를 한눈에 파악할 수 있게 해 줍니다. 이 샷은 인물과 배경 사이의 관계를 시각적으로 표현하여, 인물이 느끼는 감정이나 상황을 강조하는 데 적합합니다.

프롬프트 해변가의 서핑보드 상점 앞을 지나가는 인물, 와이드 샷

02 웨이스트 샷(Waist Shot)

허리 위부터 상반신을 중심으로 포착하는 샷으로, 인물의 자세와 표정에 집중하면서도 약간의 배경 정보를 함께 보여 줄 수 있는 구도입니다. 주로 대화 장면에서 사용되며, 감정 표현과 인물 간 상호작용을 부각하는 데 효과적입니다. 시청자는 인물의 말투와 몸짓을 통해 장면의 분위기를 쉽게 이해할 수 있습니다.

> **프롬프트**
> 밝은 회색 후드티를 입은 여성, 진회색 배경, 웨이스트 샷

03 바스트 샷(Bust Shot)

가슴 위에서 머리까지의 상반신을 중심으로 촬영하는 구성으로, 인물의 얼굴과 표정을 상세히 보여 주기에 적합합니다. 감정 변화나 미묘한 반응을 강조할 때 자주 활용되며, 대화나 감정 전달이 중요한 순간에 효과적으로 쓰입니다. 인물의 내면 상태를 더 깊이 표현할 수 있는 구도입니다.

> **프롬프트**
> 생수병으로 물을 마시는 테니스 선수, 바스트 샷

04 1인칭 시점 샷(Point of View Shot, POV)

카메라가 특정 인물의 눈을 대신하여, 인물이 보고 있는 장면을 그대로 보여주는 방식입니다. 시청자는 마치 직접 상황 속에 들어가 있는 것처럼 느끼게 되어, 캐릭터의 감정이나 경험을 더 생생하게 체험할 수 있습니다. 긴장감이 필요한 장면에서 특히 효과적입니다.

프롬프트

산악 자전거를 타고 구불구불한 코스를 따라 라이딩하는 장면. 1인칭 시점

05 셀피 샷(Selfie Shot)

촬영자가 직접 카메라를 들고 자신을 촬영하는 방식으로, 자연스럽고 친근한 분위기를 연출할 수 있습니다. 시청자에게 마치 출연자와 직접 대화하는 듯한 느낌을 주어 몰입감을 높이며, 특히 예능 프로그램이나 브이로그 콘텐츠에서 자주 활용됩니다. 감정을 보다 직접적으로 전달하는 데 효과적입니다.

프롬프트

놀이공원에서 카메라를 촬영하는 한국 여성, 정면 셀피 샷

06 드론 카메라 샷(Drone Camera Shot)

공중에서 촬영하여 광범위한 배경이나 지형을 보여 주는 방식으로, 주로 드론을 이용해 장면 전체의 스케일을 전달합니다. 넓은 공간이나 복잡한 구조를 시각적으로 한눈에 파악할 수 있게 하며, 장소의 규모나 분위기를 극적으로 표현할 수 있습니다.

프롬프트

해변가에서 서핑보드를 들고 걸어가는 인물, 드론 카메라 샷

07 오버 더 숄더 샷(Over-the-Shoulder Shot)

카메라가 인물의 어깨 너머로 다른 인물이나 사물을 비추는 방식으로, 주로 두 인물 간의 대화를 시각적으로 구성할 때 사용됩니다. 이 구도는 한 인물의 시점을 반영하여 상대방을 바라보는 느낌을 줄 수 있으며, 두 사람 사이의 관계나 감정 흐름을 보다 입체적으로 표현할 수 있습니다.

프롬프트

해변가에서 안내책자를 보는 남성이 여성과 대화하는 모습, 오버 더 숄더 샷

08 클로즈업 샷(Close-Up Shot)

인물의 얼굴이나 물체의 특정 부분을 화면 가득 담아내는 구도로, 감정이나 디테일을 강조할 때 사용됩니다. 시청자의 시선을 집중시키고, 중요한 순간의 긴장감이나 감정을 극대화하는 데 효과적인 방식입니다. 인물의 눈빛이나 표정에서 드러나는 섬세한 감정까지도 포착할 수 있습니다.

프롬프트

바닷가를 배경으로 기타 코드를 잡고 있는 여성, 클로즈업 샷

09 익스트림 클로즈업 샷(Extreme Close-Up Shot)

피사체의 극히 일부, 예를 들어 눈, 입, 손 등 아주 작은 부분을 매우 가까이서 촬영하는 방식입니다. 극적인 감정 표현이나 중요한 디테일을 강조할 때 사용되며, 시청자에게 강렬한 인상을 남깁니다. 감정의 미세한 떨림이나 결정적 순간의 디테일을 극대화하는 데 활용됩니다.

프롬프트

자연스러운 메이크업을 한 20대 한국 여성, 익스트림 클로즈업 샷

10 하이앵글 샷(High-Angle Shot)

카메라를 피사체보다 높은 곳에 두고 아래를 내려다보며 촬영하는 방식입니다. 이 구도는 인물이나 사물을 작고 약하게 보이도록 만들어, 위축된 느낌을 전달하는 데 사용됩니다. 수동적이고 소극적인 인상을 줄 때 효과적입니다.

> **프롬프트**
> 책상 위에서 혼자 라면을 먹는 여성 인물, 하이앵글 샷

11 로우앵글 샷(Low-Angle Shot)

피사체를 아래에서 위로 올려다보며 촬영하여, 인물이나 대상이 크고 위압적으로 보이도록 합니다. 이 샷은 주로 인물의 권위, 힘, 혹은 영웅적인 이미지를 부각시키기 위해 사용되며, 시청자에게 경외심을 불러일으킬 수 있습니다.

> **프롬프트**
> 에펠탑을 배경으로 서 있는 여성, 로우앵글 샷

12 크레인 샷(Crane Shot)

카메라를 크레인에 장착하여 위에서 수직 또는 수평 방향으로 움직이며 촬영하는 기법입니다. 장면에 다이내믹한 흐름을 더하며, 인물과 공간의 관계 또는 시점을 극적으로 전환하는 데 적합합니다.

프롬프트

넓은 공항 안에서 걸어가는 남성, 크레인 샷

13 더치앵글 샷(Dutch-Angle Shot)

카메라를 기울여 촬영함으로써 화면이 비정상적으로 보이게 만드는 기법입니다. 주로 불안정함, 긴장, 혼란 등의 감정을 시청자에게 전달할 때 사용되며, 장면에 심리적 불균형을 표현하고자 할 때 활용됩니다. 일반적인 구도와 다르기 때문에 시선을 강하게 끌 수 있습니다.

프롬프트

놀이공원에서 회전목마를 타고 있는 소년, 더치앵글 샷

PART 2

나노 바나나로 이미지 생성부터 편집 & 합성하기

나노 바나나를 활용해 이미지를 생성하는 전 과정을 단계별로 소개합니다. 기초적인 이미지 생성부터 시작해, 외부 정보를 활용한 고급 이미지 합성, 그리고 세부 요소를 조정하는 정밀한 이미지 편집 기법까지, 나노 바나나를 통해 구현할 수 있는 다양하고 창의적인 이미지 제작 방법을 폭넓게 다룹니다. 이 과정을 통해 사용자는 단순한 생성에 그치지 않고, 완성도 높은 시각적 결과물을 효율적으로 만들어낼 수 있는 실질적인 노하우를 학습할 수 있습니다.

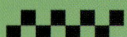

LESSON 01 제미나이 무료 사용부터 구독까지 알아보기

제미나이의 생성형 AI 모델인 나노 바나나를 이용한 이미지나 영상 생성과 편집을 위해 먼저 제미나이 실행 방법부터 메뉴에 위치한 기능들과 구독 방법에 대해 알아보겠습니다.

01 무료로 제미나이 실행하기

구글 계정으로 로그인하고 2단계 인증을 완료하면, 제미나이에서 프롬프트를 입력해 이미지를 생성할 수 있습니다.

01 | 웹브라우저에 'gemini.google.com'를 입력하여 제미나이 사이트로 이동합니다. 메인 화면이 나타나면 로그인하기 위해 〈로그인〉 버튼을 클릭합니다.

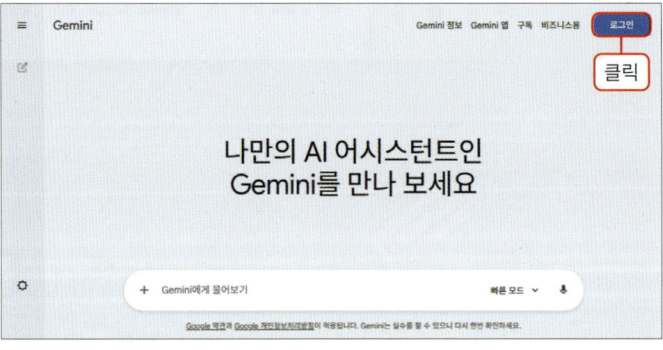

02 | 구글 계정을 선택하는 화면이 표시됩니다. 사용하는 구글 계정을 선택하며, 구글 계정이 없다면 [다른 계정 사용] – [계정 만들기]를 클릭하여 구글 계정을 생성합니다. 예제는 기존 구글 계정으로 로그인합니다.

03 | 구글 계정을 선택하면 비밀번호 입력창이 표시되며, 비밀번호를 입력한 다음 〈다음〉 버튼을 클릭합니다.

04 | 2단계 인증 화면이 표시되며, 구글 계정을 클릭하고 스마트폰의 유튜브 앱에 접속한 다음 로그인을 위해 〈예, 본인이 맞습니다〉 버튼을 클릭합니다.

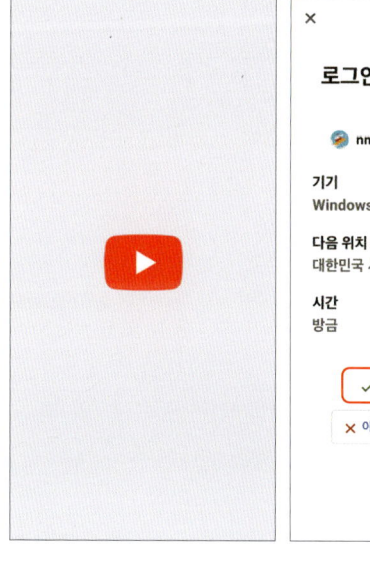
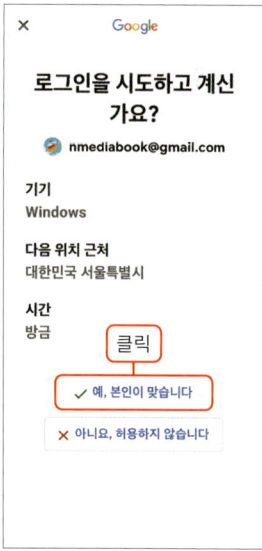

05 | 그림과 같이 처음 봤던 제미나이 메인 화면에 이름이 표시됩니다. 이제부터 하단의 프롬프트 입력창을 이용해 이미지 생성이 가능합니다.

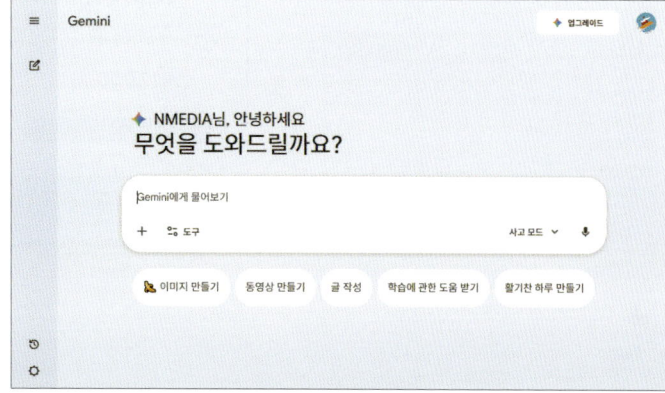

02 제미나이 구독과 취소하기

사용자가 필요한 제미나이 유료 구독 방법과 구독 요금제 선택 방법 그리고 구독 취소 방법을 알아봅니다.

06 | 무료 사용자가 유료 사용으로 전환하여 제미나이 구독을 하려면 제미나이 화면 오른쪽 상단의 〈업그레이드〉 버튼을 클릭합니다.

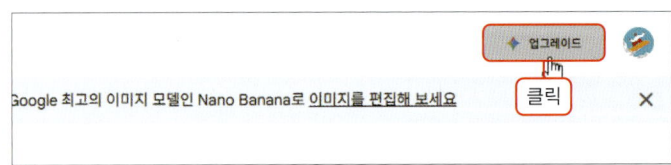

07 | 제미나이 업그레이드는 구글 AI 요금제 중 Gemini Pro 유료 결제를 의미하므로, 제미나이 화면 하단에 〈결제로 이동〉 버튼을 클릭합니다.

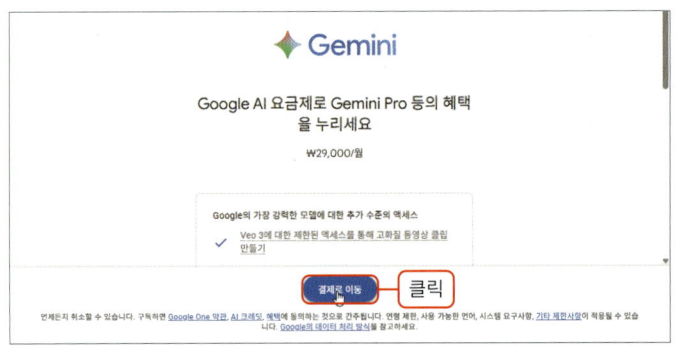

08 | 만약 다른 요금제를 선택하려면 왼쪽 상단의 '메뉴 펼치기' 아이콘(≡)을 클릭한 다음 **[설정 및 도움말] – [구독 보기]**를 선택합니다. Google AI Pro와 Google AI Ultra 구글 요금제가 표시되며 원하는 요금제를 선택합니다.

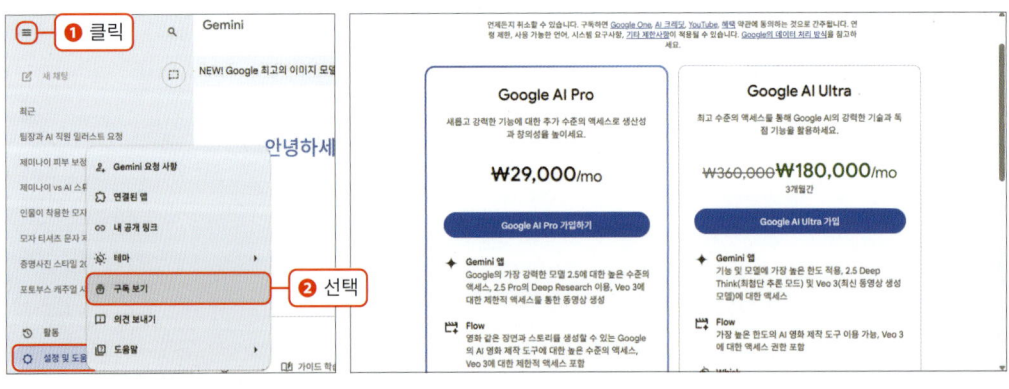

> **Tip** 요금제에 대한 자세한 내용은 63쪽을 참고하세요.

09 | 구글 서비스 약관 메시지가 표시되면 Google One 서비스 약관과 개인정보처리방침을 확인하고 〈동의〉 버튼을 클릭합니다.

10 | 결제 수단을 선택하는 화면이 표시되면 결제 방식을 선택하고 구매를 완료합니다. 예제에서는 [카드 추가]를 선택하고 개인 카드 정보를 입력하여 결제를 완료합니다.

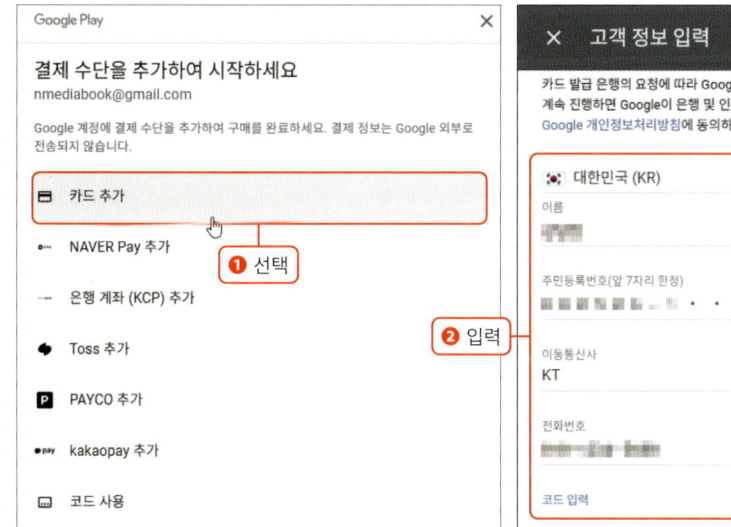
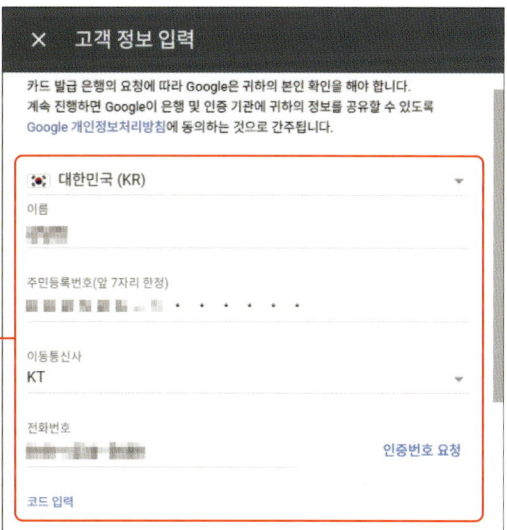

11 | 구독한 요금제를 취소하려면 왼쪽 상단의 '메뉴 펼치기' 아이콘(☰)을 클릭한 다음 **[설정 및 도움말] – [구독 관리]**를 선택합니다. 구독 관리 메뉴가 표시되면 [멤버쉽 취소]를 클릭한 다음 〈취소〉 버튼을 클릭합니다.

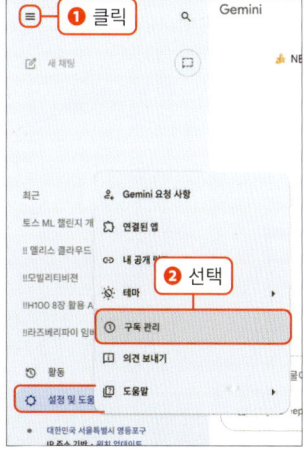

12 Google One 구독을 취소하는지 묻는 대화상자가 표시되면 〈멤버십 취소〉 버튼을 클릭합니다.

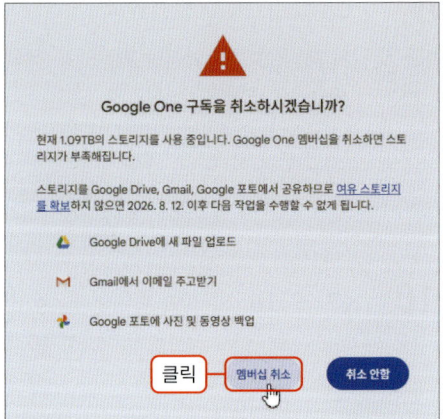

13 결제 및 정기 결제 화면에서 현재 Google One 구독의 다음 결제일과 금액이 표시되면, [관리]를 클릭합니다.

14 청구 예정 요금 및 기본 결제 수단, 정기 결제 취소 항목이 표시됩니다. 여기에서 [정기 결제 취소]를 클릭하면 구독 취소가 완료됩니다.

Tip 내게 맞는 제미나이 Google AI 구독 서비스

제미나이는 무료 버전과 함께 더욱 강력한 기능을 제공하는 유료 구독 서비스를 운영하고 있습니다. 사용자의 필요에 따라 다양한 플랜을 선택할 수 있으며, 현재 주로 'Google AI Por'와 'Google AI Ultra' 두 가지 유료 구독 모델이 제공됩니다.

- **무료 버전**: 가장 기본적인 Google AI 기능들을 평생 무료로 이용할 수 있는 플랜입니다. 일상적인 질문에 대한 답변부터 문장 생성, 아이디어 시각화 등 AI의 핵심 기능을 부담 없이 경험할 수 있습니다. 특히 최적화된 경량 모델인 'Gemini 3 Flash'를 기반으로 하여, 이전보다 훨씬 빠른 속도로 이미지를 생성하고 수정할 수 있습니다. AI 기술을 처음 접하거나, 빠르고 가벼운 데일리 업무 보조 도구가 필요한 사용자에게 가장 적합합니다.

- **Google AI Pro**: 월 29,000원에 이용 가능한 프리미엄 구독 서비스로, 구글의 차세대 플래그십 모델인 'Gemini 3 Pro'를 무제한으로 활용할 수 있습니다. 텍스트, 이미지, 오디오, 비디오를 자유자재로 오가는 완벽한 멀티모달 기능을 제공하며, 이전 세대 대비 획기적으로 향상된 논리적 추론 능력과 긴 문맥 이해도를 자랑합니다. 고품질의 4K 동영상 생성은 물론, 복잡한 코딩과 데이터 분석까지 가능하여 전문 크리에이터, 개발자, 연구원 등 전문가 수준의 퍼포먼스를 원하는 사용자에게 최적의 선택입니다.

- **Google AI Ultra**: AI 기술의 최전선에서 누구보다 먼저 혁신을 경험하고 싶은 '얼리어답터'와 최고 사양의 컴퓨팅 파워가 필요한 전문가를 위한 최상위 서비스입니다. Google AI Ultra 구독자는 현재 연구실에서 개발 중인 'Gemini 3 Ultra' 및 차기 버전(Gemini 4 등)의 베타 기능을 독점적으로 먼저 테스트할 수 있는 권한을 가집니다. 가장 방대한 파라미터를 기반으로 한 극한의 성능을 통해, 산업 현장의 난제 해결이나 대규모 프로젝트를 수행하는 데 특화되어 있습니다.

구분	Free(무료)	Pro(프로)	Ultra(울트라)
월 구독료	무료	약 29,000원($19.99)	약 360,000원($249.99)
스토리지	15GB	2TB	30TB
주요 기능	• Gemini 3 Flash 모델 액세스 (초고속 경량 모델) • 일일 프롬프트 제한 완화(기본 이용 무제한) • 일일 표준 이미지 생성 200개 • 기본 리서치 요약 기능 제공	• Free 플랜의 모든 기능 포함 • Gemini 3 Pro(차세대 멀티모달 모델) • Deep Research(심층 리서치) 무제한 • 일일 고해상도 이미지 생성 2,000개 • Veo 4 Fast 기반 동영상 하루 10개 제작 • Flow(AI 영화 제작 도구) 정식 액세스	• Pro 플랜의 모든 기능 포함 • Gemini 3 Ultra(최상위 추론 모델) 및 베타 기능 독점 사용 • Deep Think(초고도 논리 추론) 기능 • 일일 프롬프트 및 사용량 최고 한도 • Veo 4 Pro 기반 시네마틱 동영상 제작 • Flow, Whisk, NotebookLM 엔터프라이즈급 한도 • 월간 AI 크레딧 50,000 제공

LESSON 02 제미나이 메인 화면 알아보기

NANO BANANA

제미나이 메인 화면의 주요 기능과 구성 요소에 대해 자세히 알아보겠습니다. 기능에 따라 왼쪽 펼침 메뉴와 작업 피드백이 이뤄지는 중앙 부분, 하단의 프롬프트 입력창 등의 3가지 주요 영역으로 나눌 수 있습니다.

❶ **메뉴 펼치기**: 제미나이의 모든 핵심 기능으로 접근할 수 있는 메뉴로, 화면의 왼쪽 상단에 위치한 '☰' 아이콘을 클릭하면, 숨겨져 있던 주 메뉴 패널이 나타납니다.

❷ **새 채팅**: 새로운 주제로 대화를 시작하고 싶을 때 사용하는 기능입니다. 이 버튼을 누르면 이전 대화의 맥락에 영향을 받지 않는 깨끗한 상태의 새 대화창을 사용할 수 있어 주로 이미지 생성 시, 비율을 설정할 때 많이 사용합니다.

❸ **활동**: 사용자가 제미나이와 나누었던 모든 대화 기록을 모아보는 공간입니다. 이곳에서 과거에 어떤 질문을 했고 어떤 답변을 받았는지 시간순으로 확인할 수 있습니다. 특정 대화를 다시 이어서 진행하거나, 필요 없는 기록을 삭제하고, 중요한 대화는 제목을 수정하여 관리하는 것도 가능합니다.

❹ **설정 및 도움말**: 제미나이 인터페이스의 설정 및 관리 메뉴입니다.

ⓐ **Gemini 요청 사항**: 사용자가 지금까지 Gemini와 대화했던 기록(프롬프트)이나 활동 내역을 확인하고 관리할 수 있는 곳입니다. 과거 대화 기록을 삭제하거나 설정을 변경할 수 있습니다.

ⓑ **연결된 앱(확장 프로그램)**: 제미나이가 구글의 다른 서비스들(YouTube, Google 지도, 호텔, 항공편, Workspace 등)에 접근하여 정보를 가져올 수 있도록 설정하는 메뉴입니다. 예를 들어, 이 기능을 켜두면 제미나이에게 "유튜브에서 관련 영상 찾아줘"라고 요청할 수 있습니다.

ⓒ **내 공개 링크**: 사용자가 생성하여 외부로 공유(Public Link)한 대화 링크들을 한눈에 모아서 보고 관리하는 메뉴입니다. 더 이상 공유하고 싶지 않은 링크를 삭제할 수 있습니다.

ⓓ **테마**: 제미나이 화면의 배경색(모드)을 설정하는 메뉴입니다.
- **시스템**: 현재 사용 중인 기기(PC 또는 스마트폰)의 시스템 설정에 맞춰 자동으로 변경됩니다.
- **밝게**: 흰색 배경의 일반적인 화면 모드입니다.
- **어둡게**: 눈의 피로를 줄여주는 다크 모드(검은색 배경)입니다.

ⓔ **구독 보기**: 현재 이용 중인 제미나이 멤버십 상태(무료 버전 또는 유료인 Gemini Advanced)를 확인하거나, 요금제를 변경/관리할 수 있는 페이지입니다.

ⓕ **의견 보내기**: 서비스 사용 중 발생한 오류를 신고하거나, 개선되었으면 하는 점을 구글 개발팀에 피드백으로 보낼 수 있습니다.

ⓖ **도움말**: 제미나이 사용법, 자주 묻는 질문(FAQ), 개인정보 처리 방침 등 고객 지원 정보를 확인할 수 있습니다.

LESSON 03

이미지와 영상 생성을 위한 프롬프트 입력창

NANO BANANA

제미나이의 프롬프트 입력창은 기본적으로 텍스트 기반의 지시를 받아들이는 곳입니다. 이미지나 동영상 생성을 요청할 때 이 입력창을 이용하여 원하는 콘텐츠를 생성하거나 수정, 합성하게 됩니다.

요청한 프롬프트의 이미지 생성

❶ **첨부 이미지 영역**: 파일 추가를 했을 때, 미리보기 형태로 표기합니다. 여러 장의 이미지를 추가하면, 업로드하는 순서대로 표기됩니다.

❷ **프롬프트 입력창**: 사용자가 제미나이에게 원하는 이미지 작업이나 질문을 텍스트로 입력하는 가장 기본적인 공간입니다. 여기에 구체적이고 명확한 프롬프트를 입력할수록 제미나이가 사용자의 의도를 더 잘 파악하고 원하는 이미지 생성이나 답변을 생성합니다.

❸ **파일 추가**: 이미지, 문서, 코드 파일 등 다양한 파일을 직접 업로드하여 질문의 맥락이나 추가한 이미지를 기준으로 이미지를 생성하는 기능입니다. 예를 들어, 특정 이미지를 추가한 다음 이미지를 수정 요청을 할 수도 있습니다(예: 이 바나나를 청테이프로 벽에 붙인 이미지를 생성해줘).

❹ **도구**: 이미지와 동영상, 데이터를 이해하고 AI 어시스턴트로 만들어주는 핵심적인 기능들을 제공합니다.

ⓐ **Deep Research**: 단순한 웹 검색을 넘어, 사용자의 질문에 대해 매우 깊이 있고 포괄적인 분석을 수행하는 기능입니다. 특정 주제에 대한 심층 보고서 작성, 복잡한 데이터 분석, 시장 동향 조사 등 전문적인 정보가 필요할 때, 제미나이가 신뢰할 수 있는 여러 소스를 교차 검증하고 종합하여 깊이 있는 답변을 생성합니다.

ⓑ **동영상 만들기(Veo 3.1)**: 사용자의 텍스트 설명을 바탕으로, 제미나이가 직접 새로운 동영상을 생성해 주는 기능입니다. '라면을 소리내어 먹는 여성'과 같은 짧은 문장을 입력하면, 제미나이가 그 내용을 담은 몇 초 길이의 움직이는 영상을 배경음과 함께 만들어 제공합니다.

ⓒ **이미지 생성하기**: 이미지를 생성하고 분석하는 기능으로, "16:9 비율의 미래 도시 전경을 그려줘"와 같이 텍스트로 원하는 이미지에 대해 묘사하면, 제미나이가 그에 맞는 독창적인 이미지를 직접 생성해 주는 기능입니다.

ⓓ **Canvas**: 사용자가 프롬프트로 원하는 앱을 설명하면 제미나이가 실제로 작동하는 코드와 앱을 즉시 생성해 줍니다.

ⓔ **가이드 학습**: 특정 주제에 대해 깊이 있는 이해를 쌓을 수 있도록 돕는 새로운 대화형 학습 기능입니다.

ⓕ **시각적 레이아웃**: 요청한 정보를 '표 구조 · 카드 · 도식 형태' 등 시각적으로 정리하여 보여주며, 질문에 따라 결과물과 함께 설문 형태로 디테일에 대한 질문을 하는 실험적 기능(Labs)입니다.

❺ **모델/모드**: 표준 수준으로 속도를 우선시하는 빠른 모드와 복잡한 주제나 심층적인 사고 처리에 적합한 사고 모드 중 원하는 모델을 선택할 수 있습니다.

❻ **마이크 사용**: 사용자가 키보드로 직접 타이핑하는 대신, 목소리로 말해서 텍스트를 입력할 수 있습니다.

❼ **제출**: 사용자가 입력한 정보나 프롬프트를 서버로 보내기 위해 누르는 버튼입니다.

LESSON 04 사진을 화보처럼! 인물 의상과 배경 변경하기

예제파일: source\캐주얼.jpg 완성파일: source\캐주얼_완성.png

제미나이에서는 사용자가 업로드한 인물 사진을 기반으로, 그 인물의 고유한 특징은 그대로 유지하면서 주변 요소를 창의적으로 수정·변경할 수 있습니다. 단순히 배경이나 옷을 바꾸기보다, 마치 해당 인물이 실제로 다른 옷을 입고 다른 장소에 있는 것처럼 자연스러운 이미지를 새롭게 생성하는 강력한 기능입니다.

원본 이미지

모자를 제거한 이미지

원피스 의상과 해변가 배경으로 변경

야자수를 추가 생성한 이미지

프롬프트 KEYWORD
❶ 인물이 착용한 **모자 제거**
❷ 어깨끈이 달린 브이넥 미디 원피스로 **의상을 변경**, 배경은 **해변가로 변경**
❸ 인물 옆에 **야자수 생성**

예제 콘셉트

제미나이는 사용자가 이미지를 업로드하면 먼저 인물 인식 및 분석 과정을 거쳐 사진 속 인물의 얼굴, 이목구비, 표정, 헤어스타일, 그리고 전체적인 신체 구조와 포즈 등 고유한 특징들을 정밀하게 분석하고 이해합니다. 그 다음, 사용자가 '어깨끈이 달린 브이넥 미디 원피스로 의상을 변경, 배경은 해변가로 변경해줘'와 같이 텍스트 프롬프트로 원하는 변경 사항을 구체적으로 지시하면, 제미나이는 분석된 인물의 특징을 최대한 보존하면서 텍스트로 지시된 새로운 요소(의상, 배경, 소품 등)들을 자연스럽게 합성하여 완전히 새로운 이미지를 재창조합니다.

01 인물을 유지하면서 부분 제거하기

프롬프트로 수정하거나 변경할 인물 이미지를 업로드한 다음 제미나이에서 프롬프트로 인물을 유지하면서 모자를 제거해 보겠습니다.

01 | 웹브라우저에 'gemini.google.com'를 입력하여 제미나이 사이트로 이동하고 이미지를 불러오기 위해 '파일 추가' 아이콘(+)을 클릭한 다음 [파일 업로드]를 클릭합니다.

✦ Tip google 앱에서 제미나이 실행하기

제미나이는 PC에서 별도의 설치 없이 웹 브라우저(크롬, 엣지, 사파리 등)를 통해 바로 사용할 수 있습니다. 구글 계정으로 로그인하면 바로 사용을 시작할 수 있습니다.

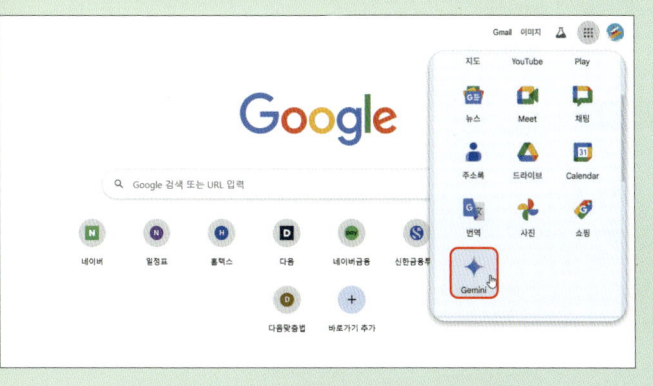

02 열기 대화상자에서 source 폴더에 '캐주얼.jpg' 파일을 선택하고 〈열기〉 버튼을 클릭합니다.

03 모자를 쓴 인물 이미지가 프롬프트 입력창에 표시됩니다. 이미지에서 모자를 없애기 위해 프롬프트 입력창에 다음과 같이 입력하고 '제출' 아이콘(▶)을 클릭합니다.

프롬프트 인물이 착용한 모자를 제거해줘.

Tip 사용자는 이미지뿐만 아니라 문서, 동영상 등 다양한 형식의 파일을 조합하여 최대 10개까지 동시에 추가하고 관련 질문을 하거나 분석을 요청할 수 있습니다. 예를 들어, 여러 장의 제품 사진을 올리고 각 이미지의 특징을 비교해달라고 요청하거나, 그래프 이미지와 관련 문서를 함께 첨부하여 내용을 요약해달라고 할 수 있습니다. 각 파일의 형식에 따라 최대 크기 제한이 있으며, 이미지 및 동영상을 제외한 대부분의 파일 형식은 개당 100MB까지 지원됩니다.

04 그림과 같이 캐주얼한 복장을 입은 인물을 유지하면서 모자만 제거된 것을 확인할 수 있습니다.

> **Tip** 제미나이는 주로 AI 기반의 도구로, 별도의 선택 영역을 지정하지 않아도 이미지에서 특정 부분을 제거하거나 수정하는 작업을 자동화하는 데 강점을 가집니다. 포토샵을 이용할 경우에는 편집하려는 부분을 선택하거나 지정하고, 이미지 제거 도구를 사용하거나 프롬프트로 해당 부분을 제거하는 과정을 거칩니다.

02 인물 의상과 배경 변경하기

캐주얼한 의상의 인물을 그대로 유지한 상태에서 원피스로 변경시킨 다음 해변가 배경으로 변경합니다. 원피스를 입은 인물과 해변가 배경이 자연스럽게 합성되는 것을 확인할 수 있습니다.

05 인물을 유지하면서 캐주얼한 의상을 원피스로 변경하고 배경을 해변가로 변경하기 위해 프롬프트 입력창에 문장을 입력하고 '제출' 아이콘()을 클릭합니다.

> **프롬프트**
> 어깨끈이 달린 브이넥 미디 원피스로 의상을 변경, 배경은 해변가로 변경해서 생성해줘.

06 인물을 유지하면서 캐주얼한 복장을 원피스로, 배경을 해변가로 변경된 것을 확인할 수 있습니다.

> **Tip** 프롬프트 입력창에서 바로 이미지를 생성하는 것과 [도구] → [이미지 생성하기]을 선택한 다음 이미지 생성을 요청하는 방법은 기본적으로 동일한 이미지를 생성합니다. 단지 [이미지 생성하기]을 선택하면 '내가 지금 이미지 생성 기능을 사용하고 있다'는 것을 명확하게 인지하면서 작업을 진행할 수 있습니다. 어떤 방법을 사용하셔도 생성되는 이미지의 품질이나 성능에는 차이가 없습니다.

03 생성된 이미지에 야자수 이미지 추가하기

생성된 인물과 해변가 배경 이미지를 그대로 유지한 상태에서 야자수를 추가하는 프롬프트를 입력하여 이미지를 완성합니다.

07 해변가의 인물 옆에 야자수를 생성하기 위해 프롬프트 입력창에 야자수를 생성하는 프롬프트를 입력하고 '제출' 아이콘(▶)을 클릭합니다.

프롬프트
인물 옆에 야자수를 생성해줘.

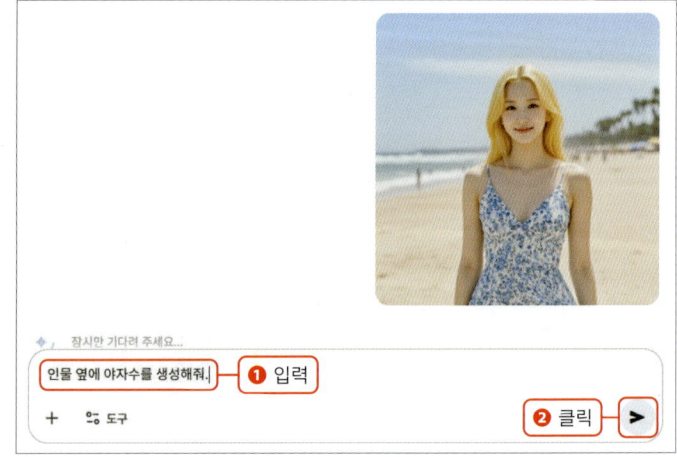

08 인물 옆에 야자수 이미지가 추가로 생성된 것을 확인할 수 있습니다.

 Tip 구글 생성형 AI 사용 가이드

제미나이를 사용하여 이미지를 생성할 때는 구글의 생성형 AI 관련 정책을 준수해야 합니다. 이 규정들은 유해하고 비윤리적인 콘텐츠 생성을 방지하고, 모든 사용자가 안전하게 기술을 활용할 수 있도록 마련되었습니다. 주요 규정은 다음과 같이 요약할 수 있습니다.

 저는 폭력적이거나, 증오심을 부추기거나, 타인을 괴롭히는 등 유해한 콘텐츠를 생성할 수 없습니다. 요청하신 내용은 폭력적인 장면을 묘사하고 있어 저의 안전 정책에 위배됩니다.

구글 생성형 AI 정책에 맞지 않는 경우 표시 메시지

제미나이 이미지 생성 기능 사용 시 가장 핵심적인 규정은 '생성형 AI 금지된 사용 정책'입니다. 이 정책에 따라 다음과 같은 유형의 콘텐츠 생성은 엄격하게 금지됩니다.

❶ **불법적이거나 위험한 콘텐츠**
- 성적 학대 및 착취와 관련된 모든 이미지
- 테러, 폭력적 극단주의를 조장하는 콘텐츠
- 자해, 섭식 장애 등 위험한 행위를 조장하거나 방법을 안내하는 이미지
- 불법 약물, 무기 등 규제 대상 품목의 제작이나 획득을 돕는 콘텐츠

❷ **증오, 괴롭힘, 폭력적 콘텐츠**
- 특정 집단에 대한 차별, 비하, 증오를 조장하는 혐오 발언이 담긴 이미지
- 타인을 위협, 괴롭히거나 모욕하는 콘텐츠
- 과도한 유혈이나 잔인한 장면 등 폭력적이거나 충격적인 이미지

❸ **기만적이거나 사적인 콘텐츠**
- 실존 인물, 특히 유명인의 얼굴을 사용하여 사기, 명예훼손 등 악의적인 목적으로 생성된 딥페이크 이미지
- 개인의 동의 없이 사적인 이미지를 생성하거나 배포하는 행위
- 투표를 방해하거나 잘못된 정보를 퍼뜨리는 등 공익을 해칠 수 있는 기만적인 콘텐츠

LESSON 05 — 광고 사진처럼 부분 채도와 듀오톤 보정하기

예제파일: source\나이키.jpg **완성파일:** source\나이키1~3.png

광고 디자인에서 인물을 부각시키기 위한 시각적 기법 중 하나로 배경의 채도를 낮추거나 듀오톤(Duotone) 기법을 사용하는 것은 매우 효과적입니다. 이 방법은 시선을 자연스럽게 인물에 집중시키고, 전체적인 분위기를 조절하는 데에도 유용합니다.

원본 이미지

배경만 흑백 이미지로 변경

세피아톤을 적용한 이미지

배경만 청색 듀오톤으로 변경

프롬프트 KEYWORD

❶ 남성 인물을 제외한 배경을 **채도가 낮은 흑백 이미지로 변경**
❷ 인물을 포함한 이미지 전체를 **세피아 톤으로 변경**
❸ 원본 이미지로 복원한 다음 **인물을 제외**하고, 배경을 **청색 계열의 듀오톤으로 변경**

예제 콘셉트

배경 이미지나 요소의 채도(Saturation)를 줄여 색상을 덜 눈에 띄게 만들고, 인물은 원색 또는 고채도 컬러로 유지하거나 강조함으로써 인물을 더욱 돋보이게 하는 기법은 광고에서 매우 효과적인 시각적 전략입니다. 이 방식은 인물의 색을 선명하게 드러내어 자연스럽게 시선을 집중시킬 수 있으며, 채도를 낮춘 배경은 고요하고 세련된 분위기를 형성해 고급스러운 광고 연출에 적합합니다. 이러한 기법은 예를 들어 패션 광고에서 도시를 배경으로 할 때, 배경은 모노톤이나 저채도로 처리하고 인물은 원색 계열의 의상이나 소품으로 강조함으로써 효과적으로 활용됩니다.

01 특정 영역의 채도 조정하기

배경 영역의 채도를 낮추면 인물이 강조되는 이미지를 생성할 수 있습니다. 예제에서는 원색의 점퍼를 입은 인물을 강조하기 위해 배경의 채도를 낮춰보겠습니다.

01 | 웹브라우저에 'gemini.google.com'를 입력하여 제미나이 사이트로 이동하고 이미지를 불러오기 위해 '파일 추가' 아이콘(+)을 클릭한 다음 [파일 업로드]를 클릭합니다.

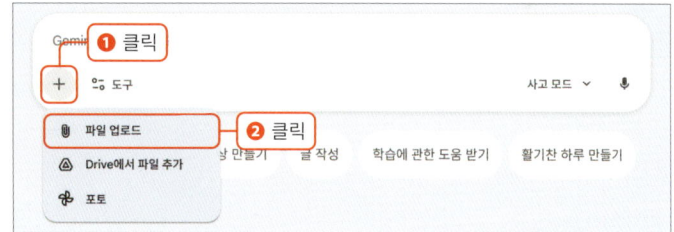

02 | 열기 대화상자에서 source 폴더에 '나이키.jpg' 파일을 선택하고 〈열기〉 버튼을 클릭합니다. 스포츠 점퍼를 입은 인물 이미지가 프롬프트 입력창에 표시됩니다.

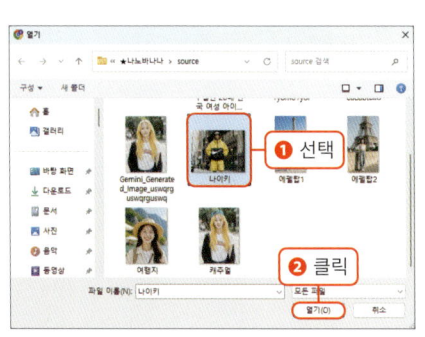

03 | 스포츠 점퍼를 입은 인물 이미지에서 배경 이미지만 채도를 낮추기 위해 프롬프트 입력창에 다음과 같이 입력하고 '제출' 아이콘(▶)을 클릭합니다.

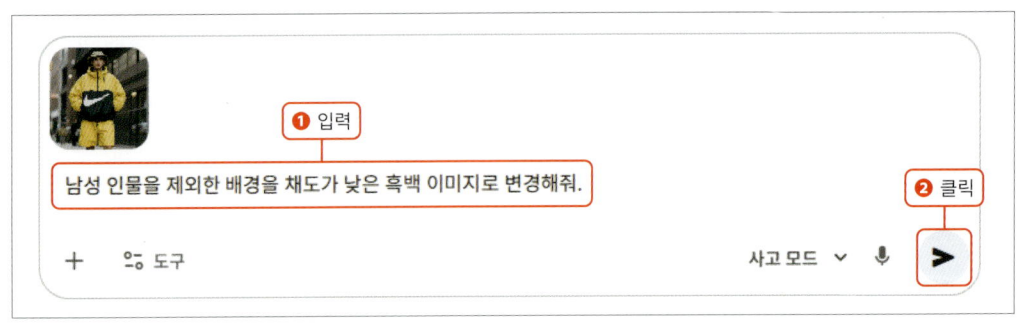

프롬프트 남성 인물을 제외한 배경을 채도가 낮은 흑백 이미지로 변경해줘.

Tip '채도'란 색이 얼마나 선명하거나 탁한지를 나타내는 정도입니다. 채도가 높을수록 색이 진하고 강렬하게, 낮을수록 부드럽고 탁하게 보입니다.

04 | 결과물을 보면 배경은 흑백 사진처럼 채도가 낮고, 노란색 스포츠 점퍼를 입은 인물은 그대로 유지되어, 인물이 부각된 것을 확인할 수 있습니다.

02 컬러 색을 줄여 분위기와 인물 강조하기

듀오톤은 두가지 색상만 사용하여 감각적이고 분위기 있게 표현할 수 있는 방법 중 하나입니다. 세피아 톤과 청색의 듀오톤을 이용하여 분위기와 세련된 인물을 강조하는 이미지를 생성해 보겠습니다.

05 | 이미지 전체에 듀오톤에서 갈색 느낌의 세피아톤으로 이미지를 보정하기 위해 입력창에 문장을 입력하고 '제출' 아이콘(▶)을 클릭합니다.

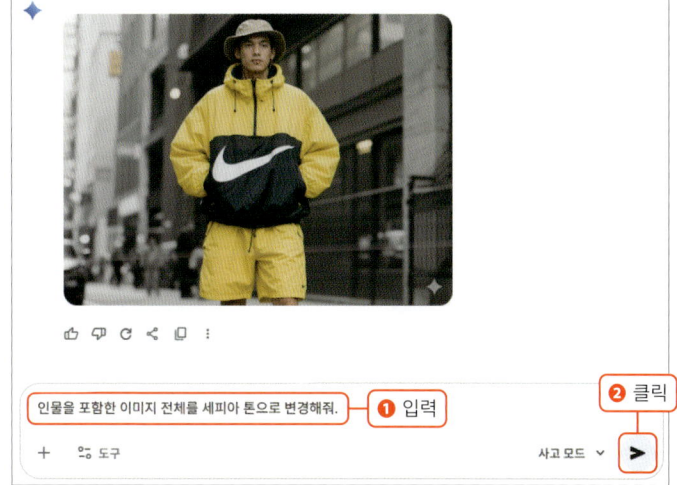

프롬프트
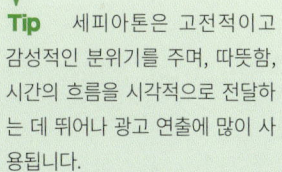
인물을 포함한 이미지 전체를 세피아 톤으로 변경해줘.

06 | 그림과 같이 이미지 전체에 세피아 톤의 색상이 적용되어 차분하고 정제된 색감으로 클래식한 분위기 연출이 적용되었습니다.

Tip 세피아톤은 고전적이고 감성적인 분위기를 주며, 따뜻함, 시간의 흐름을 시각적으로 전달하는 데 뛰어나 광고 연출에 많이 사용됩니다.

07 생성 이미지를 복원한 다음 청색 계열의 듀오톤으로 보정하기 위해 입력창에 문장을 입력하고 '제출' 아이콘(▶)을 클릭합니다.

❶ 입력
❷ 클릭

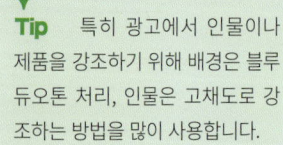 다시 원본 이미지로 복원한 다음 인물을 제외하고, 배경을 청색 계열의 듀오톤으로 변경해줘.

08 청색 계열의 듀오톤이 적용되면 디자인이나 광고, 사진에서 매우 자주 사용되는 색상 조합으로, 차가우면서도 세련된 분위기가 연출됩니다.

Tip 특히 광고에서 인물이나 제품을 강조하기 위해 배경은 블루 듀오톤 처리, 인물은 고채도로 강조하는 방법을 많이 사용합니다.

LESSON 06
인물을 유지한 상태에서 계절 캠페인 배경 연출하기

예제파일: source\등산.jpg 완성파일: source\등산1~3.png

인물이나 배경의 형태는 그대로 유지한 상태에서 계절에 맞게 배경 이미지 수정이 가능합니다. 이런 경우 한 번 촬영한 인물 사진을 사계절 콘텐츠로 재가공할 수 있어 촬영 횟수를 줄이고 다양한 버전을 제작할 수 있습니다. 예를 들어, 같은 모델 사진을 봄 · 여름 · 가을 · 겨울 캠페인에 맞게 사용할 수 있어 효율적입니다.

원본 이미지

가을 배경

겨울 배경

겨울 패딩 등산복

프롬프트 KEYWORD
❶ 인물은 유지한 상태에서 붉은색과 주황색 단풍이 있는 가을 계절 배경 생성
❷ 원본 이미지로 복원한 다음 눈이 쌓인 겨울 계절 배경 변경
❸ 배경은 유지한 상태에서 인물의 등산복을 겨울 등산복으로 교체

 인물과 배경의 형태를 유지한 상태에서 계절 변화에 맞게 배경을 교체하면, 한 번 촬영한 인물 사진을 사계절 콘텐츠로 재가공할 수 있어 촬영 횟수를 줄이고 다양한 버전을 제작할 수 있으므로 콘텐츠 활용도를 극대화할 수 있습니다. 또한, 계절별로 다시 촬영할 필요가 없기 때문에 장소 대관, 인력 섭외, 장비 운영 등 제작 비용을 크게 절감할 수 있으며 광고나 SNS 콘텐츠에서는 효율성이 더욱 두드러집니다.

01 이미지 속 배경을 계절별로 변경하기

현실적으로 촬영하기 어려운 계절적 상황을 손쉽게 AI로 구현해 보겠습니다. 예제에서는 여름 계절의 산 정상 배경을 단풍이 든 가을과 눈 쌓인 겨울 산 배경으로 변경합니다.

01 | 웹브라우저에 'gemini.google.com'를 입력하여 제미나이 사이트로 이동하고 이미지를 불러오기 위해 '파일 추가' 아이콘(+)을 클릭한 다음 [파일 업로드]를 클릭합니다.

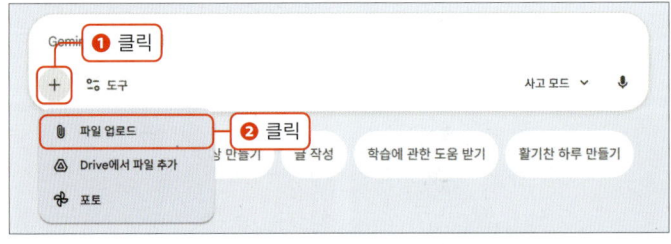

02 | 열기 대화상자에서 source 폴더에 '등산.jpg' 파일을 선택하고 〈열기〉 버튼을 클릭합니다.

03 | 산 정상에서 두 팔을 벌린 인물 이미지가 프롬프트 입력창에 표시됩니다. 인물의 배경을 붉은색으로 단풍이 든 산과 나무가 있는 배경으로 변경하기 위해 프롬프트 입력창에 다음과 같이 입력하고 '제출' 아이콘(▶)을 클릭합니다.

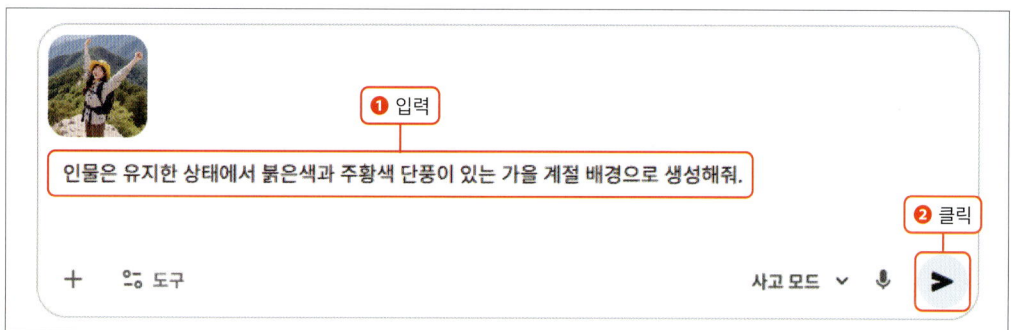

프롬프트 인물은 유지한 상태에서 붉은색과 주황색 단풍이 있는 가을 계절 배경으로 생성해줘.

04 | 다음과 같이 붉은색과 주황색으로 단풍이 든 나무와 산 배경으로 변경된 것을 확인할 수 있습니다.

Tip 너무 많은 요소나 상반되는 내용을 한 번에 요청하면 AI가 이미지를 제대로 구성하지 못할 수 있으며, '아름다운 그림'처럼 너무 추상적이거나 모호한 요청은 구체적인 결과물을 만들기 어렵게 만듭니다. 이 경우, 프롬프트를 간단하고 명확하게 수정하여 AI가 쉽게 이해할 수 있도록 돕는 것이 중요합니다.

05 가을 배경의 이미지를 눈 덮힌 겨울 산 배경으로 변경하기 위해 프롬프트 입력창에 다음과 같이 입력하고 '제출' 아이콘(▶)을 클릭합니다.

프롬프트
원본 이미지로 복원한 다음 눈이 쌓인 겨울 계절 배경으로 변경해줘.

❶ 입력 ❷ 클릭

06 단풍이 든 가을 산 배경의 인물은 유지한 상태에서 눈 덮힌 겨울 산 정상 배경으로 변경되었습니다.

Tip 제미나이에서 생성한 이미지에 마우스를 위치하여 나타나는 '원본 크기 다운로드' 아이콘(⬇)을 클릭하면 내 PC의 다운로드 폴더에 PNG 또는 JPG 형식의 이미지 파일로 저장됩니다.

02 계절 배경에 어울리는 의상 변경하기

최종적으로 이미지를 완성하기 위해 눈 쌓인 겨울 산 배경에 맞게 인물은 유지한 상태에서 인물 의상을 겨울용 등산복으로 변경하여 이미지를 생성하여 이미지 파일로 저장합니다.

07 | 눈 덮힌 겨울 산 배경에 어울리도록 인물의 등산복을 겨울 등산복으로 변경하기 위해 프롬프트 입력창에 문장을 입력하고 '제출' 아이콘(▶)을 클릭합니다.

> **프롬프트**
> 이 장면에서 배경은 유지한 상태에서 인물의 등산복을 겨울 등산복으로 교체해줘.

08 | 그림과 같이 인물의 등산복만 겨울 등산복으로 교체된 것을 확인할 수 있습니다. 생성된 이미지를 클릭한 다음 '원본 크기 다운로드' 아이콘(⬇)을 클릭하여 이미지 파일을 저장합니다.

LESSON 07 — 옆면의 일상 사진을 정면 증명사진으로 만들기

예제파일: source\측면.jpg **완성파일:** source\증명1~3.png

나노 바나나 AI는 얼굴의 3D 구조를 추정하여 이를 정면에서 보이는 형태로 변환하는 데 필요한 데이터를 계산한 후, 3D 모델을 기반으로 정면에서의 모습이 어떻게 보일지 예측하고 그 결과를 정면 얼굴로 생성하며, 이 과정에서 눈의 위치, 코의 높낮이, 입 모양 등 세부적인 사항이 자연스럽게 수정됩니다.

인물의 측면 샷 원본 이미지

인물을 정면 샷으로 변경

증명사진 배경의 인물 바스트 샷으로 변경

정장 의상과 헤어 스타일을 숏 컷으로 변경

프롬프트 KEYWORD
❶ 인물의 얼굴을 유지하면서 얼굴 옆면을 **얼굴 정면 샷으로 변경**
❷ 인물사진을 **증명사진으로 변경**하고, 인물은 **바스트 샷으로 생성**
❸ 인물의 **의상을 정장으로 변경**하고, 머리는 **숏 컷으로 단정하게 변경**

예제 콘셉트

증명사진은 보통 단색 배경이 필요하며, 일반적으로 흰색, 파스텔 톤, 혹은 밝은 회색 배경이 사용됩니다. 배경에 복잡하거나 다른 색이 있으면 이를 제거하거나 정리해야 하며, 또한 자연스럽고 선명한 이미지를 위해 밝기와 대비를 조정해 얼굴이 잘 보이도록 해야 합니다. 증명사진에서는 정면을 응시하는 표정이 중요하고, 자연스럽고 과도하게 웃지 않은 차분한 표정이 이상적입니다.

01 측면 얼굴을 정면 얼굴로 수정하기

측면 얼굴을 기준으로 정면으로 완벽하게 구현시키는 나노 바나나 AI를 이용하여 증명사진을 만들기 전에 정면 샷으로 얼굴을 수정합니다.

01 웹브라우저에 'gemini.google.com'를 입력하여 제미나이 사이트로 이동하고 이미지를 불러오기 위해 '파일 추가' 아이콘(+)을 클릭한 다음 [파일 업로드]를 클릭합니다.

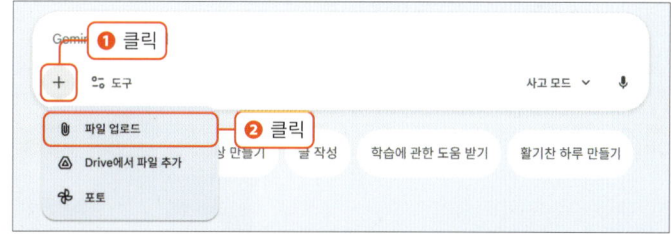

02 열기 대화상자에서 source 폴더에 '측면.jpg' 파일을 선택하고 〈열기〉 버튼을 클릭합니다. 측면의 인물 스냅사진 이미지가 프롬프트 입력창에 표시됩니다.

03 인물의 옆면 얼굴을 기준으로 정면 얼굴로 변경하기 위해 프롬프트 입력창에 다음과 같이 입력하고 '제출' 아이콘(▶)을 클릭합니다.

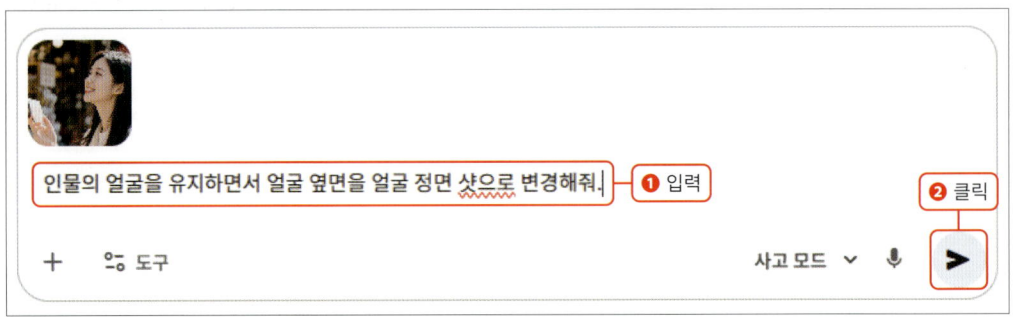

프롬프트 인물의 얼굴을 유지하면서 얼굴 옆면을 얼굴 정면 샷으로 변경해줘.

04 기본 얼굴은 유지하면서 옆면 얼굴이 정면 얼굴로 변경되었습니다.

> ✨ **Tip 파일 이름 생성**
>
> 생성된 이미지는 다운로드하여 저장하는 것이 좋습니다. 같은 프롬프트라도 동일한 이미지가 생성되기는 쉽지 않기 때문입니다. 다운로드한 파일의 이름은 보통 'gemini_generated_image'와 같은 문구로 시작하며, 뒤이어 생성된 날짜나 고유 식별 번호가 붙는 경우가 많습니다. 이는 사용자가 파일의 출처가 제미나이라는 것을 쉽게 알 수 있도록 도와줍니다. 파일 이름은 언제든지 원하는 대로 변경할 수 있습니다.

02 스냅사진을 증명사진으로 수정하기

자연광과 복잡한 배경을 인공광의 스튜디오 조명 느낌으로 바꾸고, 단순한 배경의 증명사진으로 변환해 보겠습니다.

05 이미지를 증명사진으로 변경하기 위해 프롬프트 입력창에 다음과 같이 입력하고 '제출' 아이콘(▶)을 클릭합니다.

> **프롬프트**
> 인물사진을 증명사진으로 변경하고, 인물은 바스트 샷으로 생성해줘.

06 그림과 같이 단색의 배경으로 변경되었으며, 부드럽고 균일한 조명 느낌으로 증명사진이 생성되었습니다. 인물을 좀 더 단정하게 변경하기 위해 헤어 스타일을 숏 컷으로 조정하고, 정장 스타일로 변경하기 위해 프롬프트 입력창에 문장을 입력하고 '제출' 아이콘(▶)을 클릭합니다.

> **프롬프트**
> 인물의 의상을 정장으로 변경하고, 머리는 숏 컷으로 단정하게 변경해줘.

07 | 전형적인 정장 스타일에 숏컷 헤어스타일의 증명사진이 완성되었습니다.

> ### ✦ Tip 이미지가 생성되지 않을 경우 해결법
>
> 이미지 생성을 요청했을 때 간혹 일시적인 오류로 이미지가 표시되지 않고 '생성되었습니다'라는 문구만 나타나거나 아무런 반응이 없을 수 있습니다. 이런 경우에는 말씀하신 것처럼 프롬프트 입력창에 '생성해줘'라고 다시 한번 입력하면 문제가 해결되어 이미지가 정상적으로 생성되는 경우가 많습니다. 불편하시더라도 다시 한번 생성을 요청해 보시는 것이 가장 좋은 해결 방법입니다.
>
> 이미지가 생성되지 않는 경우는 다음과 같습니다.
>
> ❶ **기술적인 일시적 오류**
> 동시에 많은 사용자가 이미지를 생성하고 있을 경우, 서버에 부하가 걸려 요청이 제대로 처리되지 않을 수 있습니다. 또한, 사용자의 인터넷 연결이 불안정하면 이미지 데이터를 제대로 받아오지 못할 수 있습니다.
>
> - **해결 방법**: 잠시 후(몇 분 뒤)에 다시 시도하거나, 인터넷 연결 상태를 확인해 보세요. 간단한 프롬프트로 테스트하여 서비스 자체가 작동하는지 확인하는 것도 좋은 방법입니다.
>
> ❷ **콘텐츠 위반 또는 모호한 표현**
> 의도치 않은 키워드로 인해 이미지가 생성되지 않는 경우도 발생합니다. 프롬프트에 사용된 단어가 사용자의 의도와는 다르게 정책 필터에 의해 유해한 것으로 해석될 수 있습니다. 예를 들어 '충돌', '공격', '피' 등의 단어가 포함되면 생성이 제한될 수 있습니다.
>
> - **해결 방법**: 프롬프트를 다시 검토하여 오해의 소지가 있거나 정책에 위배될 수 있는 단어를 보다 중립적이고 설명적인 표현으로 수정해 보세요.

LESSON 08  감쪽같은 의상 피팅! 지정한 의상 갈아입히기

NANO BANANA

예제파일: source\하키복, 보드, 슈퍼맨.jpg **완성파일**: source\보드1~3.png

AI 기능을 이용해 인물의 이미지를 업로드하고 의상을 갈아입히는 기술은 패션, 마케팅, 게임, SNS, 전자상거래 등 다양한 분야에서 매우 유용합니다. 예제에서는 인물 사진에 의상 사진을 업로드하여 자연스럽게 의상을 착용한 인물 이미지를 생성해 보겠습니다.

인물 이미지(원본)

하키 복장(원본)

슈퍼맨 복장(원본)

하키복 갈아입히기

슈퍼맨 복장 갈아입히기

놀이공원 배경 교체

프롬프트 KEYWORD

❶ 이미지의 소년에게 이미지 하키 복장 갈아입히기
❷ 이미지의 소년에게 이미지 슈퍼맨 복장을 갈아입히기
❸ 배경을 놀이공원으로 변경

예제 콘셉트

AI를 활용한 의상 변경 기술은 실제로 옷을 갈아입거나 촬영 세트를 바꿀 필요 없이 다양한 의상을 자동으로 연출할 수 있어, 별도의 촬영 없이도 고퀄리티 콘텐츠를 제작할 수 있으며, 이를 통해 모델을 섭외하거나 스튜디오를 대여하는 등의 비용을 크게 절감할 수 있습니다.

01 이미지를 업로드해 다양한 의상 갈아입히기

소년이 보드를 타는 사진에 특정한 의상 이미지를 업로드하여 마치 인물이 의상을 갈아입은 것처럼 자연스러운 피팅 사진을 연출해 보겠습니다.

01 | 웹브라우저에 'gemini.google.com'를 입력하여 제미나이 사이트로 이동하고 이미지를 불러오기 위해 '파일 추가' 아이콘(+)을 클릭한 다음 [파일 업로드]를 클릭합니다.

02 | 열기 대화상자에서 Shift를 누른 상태로 source 폴더의 '하키복.jpg'와 '보드.jpg' 파일을 선택하고 〈열기〉 버튼을 클릭합니다.

Tip 선택한 이미지는 옷걸이에 걸려 있는 하키복 의상과 보드를 타고 있는 소년 이미지로, 이미지의 비율과 크기가 서로 다릅니다.

03 하키복 이미지와 보드를 타는 소년 이미지가 프롬프트 입력창에 표시됩니다. 보드를 타는 소년에게 하키복을 갈아입히기 위해 프롬프트 입력창에 문장을 입력하고 '제출' 아이콘(▶)을 클릭합니다.

프롬프트 이미지의 소년에게 이미지 하키 복장을 갈아입혀줘.

04 소년과 배경은 그대로 유지되면서 소년에게 첨부한 하키 복장으로 갈아입은 이미지가 생성됩니다.

05 추가로 소년 이미지를 슈퍼맨 복장으로 갈아입히기 위해 '파일 추가' 아이콘(+)을 클릭한 다음 [파일 업로드]를 클릭합니다.

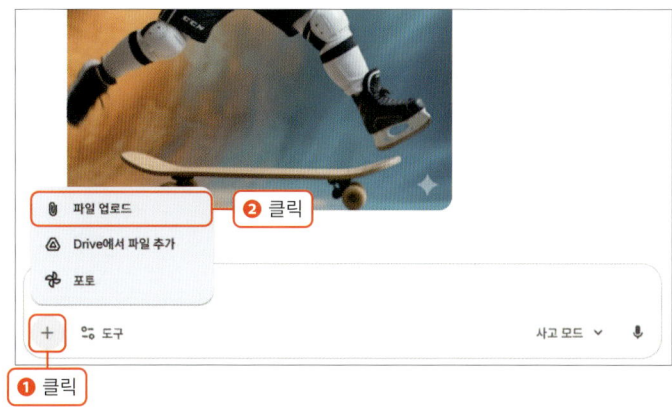

06 열기 대화상자에서 Shift를 누른 상태로 '슈퍼맨.jpg'와 '보드.jpg' 파일을 선택하고 〈열기〉 버튼을 클릭합니다.

07 보드를 타는 소년에게 슈퍼맨 의상을 갈아입히기 위해 프롬프트 입력창에 문장을 입력하고 '제출' 아이콘(▶)을 클릭합니다.

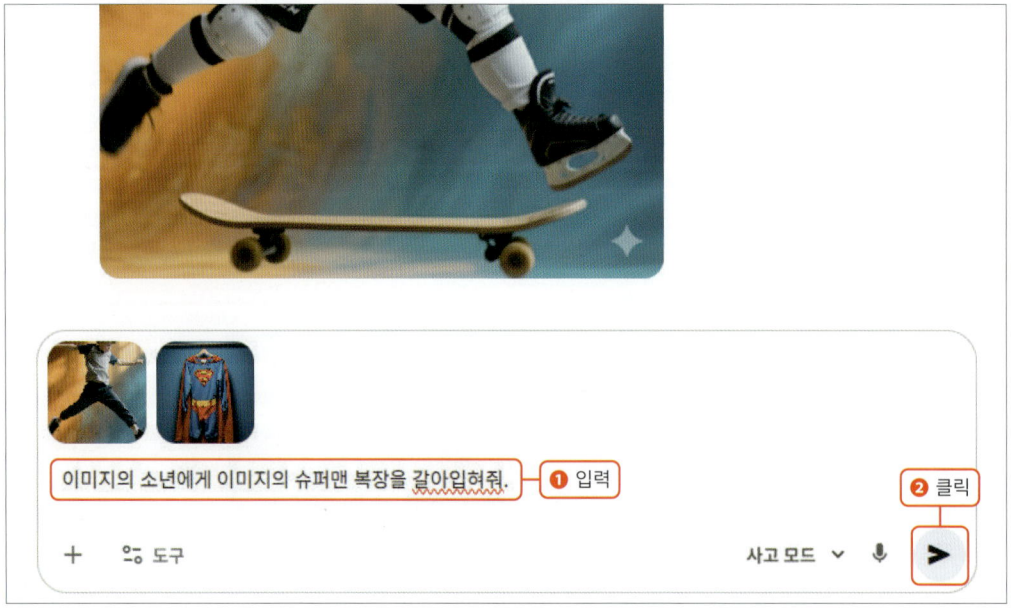

> **프롬프트** 이미지의 소년에게 이미지의 슈퍼맨 복장을 갈아입혀줘.

08 그림과 같이 소년과 배경은 그대로 유지되면서 소년에게 첨부한 슈퍼맨 복장으로 갈아입은 이미지가 생성됩니다.

> **Tip** 제미나이로 인물과 의상의 합성은 단순히 두 이미지를 합치는 것을 넘어, 각 요소에 대한 정보를 검색하고 분석하여 맥락에 맞는 사실 기반의 이미지를 생성하는 과정입니다. 예제에서 슈퍼맨 의상은 이미지뿐만 아니라 슈퍼맨 의상의 정보를 파악하여 이를 대상 인물의 특성과 융합하여 새로운 캐릭터를 창조하는 것을 의미합니다.

09 의상에 맞게 배경을 변경하기 위해 프롬프트 입력창에 놀이공원 배경을 입력한 다음 '제출' 아이콘(▶)을 클릭합니다. 놀이공원에 슈퍼맨 복장을 하고 보드를 타는 소년 이미지가 완성되었습니다.

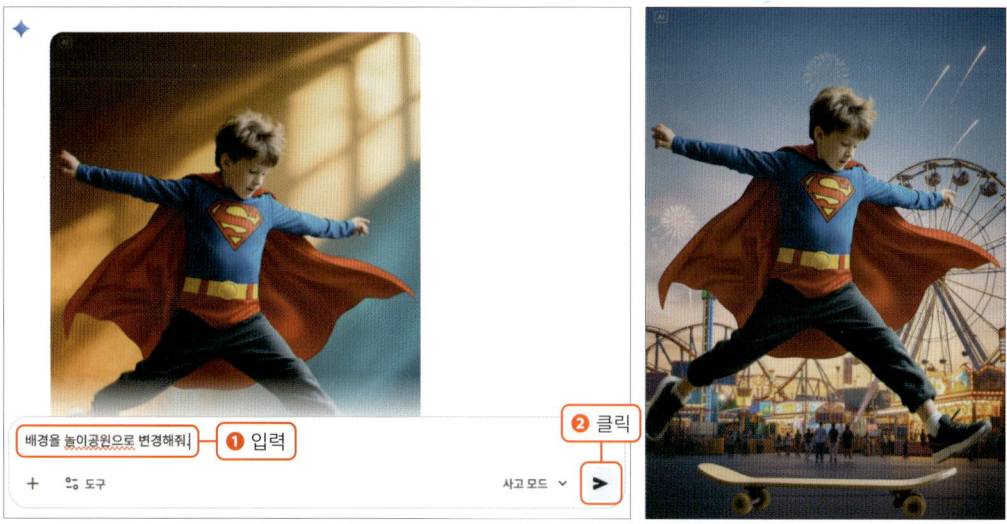

프롬프트 배경을 놀이공원으로 변경해줘.

LESSON 09 여러 장의 이미지를 한 장의 이미지로 합성하기

예제파일: source\전등, 불독, 스튜디오, 화실.jpg 완성파일: source\화실1~2.png

전문적인 디자인 기술이 없어도 여러 장의 필요한 이미지를 구한 다음 AI 기능으로 조합시키면 포토샵의 합성 기법을 몰라도 자연스럽게 합성이 가능합니다. 예제에서는 스튜디오 인물 이미지를 기준으로 여러 배경이나 소품 이미지를 이용하여 화실 이미지를 완성해 보겠습니다.

스튜디오 촬영 인물 이미지

화실 이미지

전등 이미지

노란 불독 소품 이미지

합성된 화실 이미지

완성된 화실 이미지

프롬프트 KEYWORD

❶ 화실에 인물, 전등, 불독 조각상이 테이블 위에 있는 장면 생성
❷ 생성한 이미지에서 노란색 불독 조각상을 다비드 석고상으로 교체

예제 콘셉트

AI 기능을 활용해 여러 장의 이미지를 자동으로 조합하면 수작업 합성에 비해 시간과 노력을 크게 절약할 수 있습니다. 또한 색감과 밝기, 원근감까지 고려한 자연스러운 결과물을 얻을 수 있습니다. 단순히 이미지를 이어 붙이는 수준을 넘어 다양한 스타일 적용과 창의적인 합성이 가능해 새로운 분위기의 이미지를 쉽게 만들 수 있습니다. 많은 이미지를 한 번에 처리할 수 있어 재미있는 합성 이미지 제작이나 광고 구성에도 효율적입니다.

01 합성할 이미지 업로드하기

완성 이미지를 구성할 소스 이미지를 모아 제미나이에 업로드합니다. 예제에서는 화실 이미지에 포함될 인물과 배경, 오브제 요소 이미지들을 사용해 보겠습니다.

01 | 웹브라우저에 'gemini.google.com'를 입력하여 제미나이 사이트로 이동하고 이미지를 불러오기 위해 '파일 추가' 아이콘(+)을 클릭한 다음 [파일 업로드]를 클릭합니다.

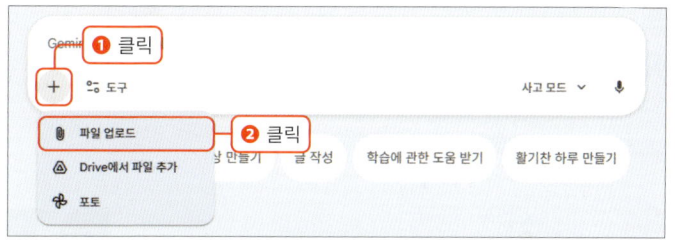

02 | 열기 대화상자에서 Shift 를 누른 상태에서 '전등.jpg'와 '불독.jpg', '스튜디오.jpg', '화실.jpg' 4개의 파일을 선택하고 〈열기〉 버튼을 클릭합니다. 4개의 이미지 소스가 프롬프트 입력창에 표시됩니다.

   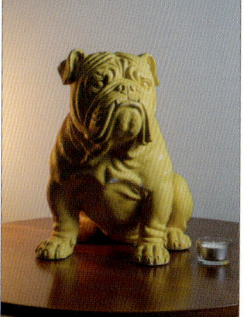

02 이미지를 구성하는 프롬프트 작성하기

이미지 소스를 이용하여 화실 이미지 구성에 필요한 프롬프트를 입력합니다. 메인은 인물이며, 화실 배경과 조명, 장식품으로 이미지 합성 프롬프트를 작성합니다.

03 | 프롬프트 입력창에 4개의 이미지를 합성하는 프롬프트를 입력한 다음 '제출' 아이콘(▶)을 클릭합니다.

프롬프트 이미지의 인물이 화실에 있으며, 천정에는 이미지의 전등이 있고, 이미지 블록 조각상이 테이블 위에 있는 장면을 생성해줘.

04 | 그림과 같이 이미지 중앙에 인물이 서 있으며, 화실을 배경으로 전등과 불독 조각상을 테이블 위에 합성하여 이미지를 생성하였습니다.

05 합성하여 생성된 이미지는 부분 수정이 가능합니다. 예제에서는 노란색 불독 조각상을 다비드 조각상으로 수정하기 위해 프롬프트를 입력한 다음 '제출' 아이콘(▶)을 클릭합니다.

프롬프트

생성한 이미지에서 노란색 불독 조각상을 다비드 석고상으로 교체해줘.

06 그림과 같이 4개의 이미지를 업로드하여 합성된 화실 전경이 완성되었습니다.

 Tip 이미지를 추가하는 2가지 방식

• 한 번에 여러 이미지 입력하는 방식
모든 이미지를 동시에 인식하고, 각 이미지 간의 관계, 공통점, 차이점을 종합적으로 분석합니다. 입력된 이미지들의 특징이 균형 있게 섞인 새로운 창작물이 나올 가능성이 높습니다.

• 하나씩 이미지를 추가하는 방식
제미나이가 이전 대화의 결과물을 기억한 상태에서, 새로운 이미지를 단계적으로 추가하거나 수정하는 명령을 수행합니다. 사용자의 의도를 정교하게 반영하며 단계별로 제어하기 용이합니다.

LESSON 10 　 드라마처럼, 서로 다른 인물의 동작을 변형하여 인물 합성하기

예제파일: source\남성, 여성.jpg　　완성파일: source\동작1~2.png

인물을 유지하면서 행동을 변형하여 생성하면 하나의 이야기나 콘텐츠를 만들 때 매우 유용합니다. 예제에서는 주인공 캐릭터를 생성하고, 지속적으로 동일 인물을 유지하면서 스토리대로 인물 캐릭터의 얼굴과 형태를 유지하면서 동작을 생성해 보겠습니다.

원본 이미지

손을 잡고 걷는 장면　　　　다정한 표정을 짓는 장면

프롬프트 KEYWORD
❶ 남성과 여성이 해변을 손을 잡고 걸어가고 있는 장면
❷ 남성과 여성이 손을 잡고 행복한 표정으로 마주 보고 있는 장면

예제 콘셉트

제미나이의 이미지 생성 및 합성 기능은 연속적인 인물 동작을 매우 사실적이고 일관성 있게 표현할 수 있다는 점에서 큰 장점을 가집니다. 특정 인물의 외모, 옷차림, 스타일 배경, 분위기 등 정체성을 유지하면서 다양한 동작과 표정을 자연스럽게 변형하고 합성할 수 있어, 마치 살아있는 인물의 순간을 포착한 듯한 결과물을 만들어 냅니다.

01 각각의 인물 사진으로 인물 합성하기

서로 다른 인물 이미지들을 이용하여 같은 공간에 있는 인물로 생성하고, 연관성이 있는 장면을 연출해 보겠습니다.

01 | 웹브라우저에 'gemini.google.com'를 입력하여 제미나이 사이트로 이동하고 이미지를 불러오기 위해 '파일 추가' 아이콘(+)을 클릭한 다음 [파일 업로드]를 클릭합니다.

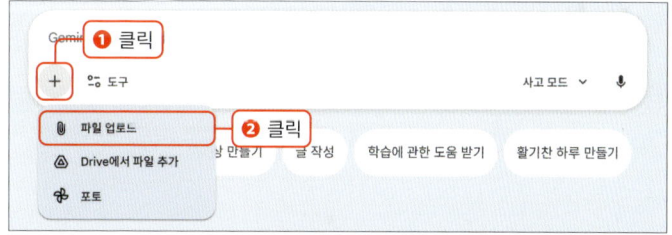

02 | 열기 대화상자에서 Shift를 누른 상태에서 source 폴더에 '남성.jpg', '여성.jpg' 파일을 선택하고 〈열기〉 버튼을 클릭합니다. 선택한 이미지는 서로 다른 인물 이미지로, 이미지 구도와 시선 방향도 전혀 다른 이미지입니다.

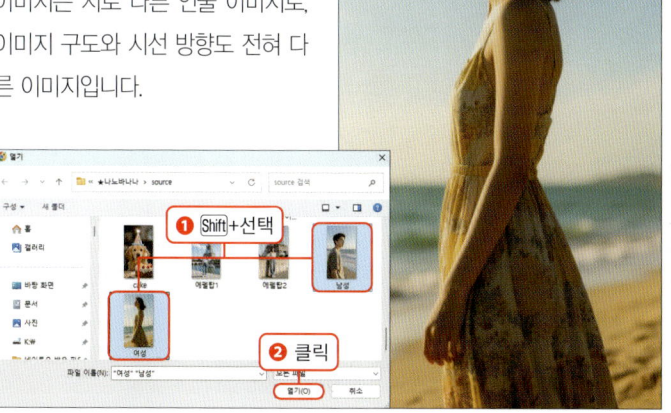

03 | 2개의 이미지 소스가 프롬프트 입력창에 표시됩니다. 서로 같이 있는 장면을 연출하기 위해 프롬프트 입력창에 문장을 입력하고 '제출' 아이콘(▶)을 클릭합니다.

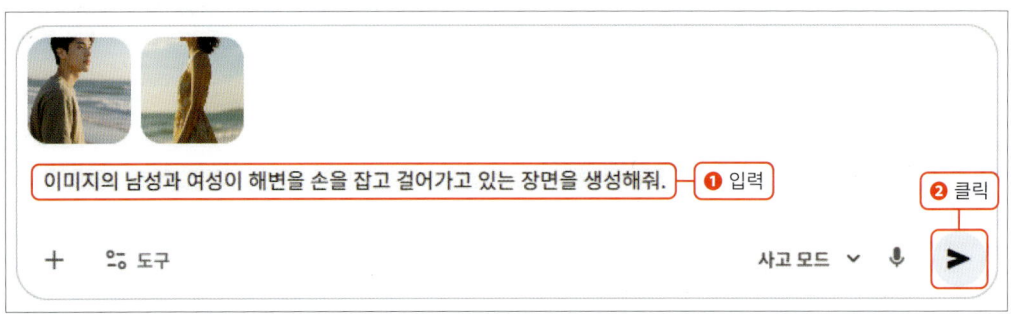

프롬프트 이미지의 남성과 여성이 해변을 손을 잡고 걸어가고 있는 장면을 생성해줘.

04 | 그림과 같이 서로 다른 인물이 손을 잡고 해변을 걷는 모습이 생성되었습니다.

02 친근한 장면 연출하기

동일한 인물의 얼굴과 장면 배경, 분위기를 유지하면서 스토리에 맞게 친밀한 인물 행동을 프롬프트로 작성하여 장면을 연출합니다.

05 좀 더 친근한 표정으로 마주 보는 장면을 연출하기 위해 프롬프트 입력창에 문장을 입력하고 '제출' 아이콘(▶)을 클릭합니다.

프롬프트

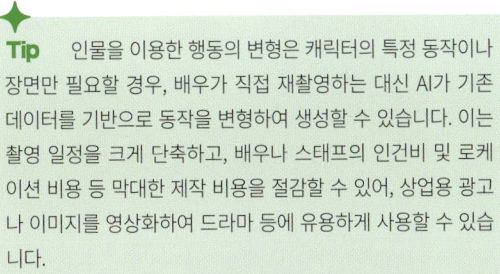

생성한 이미지에서 남성과 여성이 손을 잡고 행복한 표정으로 마주 보고 있는 장면을 연출해줘.

06 바로 이전에 생성한 손을 잡고 걷는 장면을 그대로 유지한 상태에서 서로 마주 보고 웃는 남녀 이미지가 생성되었습니다.

Tip 인물을 이용한 행동의 변형은 캐릭터의 특정 동작이나 장면만 필요할 경우, 배우가 직접 재촬영하는 대신 AI가 기존 데이터를 기반으로 동작을 변형하여 생성할 수 있습니다. 이는 촬영 일정을 크게 단축하고, 배우나 스태프의 인건비 및 로케이션 비용 등 막대한 제작 비용을 절감할 수 있어, 상업용 광고나 이미지를 영상화하여 드라마 등에 유용하게 사용할 수 있습니다.

07 연속적으로 두 팔로 안고 있는 모습을 연출하기 위해 프롬프트 입력창에 문장을 입력하고 '제출' 아이콘(▶)을 클릭합니다.

프롬프트
이미지의 남성이 여성을 두 팔로 안고 있는 모습, 행복한 표정의 장면을 생성해줘.

08 인물과 배경, 시간적인 연속성을 유지하면서 변경된 인물의 자연스러운 장면 연출 이미지가 완성되었습니다.

Tip 타인의 사진이나 공인의 이미지를 허락 없이 AI로 생성하는 행위는 초상권과 퍼블리시티권을 침해하는 심각한 법적·윤리적 문제입니다. 상업적 이용 시 책임이 더 커지며, 사진 작가의 사진을 무단 활용하면 저작권 침해도 발생합니다.
특히 딥페이크처럼 성적 수치심을 유발하는 콘텐츠는 형사 처벌 대상입니다. 이러한 행위는 단순한 호기심을 넘어서 타인의 인격권을 침해하고 사회적 피해를 유발할 수 있으며, 플랫폼 약관 위반으로 계정 정지 등의 불이익도 따릅니다. 결국 타인의 이미지를 무단 사용하는 것은 절대 해서는 안 될 행위입니다.

LESSON 11

간단한 손 그림으로 원하는 포즈로 수정하기

예제파일: source\힙합.png, 라인.jpg **완성파일**: source\힙합1~4.png

제미나이에서 간단한 손 그림을 기준으로 인물 이미지의 동작을 수정할 수 있는 기능은 직관적이고 효율적인 작업을 가능하게 합니다. 예제에서는 복잡한 텍스트 프롬프트를 입력하지 않아도, 손으로 대략 그린 포즈나 제스처만으로 인물의 움직임을 자연스럽게 조정하는 방법을 알아보겠습니다.

인물 이미지

손으로 그린 그림

그림 동작과 유사하게 생성

동작을 재수정한 인물 이미지

피규어 형태로 이미지 생성

황금색 피규어로 수정한 이미지

프롬프트 KEYWORD

① 힙합 옷을 입고 **낙서가 칠해진 골목 벽을 배경**으로 서 있는 장면
② 라인 그림 이미지를 서 있는 여성 이미지 실사 스타일로 춤추는 모습 생성
③ 들어 올린 **발을 쭉 뻗은 형태**로 이미지를 생성
④ 댄스 우승 트로피가 있는 책상 위에 **피규어** 형태로 생성

예제 콘셉트

간단한 그림으로 이미지를 수정하는 방식은 정교한 드로잉 실력이 없어도 아이디어를 손쉽게 시각화할 수 있어, 디자이너나 콘텐츠 크리에이터에게 더욱 자유롭고 창의적인 작업 환경을 제공합니다. 그 결과, 작업 시간을 크게 줄일 수 있을 뿐만 아니라 복잡한 동작 표현도 간단하게 처리할 수 있으며, 특히 애니메이션이나 연속적인 동작 이미지 제작에 있어서도 높은 효율성을 얻을 수 있습니다.

01 손 그림으로 인물 동작 수정하기

낙서가 칠해진 벽면을 배경으로 인물을 생성한 다음 손으로 그린 간단한 그림을 기준으로 인물의 동작을 수정해 보겠습니다.

01 │ 웹브라우저에 'gemini.google.com'를 입력하여 제미나이 사이트로 이동하고 프롬프트 입력창에 다음과 같이 생성할 이미지를 프롬프트로 입력하고 '제출' 아이콘(▶)을 클릭합니다.

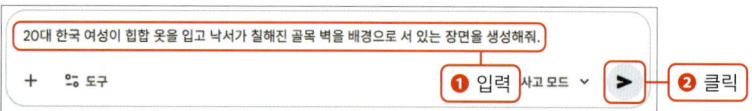

프롬프트 20대 한국 여성이 힙합 옷을 입고 낙서가 칠해진 골목 벽을 배경으로 서 있는 장면을 생성해줘.

02 │ 그림과 같이 낙서가 있는 골목 벽을 배경으로 서 있는 여성 이미지가 생성되면, 이미지를 저장합니다.

03 | 변경하고 싶은 동작을 대략적으로 그린 이미지를 준비합니다. 정확한 이미지 생성을 위해 제미나이에서 생성한 이미지와 손으로 직접 그린 이미지를 업로드하여 이미지를 생성해 보겠습니다.

> **Tip** 예제에서 사용한 이미지는 펜으로 손과 발을 올린 그림을 그리고 스마트폰으로 촬영하여 저장한 이미지입니다.

04 | 이미지를 불러오기 위해 '파일 추가' 아이콘(+)을 클릭한 다음 [파일 업로드]를 클릭합니다. 열기 대화상자에서 Shift를 누른 채 '힙합.jpg'와 '라인.jpg' 파일을 선택하고 〈열기〉 버튼을 클릭합니다.

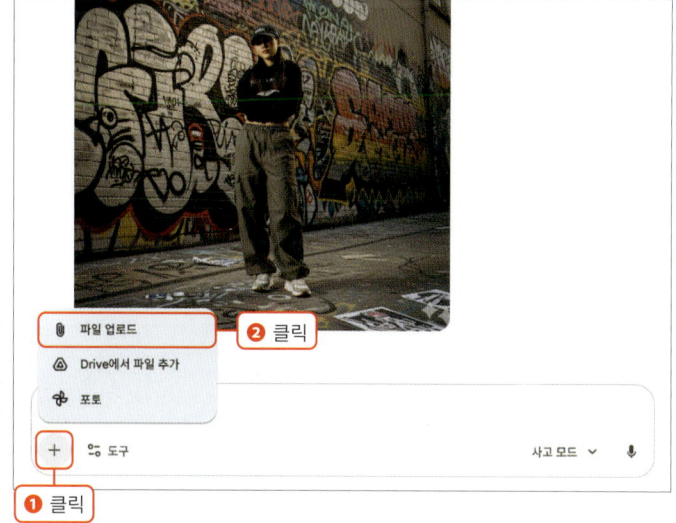

05 | 이미지가 업로드되었다면 손으로 그린 그림의 동작 모습대로 인물의 동작을 변형시키기 위해 프롬프트를 작성한 다음 '제출' 아이콘(▶)을 클릭합니다.

프롬프트

라인 그림 이미지(image 2)를 서 있는 여성 이미지(image 1) 실사 스타일로 춤추는 모습으로 생성해줘.

06 그림과 같이 대략 손으로 그린 그림과 유사하게 인물이 손과 발을 올린 동작으로 변경된 것을 확인할 수 있습니다.

> **Tip** 복잡한 3D 모델링 프로그램을 배우거나, 원하는 동작을 묘사하기 위해 길고 상세한 텍스트 프롬프트를 고민할 필요 없이 간단한 선 형태의 그림만으로도 AI가 인물의 뼈대(Skeleton)를 인식하여 사진 속 인물에게 그대로 적용할 수 있습니다.

07 한쪽 발을 쭉 뻗는 동작으로 수정하기 위해 프롬프트 입력창에 수정 동작을 입력하고 '제출' 아이콘(▶)을 클릭합니다.

프롬프트
생성한 이미지에서 들어 올린 발을 쭉 뻗은 형태로 이미지를 생성해줘.

08 발을 쭉 뻗은 형태의 수정된 동작으로 이미지가 생성되었습니다.

02 피규어 형태로 이미지 재생성하기

동작을 수정한 인물 이미지를 크기가 작은 책상 위의 피규어 이미지로 생성해 보고, 황금색 피규어로 재생성해 보겠습니다.

09 수정된 동작으로 생성된 이미지를 피규어 이미지로 생성해 보겠습니다. 프롬프트 입력창에 피규어 생성을 위한 프롬프트를 입력하고 '제출' 아이콘(▶)을 클릭합니다. 그림과 같이 트로피가 있는 책상 위의 피규어 형태로 생성됩니다.

프롬프트 이 이미지를 댄스 우승 트로피가 있는 책상 위에 피규어 형태로 생성해줘.

10 생성된 피규어의 재질을 황금색으로 변경하기 위해 프롬프트 입력창에 프롬프트를 입력하고 '제출' 아이콘()을 클릭합니다. 그림과 같이 트로피 옆에 힙합 춤을 추는 황금색 피규어 이미지가 완성되었습니다.

> **프롬프트** 생성한 인물 피규어만 황금색의 피규어로 다시 생성해줘.

Tip AI 기반 포즈 제어 이미지 생성 기술

사용자가 손으로 그린 이미지에서 인물의 뼈대, 윤곽선, 깊이 등 구조 정보를 AI가 분석하면 이 구조적 정보를 기존 사진의 얼굴, 옷, 배경 등 시각 요소와 결합합니다. 최종적으로 AI가 구조에 시각 요소를 입혀, 사용자가 의도한 새로운 포즈의 이미지를 생성합니다. 이 기능을 이용하면 다음과 같은 장점이 있습니다.

❶ 무한한 창의성과 자유도
기존 포즈 데이터나 샘플에 얽매이지 않고, 상상하는 거의 모든 동작을 자유롭게 구현할 수 있습니다. 현실에서는 불가능한 역동적인 자세, 과장된 동작, 비현실적인 구도까지 표현 가능해, 예술가, 디자이너, 콘텐츠 크리에이터에게 강력한 창작 도구가 됩니다.

❷ 정교하고 세밀한 연출 가능
전신 포즈뿐 아니라 손가락 모양, 고개 각도, 팔다리의 굽힘 정도 등 디테일한 표현이 가능합니다. 사용자의 드로잉 디테일이 결과물에 직접 반영되어, 섬세한 감정이나 구체적인 상황 연출에 매우 유리합니다.

❸ 빠른 작업 속도와 높은 효율성
웹 검색, 모델 촬영, 3D 모델링 등 복잡한 작업 없이 아이디어를 즉시 시각화할 수 있습니다. 빠른 반복 작업(Iteration)이 가능해, 작업 시간 단축과 생산성 향상에 큰 도움이 됩니다.

❹ 비전문가도 손쉽게 활용 가능
전문적인 디자인 툴이나 3D 기술 없이도 누구나 쉽게 자신의 아이디어를 이미지로 구현할 수 있습니다. 마케팅 시안, 발표 자료, 개인 창작 등 다양한 분야에서 활용 문턱을 크게 낮춥니다.

LESSON 12 · 밋밋한 사진에 카메라 구도로 다양한 샷 얻기

예제파일: source\서퍼.jpg   완성파일: source\서퍼1~5.png

AI 이미지 생성 모델은 원본 인물 이미지를 바탕으로 다양한 카메라 구도에서 새로운 이미지를 생성할 수 있는 강력한 장점을 가지고 있습니다. 예제에서는 서핑보드를 들고 있는 인물을 다양한 카메라 구도로 이미지를 생성하여 원하는 이미지를 얻을 수 있도록 해보겠습니다.

니 샷(원본)

전신 샷

셀피 샷

드론 카메라 샷

트래킹 샷

클로즈업 샷

프롬프트 KEYWORD

❶ 서핑보드를 들고 있는 인물 기준으로 **전신 샷 연출**
❷ 서핑보드를 들고 있는 인물 기준으로 **드론 카메라 샷 연출**
❸ 인물의 얼굴을 기준으로 **클로즈업 샷 / 셀피 샷으로 연출**

예제 콘셉트

제미나이에서는 다양한 구도를 촬영 없이 AI로 생성할 수 있기 때문에, 촬영 비용, 장소 섭외, 장비 세팅 없이도 고퀄리티의 결과물을 확보할 수 있으며, 다양한 구도에서의 이미지 결과물을 즉시 비교하면서 어떤 앵글이 더 매력적인지, 또는 어떤 샷이 브랜드나 메시지에 더 적합한지를 빠르게 실험하고 결정할 수 있어 크리에이티브 실험에도 최적화되어 있습니다.

01 기본 카메라 구도로 이미지 생성하기

가장 기본적인 카메라 구도로, 인물을 기준으로 인물 범위를 설정하여 이미지를 생성해 보겠습니다.

01 | 웹브라우저에 'gemini.google.com'를 입력하여 제미나이 사이트로 이동하고 이미지를 불러오기 위해 '파일 추가' 아이콘(+)을 클릭한 다음 [파일 업로드]를 클릭합니다.

02 | 열기 대화상자에서 source 폴더에 '서퍼.jpg' 파일을 선택한 후 〈열기〉 버튼을 클릭하면, 바나나 모양 서핑보드를 들고 서 있는 인물의 무릎까지 나온 니 샷 이미지가 나타납니다.

03 | 카메라 구도를 인물의 머리부터 발끝까지 전신을 보여주는 전신 샷으로 변경하기 위해 프롬프트 입력창에 전신 샷 연출을 입력한 다음 '제출' 아이콘(▶)을 클릭합니다.

프롬프트
서핑보드를 들고 있는 인물 기준으로 전신 샷으로 연출해줘.

04 | 카메라 구도를 드론에 장착된 카메라로 공중에서 촬영하는 드론 카메라 샷으로 변경하기 위해 프롬프트 입력창에 드론 카메라 샷 연출을 입력한 다음 '제출' 아이콘(▶)을 클릭합니다.

프롬프트
생성된 보드를 들고 있는 인물을 기준으로 드론 카메라 샷으로 연출해줘.

05 카메라 구도를 물의 얼굴이 부각되도록 클로즈업 샷으로 변경하기 위해 프롬프트 입력창에 클로즈업 샷 연출을 입력한 다음 '제출' 아이콘(▶)을 클릭합니다.

프롬프트
생성된 보드를 들고 있는 인물의 얼굴을 기준으로 클로즈업 샷으로 연출해줘.

02 응용 카메라 구도로 이미지 생성하기

인물이 마치 셀카를 찍는 듯한 이미지와 인물의 뒷모습을 생성하여 따라 움직이는 듯한 이미지를 생성합니다.

06 카메라 구도를 촬영자가 직접 카메라를 들고 자신을 찍는 셀피 샷으로 변경하기 위해 프롬프트 입력창에 셀피 샷 연출을 입력한 다음 '제출' 아이콘(▶)을 클릭합니다.

프롬프트
생성된 보드를 들고 있는 인물을 기준으로 셀피 샷으로 연출해줘.

07 카메라 구도를 피사체를 따라 움직이며 촬영하는 트래킹 샷으로 변경하기 위해 프롬프트 입력창에 트래킹 샷 연출을 입력한 다음 '제출' 아이콘(▶)을 클릭합니다.

프롬프트 생성된 보드를 들고 있는 인물의 뒷모습을 기준으로 드래킹 샷으로 연출해줘.

 Tip 카메라 샷 프롬프트가 꼭 필요할까?

나노 바나나로 불리는 최신 AI 이미지 생성 기술에서 카메라 샷은 결과물의 품질과 표현력을 결정짓는 매우 중요한 요소입니다. 과거의 이미지 생성 AI가 사용자의 요청을 단순히 재현하는 데 그쳤다면, 나노 바나나와 같은 최신 AI는 사용자가 '가상 감독'이나 '가상 사진작가'가 되어 장면을 연출할 수 있는 수준으로 발전했습니다. 이때 카메라 구도는 감독의 가장 강력한 연출 도구가 됩니다.

▲ 카메라 샷으로 다양한 이미지 연출

구도를 지정하지 않으면 AI는 가장 표준적이고 정적인 구도로 생성합니다. 다양한 카메라 구도를 활용하면 식상함을 피하고, 보다 역동적이고 흥미로운 결과물을 얻을 수 있습니다. 이는 마치 전문 포토그래퍼가 촬영한 것 같은 인상을 주어 이미지의 완성도를 높입니다. 나노 바나나와 같은 고성능 이미지 생성 AI에게 카메라 구도는 단순한 옵션이 아닌, 사용자의 창의적인 비전을 실현하는 필수적인 명령어입니다. 원하는 감정과 스토리를 정확히 담아내고 싶다면, 적극적으로 다양한 카메라 구도를 프롬프트에 활용하는 것이 중요합니다.

LESSON 13 한 장의 이미지에 동일한 캐릭터 복제하기

예제파일: source\호랑이.png **완성파일**: source\호랑이1~3.png

기존 캐릭터를 기반으로 다양한 포즈를 추가하여 여러 상황에 맞는 이미지를 생성할 수 있으며, 새 캐릭터를 추가할 때는 기존 캐릭터와의 관계나 비교가 자연스럽게 표현됩니다. 예제에서는 놀이공원의 캐릭터를 추가로 생성하면서 자연스러운 장면을 연출해 보겠습니다.

원본 이미지

길거리를 청소하는 캐릭터 추가

벽면을 닦는 캐릭터 추가

앉아있는 캐릭터 추가

프롬프트 KEYWORD

❶ 기존 이미지를 유지하면서 길거리를 청소하는 캐릭터 추가
❷ 길거리를 청소하는 동일한 캐릭터를 유지하면서 오른쪽 벽면을 닦는 캐릭터 추가
❸ 왼쪽 벽면을 닦는 동일한 캐릭터를 유지하면서 앉아 있는 캐릭터 추가

예제 콘셉트

한 장면에 캐릭터를 추가하는 프롬프트를 작성할 때는 기존 캐릭터의 외형, 복장, 특징 등을 반복적으로 구체적으로 언급해야 하며, 이를 통해 AI가 캐릭터를 정확하게 인식하고 유지하여 이미지 속에서 일관된 모습으로 표현할 수 있습니다. 이러한 반복적인 언급은 특히 여러 캐릭터가 함께 등장하는 장면에서 개별 캐릭터의 정체성과 구분을 명확하게 하여, 전체적인 그림의 완성도를 높이는 데 중요한 역할을 합니다.

01 기존 캐릭터 유지하면서 캐릭터 추가하기

불러온 기존 이미지를 그대로 유지한 채, 동일한 스타일과 분위기를 유지하면서 다양한 행동을 취하는 캐릭터를 하나씩 순차적으로 추가해 보겠습니다.

01 | 웹브라우저에 'gemini.google.com'를 입력하여 제미나이 사이트로 이동하고 이미지를 불러오기 위해 '파일 추가' 아이콘(+)을 클릭한 다음 [파일 업로드]를 클릭합니다.

02 | 열기 대화상자에서 source 폴더에 '호랑이.png' 파일을 선택한 후 〈열기〉 버튼을 클릭하면, 놀이공원에서 캐릭터 탈을 쓴 인물 이미지가 표시됩니다.

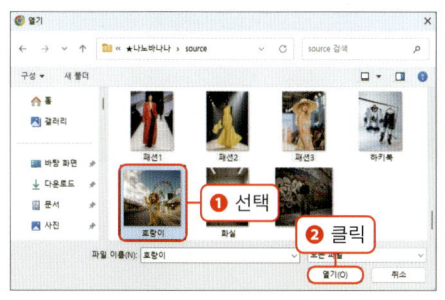

03 | 기존 캐릭터 이미지에 길거리를 청소하는 캐릭터를 추가하기 위해 프롬프트 입력창에 프롬프트를 입력한 다음 '제출' 아이콘(▶)을 클릭합니다. 기존 캐릭터 이미지를 유지하면서 동일한 캐릭터 인물이 길거리를 청소하는 장면이 생성되었습니다.

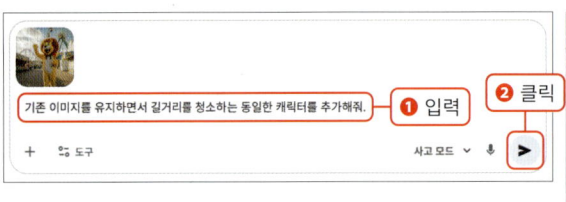

> **프롬프트**
>
> 기존 이미지를 유지하면서 길거리를 청소하는 동일한 캐릭터를 추가해줘.

04 | 이번에는 기존 캐릭터와 길거리를 청소하는 캐릭터를 그대로 유지하면서 추가로 벽면을 닦는 캐릭터를 추가하기 위해 프롬프트 입력창에 프롬프트를 입력한 다음 '제출' 아이콘(▶)을 클릭합니다. 벽면을 닦는 캐릭터가 추가되어 한 장면에 3명의 캐릭터가 생성된 것을 확인할 수 있습니다.

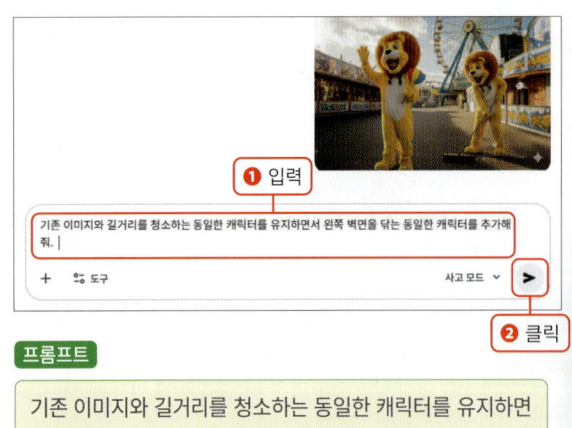

> **프롬프트**
>
> 기존 이미지와 길거리를 청소하는 동일한 캐릭터를 유지하면서 오른쪽 벽면을 닦는 동일한 캐릭터를 추가해줘.

> **Tip** 한 장면에 캐릭터를 추가하는 프롬프트에는 반복적으로 기존 캐릭터를 언급해야 정확하게 이미지를 유지시킬 수 있습니다.

05 기본 캐릭터와 길거리를 청소하는 캐릭터, 벽면을 닦는 캐릭터를 그대로 유지하면서 앉아 있는 캐릭터를 추가하기 위해 프롬프트 입력창에 프롬프트를 입력한 다음 '제출' 아이콘(▶)을 클릭합니다. 한 장의 이미지에 새로운 캐릭터를 계속 추가하면서 이미지를 완성합니다.

❶ 입력
❷ 클릭

> **프롬프트** 기존 이미지와 길거리를 청소하는 동일한 캐릭터, 왼쪽 벽면을 닦는 동일한 캐릭터를 유지하면서 왼쪽 상점 앞에 앉아 있는 동일한 캐릭터를 추가해줘.

Tip   AI vs 포토샵의 차이, 한 장면에 동일 인물 표현하기

한 장의 사진에 동일한 인물이 여러 가지 동작을 하고 있는 이미지는 시간의 흐름이나 캐릭터의 다양한 모습을 압축적으로 보여주는 매력적인 표현 기법입니다. 과거에는 포토샵의 영역이었던 이 작업이, 이제는 AI 이미지 생성 기술로도 가능해졌습니다.

두 방식의 핵심적인 차이는 '생성(Creation)'과 '합성(Composition)'에 있습니다. AI는 가상의 인물과 동작을 처음부터 그려내는 방식에 가깝고, 포토샵은 실제 촬영된 여러 장의 사진을 정교하게 오려 붙이는 방식입니다. 최근에는 두 기술을 혼합하여 사용하는 추세입니다.

LESSON 14 — 비포 & 애프터, 피부 보정과 표정 변경하기

예제파일: source\비포.jpg　**완성파일:** source\애프터1~3.png

기존의 포토샵이나 보정 프로그램에서는 피부 트러블을 보정할 때 피부 트러블을 하나하나 선택해 수정 하는 번거로움이 있었습니다. 하지만 AI 기능을 활용하면 이러한 과정 없이 피부를 새롭게 생성하여 훨씬 손쉽게 보정할 수 있습니다. 예제에서는 피부 보정과 함께 인물의 자연스러운 표정을 변경해 보겠습니다.

원본 이미지

피부 보정 이미지

미소 짓는 인물 표정

활짝 웃는 인물 표정

프롬프트 KEYWORD
❶ 인물 얼굴의 **트러블을 제거하고, 피부톤을 맑게 보정**
❷ 인물의 표정을 **행복하게 미소 짓는 표정**으로 생성
❸ 인물의 표정을 **좀 더 밝게 웃는 표정**으로 생성

예제 콘셉트

AI 기능을 사용하면 사실적인 피부 보정은 작은 결점을 제거해 더욱 자연스럽고 매력적인 모습을 연출할 수 있으며, 인물의 표정을 미세하게 조정하여 사진의 전체적인 분위기를 바꾸거나 원하는 감정을 더욱 효과적으로 전달할 수 있습니다. 이 모든 과정을 프롬프트 입력만으로 신속하게 처리할 수 있어 시간과 노력을 절약할 수 있습니다. 전문적인 이미지 편집 기술이 없더라도 누구나 손쉽게 고품질의 결과물을 얻을 수 있습니다.

01 피부 트러블 보정하기

AI를 이용한 인물 피부 보정은 기존의 피부 위에 새로운 질감을 합성하는 방식이 아니라, 마치 동일한 피부를 재생하듯이 새롭게 생성하는 과정을 거쳐 자연스러운 피부를 표현합니다.

01 | 웹브라우저에 'gemini.google.com'를 입력하여 제미나이 사이트로 이동하고 이미지를 불러오기 위해 '파일 추가' 아이콘([+])을 클릭한 다음 [파일 업로드]를 클릭합니다.

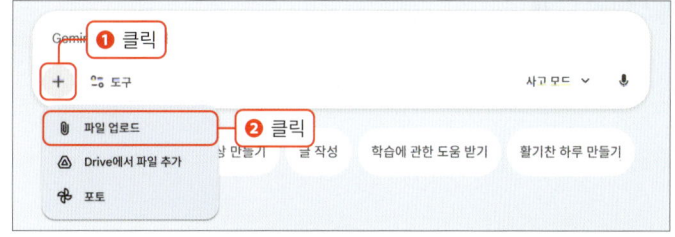

02 | 열기 대화상자에서 source 폴더에 '비포.jpg' 파일을 선택하고 〈열기〉 버튼을 클릭합니다.

03 인물 이미지가 표시됩니다. 먼저 피부 트러블을 없애고, 피부톤을 맑게 보정하기 위해 프롬프트 입력창에 피부 조정 프롬프트를 입력하고 '제출' 아이콘(▶)을 클릭합니다. 피부 트러블이 제거되고 피부톤이 맑게 보정된 인물 이미지가 생성됩니다.

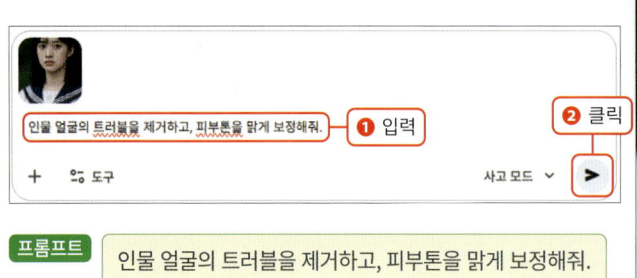

> **프롬프트** 인물 얼굴의 트러블을 제거하고, 피부톤을 맑게 보정해줘.

02 인물 표정 변경하기

인공지능은 인물의 얼굴 구조, 피부 톤, 조명 조건을 분석한 뒤 해당 표정에 맞는 새로운 이미지를 생성하기 때문에 훨씬 자연스럽고 사실적인 결과물을 얻을 수 있습니다.

04 인물의 표정을 우울한 표정에서 미소 짓는 표정으로 변경하기 위해 프롬프트 입력창에 인물 표정을 변경하는 프롬프트를 입력하고 '제출' 아이콘(▶)을 클릭합니다. 미소짓는 표정의 인물이 생성됩니다.

> **프롬프트** 인물의 표정을 행복하게 미소 짓는 표정으로 생성해줘.

05 미소 짓는 인물의 표정을 활짝 웃는 표정으로 변경하기 위해 프롬프트 입력창에 인물 웃는 표정을 표현하는 프롬프트를 입력하고 '제출' 아이콘(▶)을 클릭합니다. 밝게 웃는 표정의 인물이 생성됩니다.

인물의 표정을 좀 더 밝게 웃는 표정으로 생성해줘. ❶ 입력

❷ 클릭

프롬프트 인물의 표정을 좀 더 밝게 웃는 표정으로 생성해줘.

Tip 제미나이 vs 포토샵 AI 시대의 인물 사진 보정, 어떻게 다를까?

최신 AI 기술을 탑재한 제미나이와 오랜 시간 이미지 편집의 대명사로 자리 잡은 포토샵은 문제 있는 피부를 보정하고 어색한 표정을 수정하는 데 있어 각기 다른 접근 방식을 제공합니다. 가장 큰 차이점은 '작업 방식'과 '정교함의 수준'에 있습니다. 제미나이는 대화형 프롬프트를 통해 쉽고 빠르게 결과물을 얻는 데 강점이 있고, 포토샵은 숙련된 사용자의 도구를 이용한 정교하고 세밀한 제어 기능을 제공하는 데 특화되어 있습니다.

결론적으로, 제미나이는 누구나 쉽고 빠르게 만족스러운 결과물을 얻을 수 있는 '일상적인 AI 편집 도우미'에 가깝고, 포토샵은 전문가의 창의성과 기술을 극대화하여 최상의 결과물을 만들어내는 '강력한 전문 편집 스튜디오'라고 할 수 있습니다.

포토샵에서의 인물 사진 보정

LESSON 15

원하는 나이에 맞게 인물 이미지 생성하기

NANO BANANA

예제파일: source\동갑.jpg   완성파일: source\동갑1~5.png

제미나이에서는 인물의 의상과 배경을 그대로 유지하면서 원하는 나이대로 조절하면, 유년기부터 노년기까지 다양한 시점의 모습을 생성할 수 있는 기능을 제공합니다. 예제에서는 타임랩스나 회상 장면 같은 시각 콘텐츠에 적합한 다양한 조합의 인물 나이를 조정하여 인물을 생성해 보겠습니다.

20대 남녀 이미지(원본)

아빠와 딸 이미지

엄마와 아들 이미지

할머니와 손자 이미지

할아버지와 손녀 이미지

노년 부부 이미지

프롬프트 KEYWORD

❶ 여성과 남성 인물 나이를 80살 노인 부부로 변경하여 생성
❷ 7살의 어린 딸과 30대의 아빠 이미지로 생성
❸ 7살의 어린 아들과 30대의 엄마 이미지로 생성

예제 콘셉트

제미나이의 인물 생성 기능은 인물의 나이를 자유롭게 조절하면서도, 기존의 의상과 배경을 그대로 유지할 수 있다는 점에서 큰 강점을 지니고 있습니다. 이 기능을 통해 유년기부터 노년기까지 다양한 시점의 인물을 동일한 환경에서 생성할 수 있어, 시각적으로 일관된 결과물을 얻을 수 있습니다. 전통적인 작업 과정에서는 인물 섭외부터 분장까지 번거로운 일이지만, 이러한 과정을 AI로 간소화할 수 있어 시간과 비용을 크게 절약할 수 있습니다.

01 유년기부터 노년기까지 인물 변경하기

20대 남녀 이미지를 기준으로 동일한 인물을 기준으로 유년기부터 노년기의 인물로 변경해 봅니다.

01 | 웹브라우저에 'gemini.google.com'를 입력하여 제미나이 사이트로 이동하고 이미지를 불러오기 위해 '파일 추가' 아이콘(+)을 클릭한 다음 [파일 업로드]를 클릭합니다.

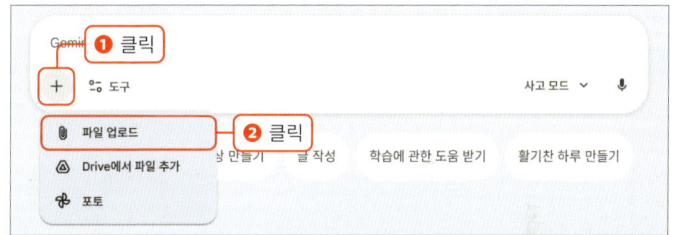

02 | 열기 대화상자에서 source 폴더에 '동갑.jpg' 파일을 선택하고 〈열기〉 버튼을 클릭합니다.

03 | 20대의 남녀 이미지가 프롬프트 입력창에 표시됩니다. 노년의 80세 부부 이미지를 생성하기 위해 프롬프트 입력창에 프롬프트를 입력하고 '제출' 아이콘(▶)을 클릭합니다. 그림과 같이 20대의 인물 이미지가 80대의 인물 이미지로 변경됩니다.

> **프롬프트** 이미지의 여성과 남성 인물 나이를 80살 노인 부부로 생성해줘.

04 | 또 다른 연령층으로 변경하기 위해 20대 원본 이미지를 다시 불러옵니다. '파일 추가' 아이콘(+)을 클릭하고 [파일 업로드]를 클릭합니다. 열기 대화상자에서 source 폴더에 '동갑.jpg' 파일을 선택하고 〈열기〉 버튼을 클릭합니다.

05 | 20대 인물 이미지에서 어린 딸과 아빠 이미지를 생성하기 위해 인물의 나이를 설정하는 프롬프트를 입력하고 '제출' 아이콘(▶)을 클릭합니다. 그림과 같이 배경과 의상은 동일하게 유지하면서 여성 인물의 나이를 어리게 수정하여 생성합니다.

> **프롬프트** 이미지에서 7살의 어린 딸과 30대의 아빠 이미지를 생성해줘.

06 | 반대로 어린 아들과 엄마 이미지로 변경해 보겠습니다. 20대 원본 이미지를 다시 불러오기 위해 '파일 추가' 아이콘(+)을 클릭한 다음 [파일 업로드]를 클릭합니다. 열기 대화상자에서 source 폴더에 '동갑.jpg' 파일을 선택하고 〈열기〉 버튼을 클릭합니다.

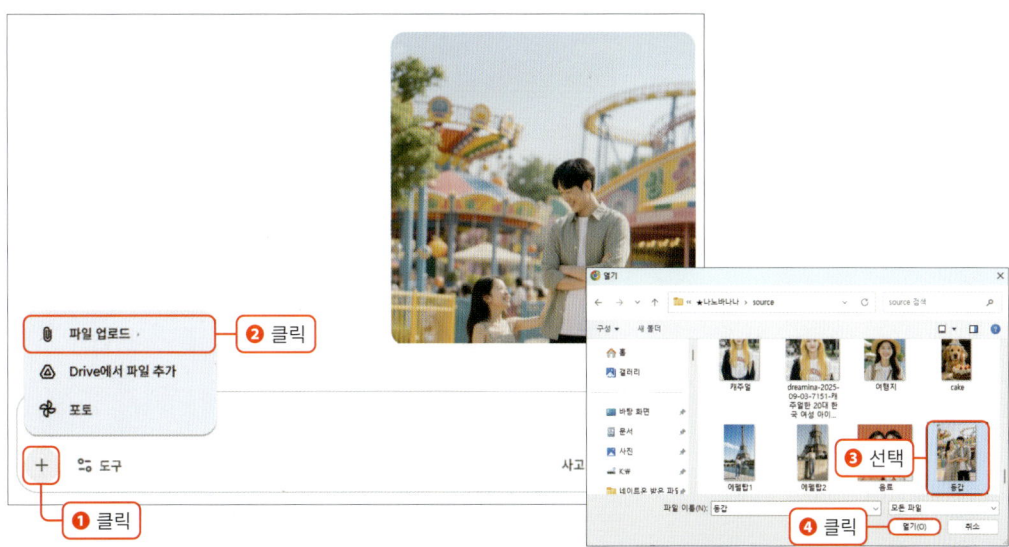

07 20대 인물 이미지에서 어린 아들과 엄마 이미지를 생성하기 위해 인물의 나이를 설정하는 프롬프트를 입력하고 '제출' 아이콘()을 클릭합니다. 어린 아들과 엄마 이미지가 생성됩니다.

❶ 입력
❷ 클릭

프롬프트 이미지에서 7살의 어린 아들과 30대의 엄마 이미지를 생성해줘.

Tip 인물 나이를 조절하고 인물 조합하기

텍스트 프롬프트를 통해 인물의 나이를 조절하여 생성하거나, 여러 인물의 특징을 조합하여 새로운 인물을 생성하는 것이 모두 가능합니다. 세상에 존재하지 않는 새로운 얼굴을 무한하게 만들어낼 수 있어, 작가나 게임 개발자에게 큰 영감을 줍니다. '만약 이 두 배우가 자녀를 낳는다면 어떤 모습일까?'와 같은 재미있는 상상을 시각화하거나, 특정 유전적 특징의 조합을 탐구하는 데 활용할 수도 있습니다.

프롬프트 생성한 인물들을 한 장의 가족사진으로 생성해줘.

LESSON 16
구글 지도를 이용한 핫스폿 여행 장소 합성하기

예제파일: source\포즈, 지도.png **완성파일:** source\구글1~5.png

구글 지도를 이용한 이미지 합성 기능은 구글 지도에서 가져온 실제 거리뷰를 배경으로 활용하여, 사용자가 마치 그 장소에 직접 있는 것처럼 보이는 '현실 기반 배경'을 자동으로 생성할 수 있는 강력한 장점을 제공합니다. 예제에서는 세탁실에서 촬영한 인물 사진을 디즈니랜드 파크를 배경으로 이미지를 합성해 보겠습니다.

원본 이미지

구글 지도의 디즈니랜드 파크 이미지

디즈니랜드 파크 배경에 인물 합성

미키마우스 의상

백설공주 의상

미니 의상

곰돌이 푸우 의상

프롬프트 KEYWORD

❶ 구글 지도 검색창에 '디즈니랜드 파크'로 장소 검색
❷ 인물이 지도의 장소에서 사진 촬영하는 장면 생성
❸ 인물의 의상을 미키마우스 캐릭터 의상으로 교체

예제 콘셉트

구글 지도를 활용한 이미지 합성 기능은 단순한 사진 편집을 넘어, 실제 지리적 위치와 연결된 고해상도 배경 위에 인물 이미지를 자연스럽게 합성할 수 있도록 해줍니다. 이러한 기능은 여행 브이로그의 썸네일, 가상 체험 사진, 마케팅용 이미지, 교육 자료 등 다양한 분야에서 활용 가능하며, 복잡한 편집 기술 없이도 누구나 직관적으로 사실감 있는 위치 기반 콘텐츠를 만들 수 있다는 점에서 큰 강점을 지닙니다.

01 구글 지도를 이미지로 저장하기

인물과 합성할 배경 이미지를 얻기 위해 구글 지도에서 원하는 장소가 표시된 지역의 구글 위치를 캡처한 다음 이미지 파일로 준비합니다.

01 | 웹브라우저에 'gemini.google.com'를 입력하여 제미나이 사이트로 이동하고 이미지를 불러오기 위해 '파일 추가' 아이콘(+)을 클릭한 다음 [파일 업로드]를 클릭합니다.

02 | 열기 대화상자에서 source 폴더에 '포즈.jpg' 파일을 선택하고 〈열기〉 버튼을 클릭합니다. 세탁실 안의 인물 이미지가 프롬프트 입력창에 표시됩니다.

03 배경으로 사용할 장소를 지정하기 위해 구글 지도를 실행하기 위해 구글 웹브라우저에서 [구글 계정]을 클릭한 다음 [지도]를 클릭합니다.

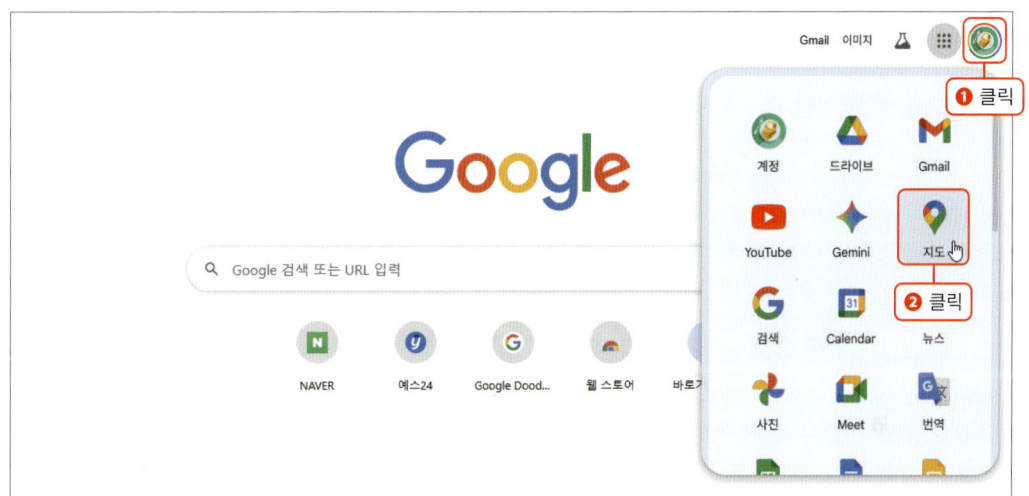

04 구글 지도가 실행되면 검색창에 배경으로 사용할 장소를 입력합니다. 예제에서는 '디즈니랜드 파크'를 입력하여 검색합니다.

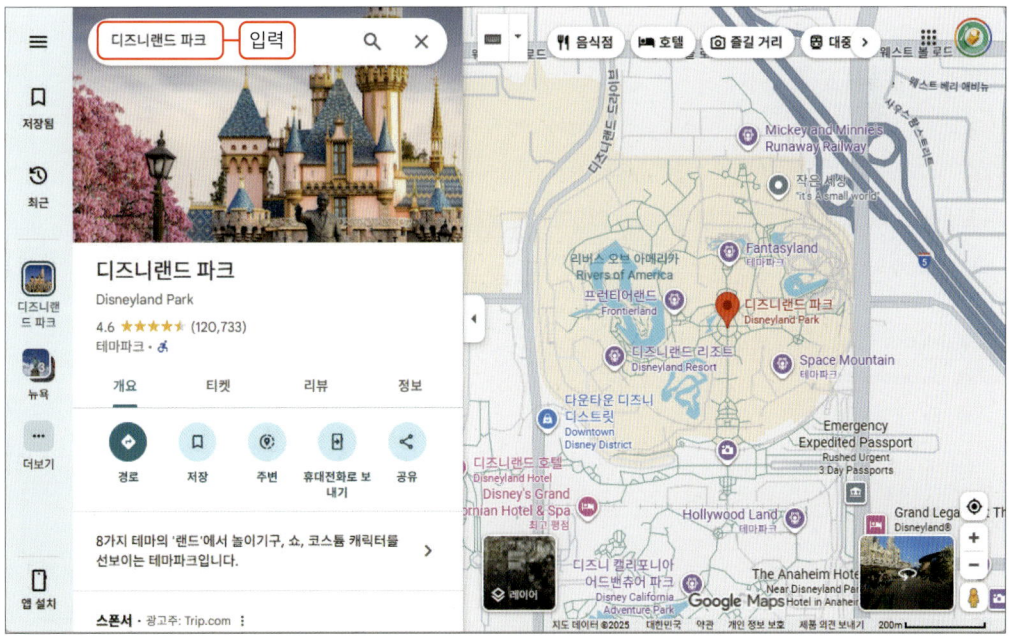

05 오른쪽에 디즈니랜드 파크 지도가 표시되면 마우스의 스크롤을 이용하여 지도를 확대하고 배경으로 사용할 지역을 특정하고 해당 부분은 캡처합니다.

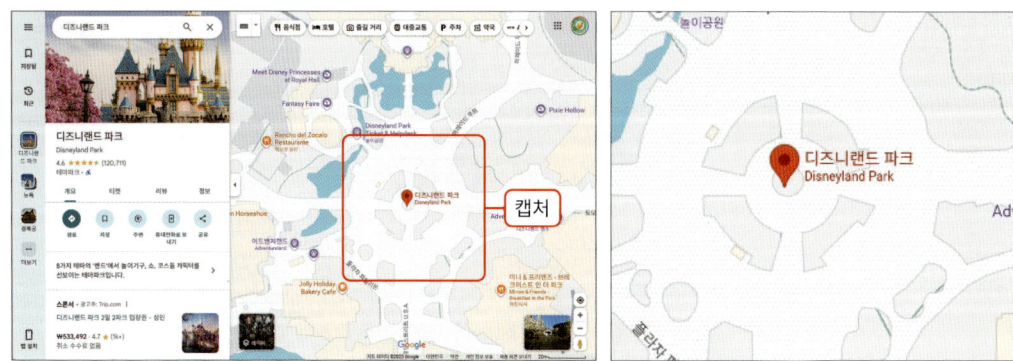

Tip 웹브라우저에서 특정 부분만 이미지 파일로 저장하기 위해서는 캡처 도구를 이용하는 방법이 편리합니다. 예제에서는 알캡처(https://altools.co.kr/product/ALCAPTURE)를 설치하여 이미지를 캡처합니다.

02 구글 지도 이미지와 인물 합성하기

구글 지도에 표기된 장소에서 인물이 사진 촬영을 하는 이미지를 얻기 위해 구글 지도 이미지와 인물 이미지를 합성해 보겠습니다.

06 이미지 프롬프트에 '포즈.png' 파일이 추가된 상태에서 지도 이미지를 추가하기 위해 '파일 추가' 아이콘 ([+])을 클릭한 다음 [파일 업로드]를 클릭합니다. 열기 대화상자에서 source 폴더에 '지도.png' 파일을 선택하고 〈열기〉 버튼을 클릭합니다.

07 | 세탁실 안의 인물 이미지를 디즈니랜드 배경으로 이미지를 생성하기 위한 프롬프트를 입력하고 '제출' 아이콘(▶)을 클릭합니다. 그림과 같이 세탁실을 배경으로 포즈를 취한 인물이 디즈니랜드를 배경으로 촬영한 이미지로 변경된 것을 확인할 수 있습니다.

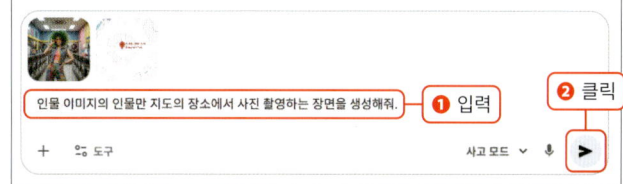

프롬프트

인물 이미지의 인물만 지도의 장소에서 사진 촬영하는 장면을 생성해줘.

08 | 인물의 의상으로 교체하기 위해 프롬프트 입력창에 캐릭터 의상으로 변경하는 프롬프트를 입력하고 '제출' 아이콘(▶)을 클릭합니다. 인물과 구글 지도의 배경 이미지는 그대로 유지한 상태로 미키마우스 캐릭터의 의상을 입은 인물 이미지가 생성됩니다.

프롬프트

이미지에서 인물의 의상을 미키마우스 캐릭터 의상으로 교체해줘.

09 인물의 미키마우스 캐릭터 의상을 백설공주 의상으로 교체하기 위해 프롬프트를 입력하고 '제출' 아이콘(▶)을 클릭합니다. 인물과 구글 지도의 배경 이미지는 그대로 유지한 상태로 백설공주 캐릭터의 의상을 인물에 맞게 생성한 이미지가 생성됩니다.

> **프롬프트**
> 이미지에서 인물의 의상을 백설공주 캐릭터 의상으로 교체해줘.

10 같은 방법으로 의상 프롬프트만 변경하여 이미지를 생성하면 다양한 캐릭터 의상을 입은 디즈니랜드 배경의 인물을 생성할 수 있습니다.

미니 캐릭터 의상

곰돌이 푸우 의상

LESSON 17 원하는 화면 비율로 이미지 생성하기

완성파일: source\버스킹1~4.png

이미지 비율은 구도와 시각적 균형에 영향을 주며, 콘텐츠의 목적에 맞는 적절한 비율 설정이 필요합니다. 플랫폼마다 권장 비율이 다르고, 잘못된 비율은 왜곡이나 품질 저하의 원인이기도 합니다. 예제에서는 동일한 주제로 서로 다른 비율로 이미지를 생성하는 방법에 대해 알아보겠습니다.

원본 이미지(9:16)

비율 입력 없이 생성한 이미지(9:16)

16:9로 생성 이미지

비율 입력 없이 생성한 이미지(16:9)

프롬프트 KEYWORD

❶ 9:16 비율로 숏폼 영상으로 버스킹을 하는 20대 한국 여성 생성
❷ 16:9 비율로 공연장에서 노란색 재킷을 입은 20대 한국 여성이 공연하는 장면

예제 콘셉트

한 채팅방에서 처음으로 이미지를 생성할 때, 제미나이는 해당 이미지의 화면 비율(예: 9:16, 16:9 등)을 그 작업 공간의 기본 캔버스 설정으로 지정합니다. 일단 캔버스가 정해지면, 그 채팅방 안에서는 계속해서 동일한 비율의 결과물만 생성하여 작업의 일관성을 유지하려고 합니다. 이는 마치 특정 사이즈의 스케치북을 펼치면 그 안에서는 계속 같은 크기의 그림만 그릴 수 있는 것과 같습니다.

01 9:16 비율의 숏폼 이미지 생성하기

새 채팅창에서 세로가 긴 9:16의 숏폼 이미지 비율로 버스킹하는 인물을 생성한 다음 비율 입력 없이 이미지를 수정하여 생성해 보겠습니다.

01 | 웹브라우저에 'gemini.google.com'를 입력하여 제미나이 사이트로 이동하고 '메뉴 펼치기' 아이콘(≡)을 클릭한 다음 [새 채팅]을 클릭합니다.

> **Tip** [새 채팅]을 사용하면 이전에 업로드한 이미지의 비율에 영향을 받지 않고 새로 작업이 가능합니다.

02 | 화면 비율이 9:16인 버스킹하는 인물 이미지를 생성하기 위해 프롬프트를 입력한 다음 '제출' 아이콘(▶)을 클릭합니다. 그림과 같이 9:16 비율의 버스킹하는 여성 인물이 생성된 것을 확인할 수 있습니다.

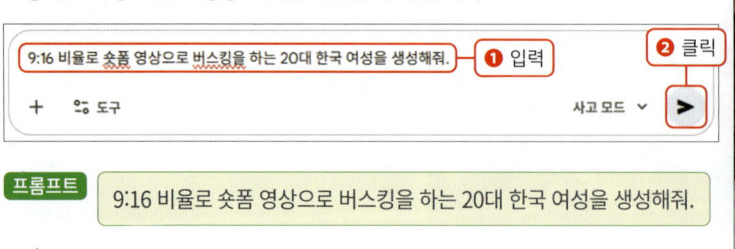

프롬프트 9:16 비율로 숏폼 영상으로 버스킹을 하는 20대 한국 여성을 생성해줘.

> **Tip** 제미나이 3 프로는 텍스트 명령만으로 이미지 비율을 제어할 수 있도록 업그레이드되었습니다. 만약 오류가 생길 경우에는 예제 파일에서 제공하는 원하는 비율의 빈 이미지 파일을 업로드 후에 이미지를 생성해 보세요.

03 이후부터 비율을 입력하지 않아도 이미지를 생성하면 9:16 비율로 이미지가 생성됩니다. 노란색 재킷 인물로 변경하여 생성하는 프롬프트를 입력하고 '제출' 아이콘(▶)을 클릭합니다. 그림과 같이 초기 9:16 비율로 이미지가 생성된 것을 확인할 수 있습니다.

> **프롬프트** 인물과 배경을 유지하면서 노란색 재킷을 입고 의자에 앉아 버스킹을 하는 20대 한국 여성을 생성해줘.

02 16:9 비율의 유튜브 이미지 생성하기

새 채팅창에서 가로가 긴 16:9의 유튜브 이미지 비율로 공연장에서 공연 인물을 생성한 다음 비율 입력 없이 이미지를 수정하여 생성해 보겠습니다.

04 비율을 변경하여 생성하기 위해 왼쪽 상단 '메뉴 펼치기' 아이콘(☰)을 클릭한 다음 [새 채팅]을 클릭합니다.

◆ **Tip** 비율을 변경하기 위해서는 기존 비율의 영향을 받지 않도록 [새 채팅]을 실행하여 새로 비율을 설정해야 이미지 생성 시 원하는 비율로 이미지를 얻을 수 있습니다.

05 16:9의 넓은 이미지 화면으로 공연장에서 공연하는 인물을 생성하기 위해 프롬프트를 입력하고 '제출' 아이콘(▶)을 클릭합니다. 그림과 같이 가로로 넓은 16:9 비율로, 밝은 날에 공연장에서 인물이 공연하는 장면이 생성됩니다.

> **프롬프트**
> 16:9 비율로 밝은 날에 공연장에서 노란색 재킷을 입은 20대 한국 여성이 공연하는 장면을 생성해줘.

06 별도로 이미지 비율을 입력하지 않고, 공연 시간만 변경한 프롬프트를 입력하고 '제출' 아이콘(▶)을 클릭합니다. 그림과 같이 가로로 넓은 16:9 비율로 저녁 시간에 공연장에서 인물이 공연하는 장면이 생성됩니다.

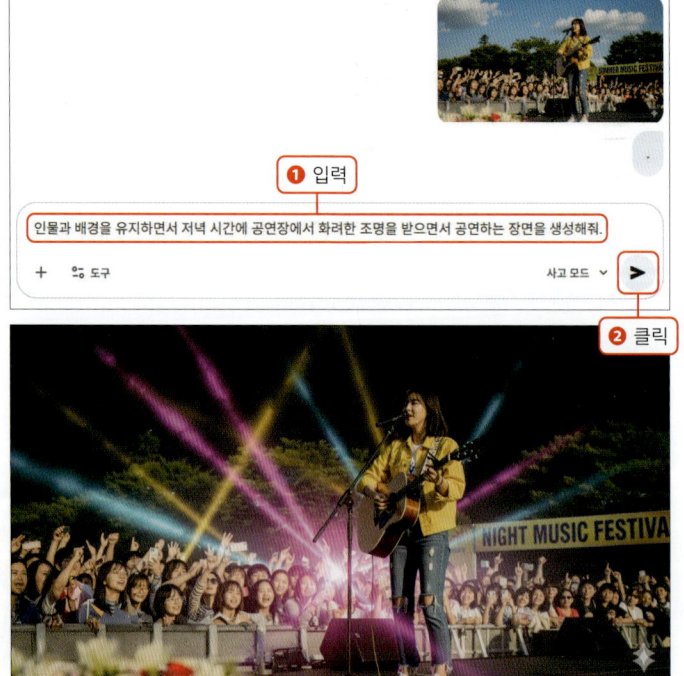

> **프롬프트**
> 인물과 배경을 유지하면서 저녁 시간에 공연장에서 화려한 조명을 받으면서 공연하는 장면을 생성해줘.

NANO BANANA

LESSON 18  연도별로 분석하여 이미지 생성하기

완성파일: source\연도1~4.png

연도별 특성이 반영된 이미지를 생성하기 위해서는 특정 연대나 시대를 정확히 명시하는 것이 중요합니다. 예제에서는 1960년대부터 2025년도까지 도시의 변화와 인물의 의상, 자동차 모델의 변화가 적용된 이미지를 생성해 보겠습니다.

2025년 도시 배경 이미지

2000년 도시 배경 이미지

1980년 도시 배경 이미지

1960년 도시 배경 이미지

프롬프트 KEYWORD
❶ 2025년 도시를 배경으로 캐주얼한 복장을 입고, 개와 차에서 내리는 이미지 생성
❷ 2000년/1980년/1960년 도시를 배경으로 캐주얼한 복장을 입고, 개와 차에서 내리는 이미지 생성

예제 콘셉트

제미나이와 같은 생성형 AI 모델은 개발 과정에서 인터넷에 존재하는 방대한 텍스트와 이미지 데이터를 학습합니다. 이 데이터에는 특정 연도(예: 1980년대, 2000년대)와 관련된 도시의 풍경, 당시 유행한 의상 스타일, 시대를 대표하는 자동차 디자인 등 다양한 시각적 정보와 그에 대한 설명이 포함되어 있습니다. 따라서 사용자가 '1980년대의 거리 풍경, 당시 유행한 옷차림의 사람들, 자동차가 있는 장면'처럼 구체적인 연도와 특징을 명시해 지시하면, 해당 시대를 반영한 이미지를 생성할 수 있습니다.

01 연도별 이미지 생성하기

2025년부터 1960년도까지 시간을 되돌려 도시의 변화와 인물 의상, 자동차 등 변화되는 모습을 이미지로 생성해 보겠습니다.

01 웹브라우저에 'gemini.google.com'를 입력하여 제미나이 사이트로 이동하고 이미지를 생성하기 위해 2025년 도시 배경 프롬프트를 입력하고 '제출' 아이콘(▶)을 클릭합니다. 그림과 같이 현재 도시 배경과 인물 의상, 최신 자율주행 자동차를 생성하여 2025년 도시를 이미지로 생성합니다.

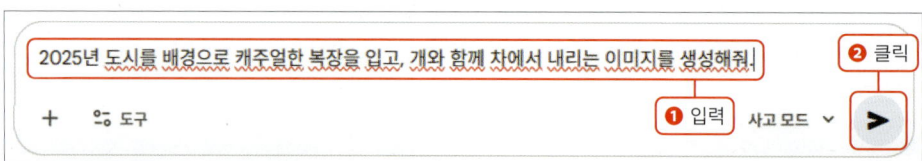

프롬프트 2025년 도시를 배경으로 캐주얼한 복장을 입고, 개와 함께 차에서 내리는 이미지를 생성해줘.

02 2025년 도시 배경에서 2000년 도시 배경으로 시간을 되돌려 생성하기 위해 프롬프트를 입력하고 '제출' 아이콘(▶)을 클릭합니다. 그림과 같이 2000년 분위기의 도시 배경과 인물 의상, 자동차를 생성하여 2000년 도시 이미지로 생성합니다.

프롬프트

2000년 도시를 배경으로 캐주얼한 복장을 입고, 개와 함께 차에서 내리는 이미지를 생성해줘.

03 같은 방법으로 1980년 도시 배경으로 생성해 보겠습니다. 1980년 도시 배경 프롬프트를 입력하고 '제출' 아이콘(▶)을 클릭합니다. 1980년 분위기의 도시 배경과 인물 의상, 자동차를 생성하여 1980년 도시를 이미지로 생성합니다.

프롬프트

1980년 도시를 배경으로 캐주얼한 복장을 입고, 개와 함께 차에서 내리는 이미지를 생성해줘.

04 1980년 도시 배경에서 1960년 도시 배경으로 시간을 되돌려 생성하기 위해 프롬프트를 입력하고 '제출' 아이콘(▶)을 클릭합니다. 1960년 올드한 분위기의 도시 배경과 인물 의상, 클래식 자동차를 생성하여 1960년대 이미지로 생성합니다.

프롬프트
1960년 도시를 배경으로 캐주얼한 복장을 입고, 개와 함께 차에서 내리는 이미지를 생성해줘.

Tip 시대 배경에 따른 이미지 색감

시대 구분	주요 색감	기술/문화적 배경	키워드
고전 회화 시대 (르네상스~바로크)	깊고 풍부한 색, 키아로스쿠로(명암대비)	유화 물감의 발전, 종교 및 신화적 주제	고전적, 웅장함, 극적, 신성함
초기 사진 시대 (19세기 말~20세기 초)	흑백, 세피아, 모노톤	컬러 기술 부재, 사진의 화학적 변색 과정	기록, 역사, 진중함, 다큐멘터리
필름 시대 (20세기 중반)	따뜻한 톤, 높은 채도, 풍부한 질감	필름의 화학적 특성, 테크니컬러 영화 기술	빈티지, 레트로, 낭만, 아날로그
네온/팝 시대 (1980년대)	네온, 원색, 강렬한 대비	대중문화의 폭발, 아날로그 비디오, MTV	활기참, 키치, 사이버펑크, 화려함
디지털 시대 (2000년대 초~중반)	깨끗함, 시네마틱 컬러, 선명한 파란/주황색 대비	디지털카메라(DSLR) 보급, 전문적인 후반 보정 기술	세련됨, 현대적, 영화적, 정교함
스마트폰/SNS 시대 (2010년대 이후)	고채도, 고대비, 파스텔 톤, 다양한 필터 색감	스마트폰 카메라 고도화, 인스타그램 등 SNS의 발달	일상, 트렌디, 필터, 감성, 바이럴
미래/가상 시대 (현재 및 가상)	장르에 따른 극단적 색감, 비현실적 색 조합	세계관 설정, 장르 컨벤션, AI 이미지 생성 기술	상상력, 비현실적, 초현실주의, 몰입감

LESSON 19  외형과 정보의 결합으로 이미지 합성하기

예제파일: source\푸들, 말티즈, 하우스.jpg　**완성파일**: source\말티푸1~2.png

제미나이 생성 모델은 이미지뿐만 아니라 정보를 조합하여 이미지를 생성합니다. 예제에서는 푸들 이미지와 말티즈 이미지를 합성하여 말티푸 이미지를 생성하고, 강아지 하우스와 합성하여 새로운 이미지를 생성해 보겠습니다.

푸들 이미지

말티즈 이미지

합성한 말티푸 이미지

하우스 이미지

말티푸와 합성 이미지

프롬프트 KEYWORD
❶ 푸들 이미지와 말티즈 이미지를 합성한 강아지 생성
❷ 강아지 하우스와 말티푸 이미지를 합성하여 하우스에 말티푸가 들어가 있는 장면을 생성

예제 콘셉트

이미지 생성 모델은 수많은 '푸들' 이미지와 '말티즈' 이미지를 학습하면서 각 견종의 개념과 특징을 데이터로 이해하고 저장합니다. 사용자가 '푸들과 말티즈를 합성해 말티푸 이미지를 만들어줘'라고 요청하면, AI는 두 견종의 이미지를 물리적으로 합치는 것이 아니라, 학습한 특징 정보(데이터)들을 조합하여 '말티푸'라는 새로운 개념의 강아지를 머릿속으로 그려내듯 이미지를 만들어냅니다.

01 서로 다른 견종 합성하기

서로 다른 견종인 푸들과 말티즈 이미지를 합성하여 새로운 견종인 말티푸 이미지를 생성합니다.

01 | 웹브라우저에 'gemini.google.com'를 입력하여 제미나이 사이트로 이동하고 이미지를 불러오기 위해 '파일 추가' 아이콘(+)을 클릭한 다음 [파일 업로드]를 클릭합니다. 열기 대화상자에서 source 폴더에 '푸들.jpg', '말티즈.jpg' 파일을 선택하고 〈열기〉 버튼을 클릭합니다.

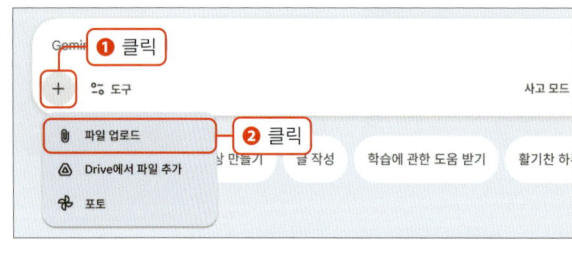

02 | 서로 다른 두 마리의 강아지 이미지가 프롬프트 입력창에 표시됩니다.

03 두 마리의 강아지를 합성하기 위해 프롬프트를 입력한 다음 '제출' 아이콘(▶)을 클릭합니다. 갈색의 푸들과 흰색의 말티즈를 합성하여 갈색과 흰색이 털이 섞인 말티푸 이미지가 생성됩니다. 생성된 말티푸 이미지는 다운로드하여 이미지로 저장합니다.

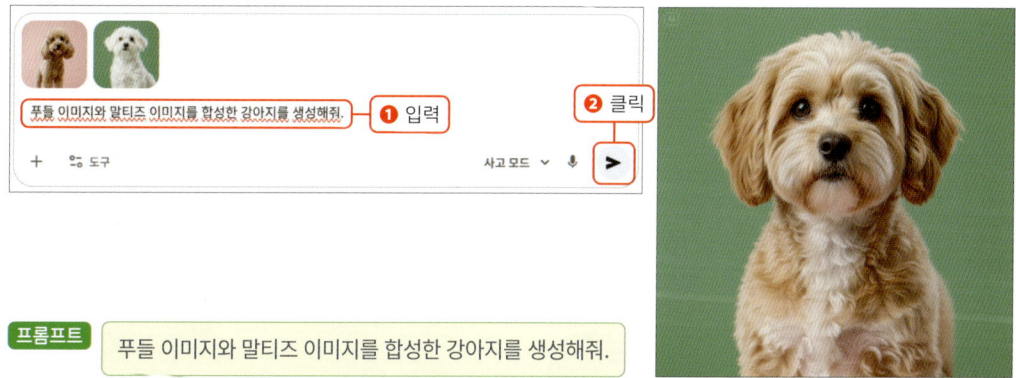

프롬프트 | 푸들 이미지와 말티즈 이미지를 합성한 강아지를 생성해줘.

02 강아지와 하우스 이미지 합성하기

생성한 말티푸 이미지와 하우스 이미지를 합성하여 말티푸가 하우스에 들어가 있는 합성된 이미지를 생성합니다.

04 강아지 하우스와 생성한 말티푸 이미지를 합성하기 위해 프롬프트 입력창의 '파일 추가' 아이콘(+)을 클릭한 다음 [파일 업로드]를 클릭합니다.

05 열기 대화상자에서 source 폴더에 '하우스.jpg'와 '말티푸1.png' 파일을 선택하고 〈열기〉 버튼을 클릭합니다.

06 강아지 하우스와 말티푸 이미지를 합성하기 위해 프롬프트를 입력한 다음 '제출' 아이콘(▶)을 클릭합니다. 그림과 같이 강아지 하우스에 말티푸가 들어가 있는 합성된 이미지를 얻을 수 있습니다.

프롬프트 강아지 하우스와 말티푸 이미지를 합성하여 하우스에 말티푸가 들어가 있는 장면을 생성해줘.

LESSON 20

페이스 오프!
인물 얼굴을 이용하여 인물 합성하기

예제파일: source\동양인~2, 서양인~2.jpg   **완성파일**: source\합성1~3.png

제미나이에서는 인물의 얼굴, 배경, 의상 등을 원하는 대로 자유롭게 합성하고 교체하는 기능을 제공합니다. 예제를 통해 동양인과 서양인의 얼굴 및 배경을 어떻게 자연스럽게 합성할 수 있는지 알아보겠습니다.

동양인 원본 이미지

서양인 원본 이미지

서양인 기준 얼굴 합성

동양인 기준 얼굴 합성

서양인 배경 합성

프롬프트 KEYWORD

❶ 두 인물을 합성해서 **서양인 기준으로 얼굴 생성**
❷ 두 인물을 합성해서 **동양인 기준으로 얼굴 생성**
❸ 생성된 이미지에 **첨부한 이미지의 배경 적용**

예제 콘셉트

가상의 얼굴을 합성하는 기술을 활용하면 모델의 얼굴을 다양한 인종이나 얼굴형으로 교체하여 어울리는 의상이나 액세서리를 확인해 볼 수 있으며, 나아가 사용자 자신의 얼굴에 여러 메이크업 스타일을 시뮬레이션하여 가장 적합한 스타일을 찾을 수도 있습니다.

01 서로 다른 인물 얼굴 교체하기

동양인의 얼굴과 서양인의 얼굴을 교체하기 위해 합성하려는 인물의 기준을 지정하여 얼굴을 교체하는 방법에 대해 알아봅니다.

01 │ 웹브라우저에 'gemini.google.com'를 입력하여 제미나이 사이트로 이동하고 이미지를 불러오기 위해 '파일 추가' 아이콘(+)을 클릭한 다음 [파일 업로드]를 클릭합니다.

02 │ 열기 대화상자에서 source 폴더에 '서양인.jpg', '동양인.jpg' 파일을 선택하고 〈열기〉 버튼을 클릭합니다.

Tip 예제에서는 비교를 위해 동양인 인물은 자연이 배경에 베이지톤 챙모자를 쓰고 있는 이미지, 서양인 인물은 무늬가 있는 챙모자에 무대 배경의 이미지를 사용하였습니다.

03 동양인의 얼굴을 서양인의 얼굴로 교체해 보겠습니다. 프롬프트 입력창에 인물 합성에 대한 프롬프트를 입력한 다음 '제출' 아이콘(▶)을 클릭합니다. 그림과 같이 원본 동양인 이미지에 서양 얼굴이 적용된 것을 확인할 수 있습니다.

> **프롬프트** 두 인물을 합성해서 서양인 기준으로 얼굴을 생성해줘.

04 동양인 기준으로 이미지를 합성하기 위해 '파일 추가' 아이콘(+)을 클릭한 다음 [파일 업로드]를 클릭합니다. 열기 대화상자에서 source 폴더에 '서양인2.png', '동양인2.jpg' 파일을 선택하고 〈열기〉 버튼을 클릭합니다.

05 생성된 이미지에서 서양인의 얼굴을 동양인의 얼굴로 교체하겠습니다. 프롬프트 입력창에 다음과 같이 입력하고 '제출' 아이콘(▶)을 클릭합니다. 이미지에서 얼굴만 다시 교체된 것을 확인할 수 있습니다.

> **프롬프트** 두 인물을 합성해서 동양인 기준으로 얼굴을 생성해줘.

02 인물 배경 합성하기

간단한 프롬프트를 입력하여 이미지 간의 배경을 교체할 수 있습니다. 동양인 인물의 자연 배경에 서양인의 무대 배경을 합성해 보겠습니다.

06 서양인의 무대 배경 이미지를 합성하기 위해 '파일 추가' 아이콘(+)을 클릭한 다음 [파일 업로드]를 클릭합니다.

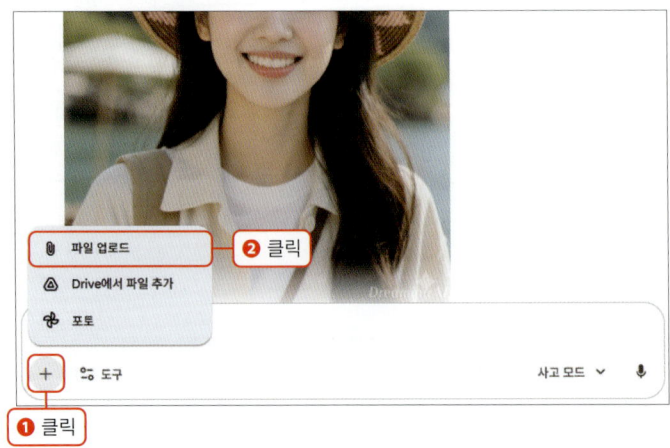

07 열기 대화상자에서 source 폴더에 '서양인.jpg' 파일을 선택하고 〈열기〉 버튼을 클릭합니다.

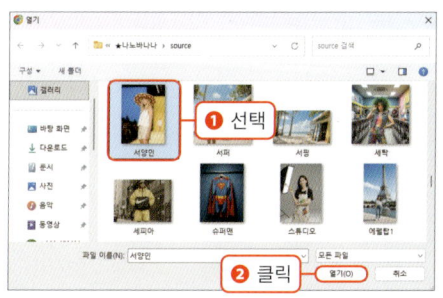

08 동양인 이미지에 서양인의 무대 배경을 합성하기 위해 프롬프트 입력창에 배경을 합성하는 프롬프트를 입력한 다음 '제출' 아이콘(▶)을 클릭합니다. 그림과 같이 동양인의 인물 이미지에 서양인의 무대 배경이 합성되어 이미지를 완성합니다.

프롬프트 | 생성된 이미지에 첨부한 이미지의 배경을 적용해줘.

LESSON 21

이미지에서 분리와 합성을 자유자재로!

예제파일: source\소품.jpg **완성파일:** source\소품1~4.png

제미나이에서는 이미지에서 인물의 의상과 소품을 자유롭게 분리하고 재구성할 수 있어, 길을 걷는 여성의 사진에서 의상과 액세서리를 따로 추출한 뒤 이를 기반으로 새로운 이미지를 생성할 수 있습니다. 예제에서는 인물 이미지에서 의상과 소품 정보를 얻고, 패션 목업 책 페이지로 이미지를 생성한 다음 연출 컷 이미지까지 생성해 보겠습니다.

목업 이미지를 페이지로 구성

책을 읽는 장면 연출

프롬프트 KEYWORD

❶ 이미지에서 인물의 의상과 소품을 분리해서 이미지 생성
❷ 생성한 이미지의 의상과 소품에 대한 정보 확인
❸ 두 이미지를 이용하여 패션 책 목업 이미지 페이지로 생성

예제 콘셉트

인물 사진에서 생성된 의상과 소품은 단순한 비주얼 요소에 그치지 않고, 재질, 색상, 스타일 등의 세부 정보까지 함께 추출할 수 있어 활용도가 매우 높습니다. 특히 이러한 정보를 바탕으로 실제 패션 화보나 브랜드 룩북처럼 구성된 목업 형태의 패션 책 페이지도 제작할 수 있기 때문에, 스타일링 기획, 제품 카탈로그 제작, 디지털 마케팅 등 다양한 분야에서 효율성과 창의성을 극대화할 수 있는 장점이 있습니다.

01 인물과 의상, 소품을 분리한 이미지 생성하기

거리를 걷는 인물 사진에서 인물 이외에 의상과 소품을 분리하여 별도의 이미지를 생성해 봅니다.

01 웹브라우저에 'gemini.google.com'를 입력하여 제미나이 사이트로 이동하고, 이미지를 불러오기 위해 '파일 추가' 아이콘(+)을 클릭한 다음 [파일 업로드]를 클릭합니다. 열기 대화상자에서 source 폴더에 '소품.jpg' 파일을 선택하고 〈열기〉 버튼을 클릭합니다.

02 카키색 하의와 노란색 상의를 입고, 상점이 있는 도로를 걷는 인물 이미지가 표시되면, 인물이 입고 있는 의상과 소품을 분리해서 이미지화하기 위해 프롬프트 입력창에 다음의 프롬프트를 입력하고 '제출' 아이콘(▶)을 클릭합니다.

프롬프트

이미지에서 인물의 의상과 소품을 분리해서 이미지를 생성해줘.

03 그림과 같이 인물의 의상과 소품, 백팩과 노트북 등이 분리되어 별도의 이미지로 생성된 것을 확인할 수 있습니다. '원본 크기 다운로드' 아이콘(⬇)을 클릭하여 이미지 파일로 저장합니다.

02 제미나이에서 의상과 소품 정보 얻기

의상과 소품이 분리되어 이미지로 생성되었다면, 분리된 이미지를 기준으로 정보를 검색합니다.

04 의상과 소품 정보를 얻기 위해 생성한 이미지의 정보를 얻기 위해 프롬프트 입력창에 분리된 이미지의 정보를 요청하는 프롬프트를 입력하고 '제출' 아이콘(▶)을 클릭합니다.

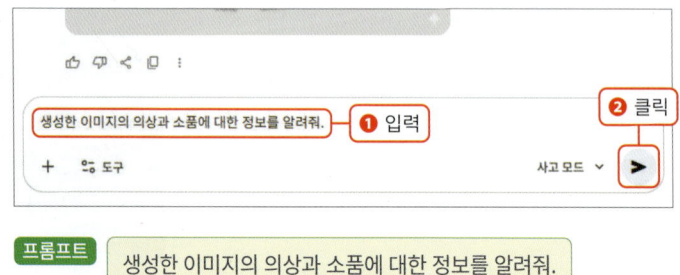

프롬프트: 생성한 이미지의 의상과 소품에 대한 정보를 알려줘.

05 제미나이가 이미지를 분석하여 의상과 소품의 정보를 화면에 표시합니다.

> 네, 이미지 속 의상과 소품에 대한 자세한 정보를 알려드립니다.
> 전체적으로 편안하면서도 활동적인 느낌을 주는 캐주얼 스트릿 패션 스타일입니다.
>
> **의상 (Apparel)**
> - **상의 (Top): 옐로우 크롭 슬리브리스 탑**
>   - 선명한 옐로우 컬러가 포인트가 되어 생동감을 줍니다.
>   - 허리 라인을 드러내는 크롭 기장으로 경쾌하고 시원한 느낌을 줍니다.
>   - 몸에 적당히 붙는 핏으로 활동성을 높였습니다.
> - **하의 (Bottoms): 카키 카고 조거 팬츠**
>   - 상의와 톤온톤으로 어울리는 차분한 카키(올리브 그린) 색상입니다.

사용자 생성한 이미지의 의상과 소품에 대한 정보를 알려줘.

제미나이

전체적으로 편안하면서도 활동적인 느낌을 주는 캐주얼 스트릿 패션 스타일입니다.

의상(Apparel)

- **상의(Top)**: 옐로우 크롭 슬리브리스 탑
  선명한 옐로우 컬러가 포인트가 되어 생동감을 줍니다.
  허리 라인을 드러내는 크롭 기장으로 경쾌하고 시원한 느낌을 줍니다.
  몸에 적당히 붙는 핏으로 활동성을 높였습니다.

- **하의(Bottoms)**: 카키 카고 조거 팬츠
  상의와 톤온톤으로 어울리는 차분한 카키(올리브 그린) 색상입니다.
  바지 옆면에 커다란 주머니(카고 포켓)가 있어 실용성과 스트릿 패션의 느낌을 더합니다.
  허리는 밴딩 처리되어 있고, 발목을 잡아주는 조거 스타일로 편안하면서도 힙한 실루엣을 연출합니다.

- **신발(Shoes)**: 블랙 캔버스 스니커즈
  어떤 옷에나 잘 어울리는 기본 아이템으로, 전체적인 룩에 안정감을 줍니다.
  낮은 굽의 단화 스타일로 활동성을 강조합니다.

소품(Accessories)

- **가방(Bag)**: 올리브 그린 백팩
  팬츠와 색상을 맞춘 백팩으로, 넉넉한 수납공간을 자랑합니다.
  전체적인 스타일의 통일감을 높여주는 아이템입니다.

- **전자기기(Electronics)**
  - **무선 헤드폰**: 실버 또는 화이트 색상의 오버이어 헤드폰으로, 음악을 즐기는 자유로운 분위기를 연출합니다.
  - **노트북**: 휴대성이 좋은 슬림한 디자인의 노트북입니다.

기타(Etc.)

- **테이크아웃 컵/텀블러**: 일상적인 느낌을 더해주는 소품입니다.

03 패션 책 목업 이미지 만들기

인물 사진과 분리된 의상과 소품 이미지를 이용하여 패션 책 목업 이미지를 생성하고, 인물 이미지로 연출 컷까지 생성해 봅니다.

06 인물 이미지와 분리된 정보 이미지를 패션 잡지 스타일 목업 이미지를 만들기 위해 '파일 추가' 아이콘(+)을 클릭한 다음 [파일 업로드]를 클릭합니다. 열기 대화상자에서 source 폴더에 '소품.jpg', '소품1.png' 파일을 선택하고 〈열기〉 버튼을 클릭합니다.

07 프롬프트 입력창에 파일이 추가되면 책 형태의 목업 이미지를 생성하기 위해 프롬프트 입력창에 패션 책 목업 이미지를 생성하는 프롬프트를 입력하고 '제출' 아이콘(▶)을 클릭합니다.

프롬프트 두 이미지를 이용하여 패션 책 목업 이미지에 페이지로 생성해줘.

08 그림과 같이 인물 이미지와 분리된 정보 이미지가 펼쳐져 있는 책의 페이지 형태로 생성된 것을 확인할 수 있습니다. '원본 크기 다운로드' 아이콘(⬇)을 클릭하여 목업 이미지를 파일로 저장합니다.

09 생성한 이미지를 유리 테이블 위에 올려진 이미지로 연출하기 위해 프롬프트를 입력하고 '제출' 아이콘(▶)을 클릭합니다. 목업 책 이미지가 연출되었습니다.

> **프롬프트** 이미지를 이용하여 유리 테이블 위에 올려진 패션 책 목업 이미지의 페이지로 구성해줘.

10 목업 이미지와 인물 이미지를 합성하기 위해 '파일 추가' 아이콘(+)을 클릭한 다음 [파일 업로드]를 클릭합니다. 열기 대화상자에서 source 폴더에 '소품.jpg', '소품2.png' 파일을 선택하고 〈열기〉 버튼을 클릭합니다.

11 프롬프트 입력창에 의자에 앉아 패션 생성된 동일한 인물 이미지를 만들기 위해 프롬프트를 입력하고 '제출' 아이콘(▶)을 클릭합니다. 그림과 같이 목업 책 이미지를 보고 있는 동일한 인물의 이미지가 생성되었습니다.

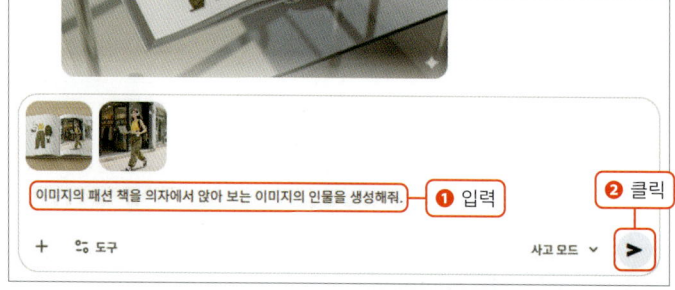

프롬프트 이미지의 패션 책을 의자에서 앉아 보는 이미지의 인물을 생성해줘.

Tip 포토샵과 나노 바나나 모델의 이미지 합성 차이

포토샵과 최근 주목받는 AI 모델 나노 바나나는 이미지를 합성하고 생성하는 방식에서 근본적인 차이를 보입니다. 포토샵이 정교한 수동 편집에 AI를 더한 '하이브리드' 방식이라면, 나노 바나나는 대화와 명령어로 이미지를 창조하는 '순수 생성 AI' 방식에 가깝습니다.

구분	포토샵(Generative Fill 중심)	나노 바나나
핵심 기술	레이어 기반 편집 + 생성형 AI(Adobe Firefly 등)	확산 모델 기반의 순수 생성형 AI(Google Gemini 계열)
작업 방식	사용자 주도적 제어	프롬프트 주도적 생성
합성 과정	1. 사용자가 영역을 직접 선택(올가미, 펜 툴 등) 2. 텍스트 프롬프트 입력 3. AI가 해당 영역에 이미지 생성 4. 생성된 이미지를 별도 레이어에서 수동으로 수정, 보정, 합성	1. 이미지와 함께 자연어로 명령 2. AI가 명령의 의미와 맥락을 이해하여 이미지 전체를 수정, 생성 3. 결과물을 보고 추가적인 대화로 반복 수정
강점	• 정밀 제어 및 후반 작업: 생성된 요소를 레이어로 분리하여 투명도, 색상, 형태 등을 픽셀 단위로 정밀하게 제어 가능, 기존 이미지와 자연스럽게 융합시키는 데 유리	• 일관성 및 맥락 이해: 동일한 캐릭터나 사물을 다른 포즈, 다른 배경에서도 일관되게 유지하는 능력이 탁월, "옷 색깔만 바꿔줘"와 같은 복잡한 맥락의 명령 수행
주요 기능	• 생성형 채우기(Generative Fill): 선택 영역을 채우거나 객체 추가/삭제 • 생성형 확장(Generative Expand): 이미지 캔버스 확장 및 배경 생성	• 캐릭터 일관성 유지: 여러 이미지에 걸쳐 동일 인물, 동일 객체 생성 • 다각도 이미지 생성: 한 장의 사진으로 앞, 옆, 뒷모습 등 생성 • 자연어 기반 편집: 복잡한 마스킹 작업 없이 대화로 이미지 수정
적합한 작업	기존 사진의 일부를 수정하거나, 여러 소스를 정교하게 합성하는 작업, 광고나 리터칭 등 상업적 이미지 제작	새로운 아이디어를 시각화하거나, 동일 캐릭터를 활용한 콘텐츠(웹툰, 콘셉트 아트) 제작, 빠르고 창의적인 시안 작업

PART 3

포토샵이 필요없는 나노 바나나 디자인 스킬

복잡한 프로그램 없이도 감각적인 디자인을 완성할 수 있다면 얼마나 좋을까요? '나노 바나나'는 바로 그 시작점이 되어주는 스마트한 디자인 도구입니다. 타이포그래피를 활용한 에코백부터, 스튜디오 촬영 없이도 완성도 높은 포스터, 감각적인 라벨 제작까지, 나노 바나나는 디자인이 처음인 사람도 손쉽게 결과물을 만들수 있도록 도와주는 직관적이고 효율적인 AI 모델입니다. 이번 파트에서는 복잡한 레이어 작업이나 고급 편집 기술 없이도, 디자인 결과물을 얻을 수 있는 스킬을 공개합니다.

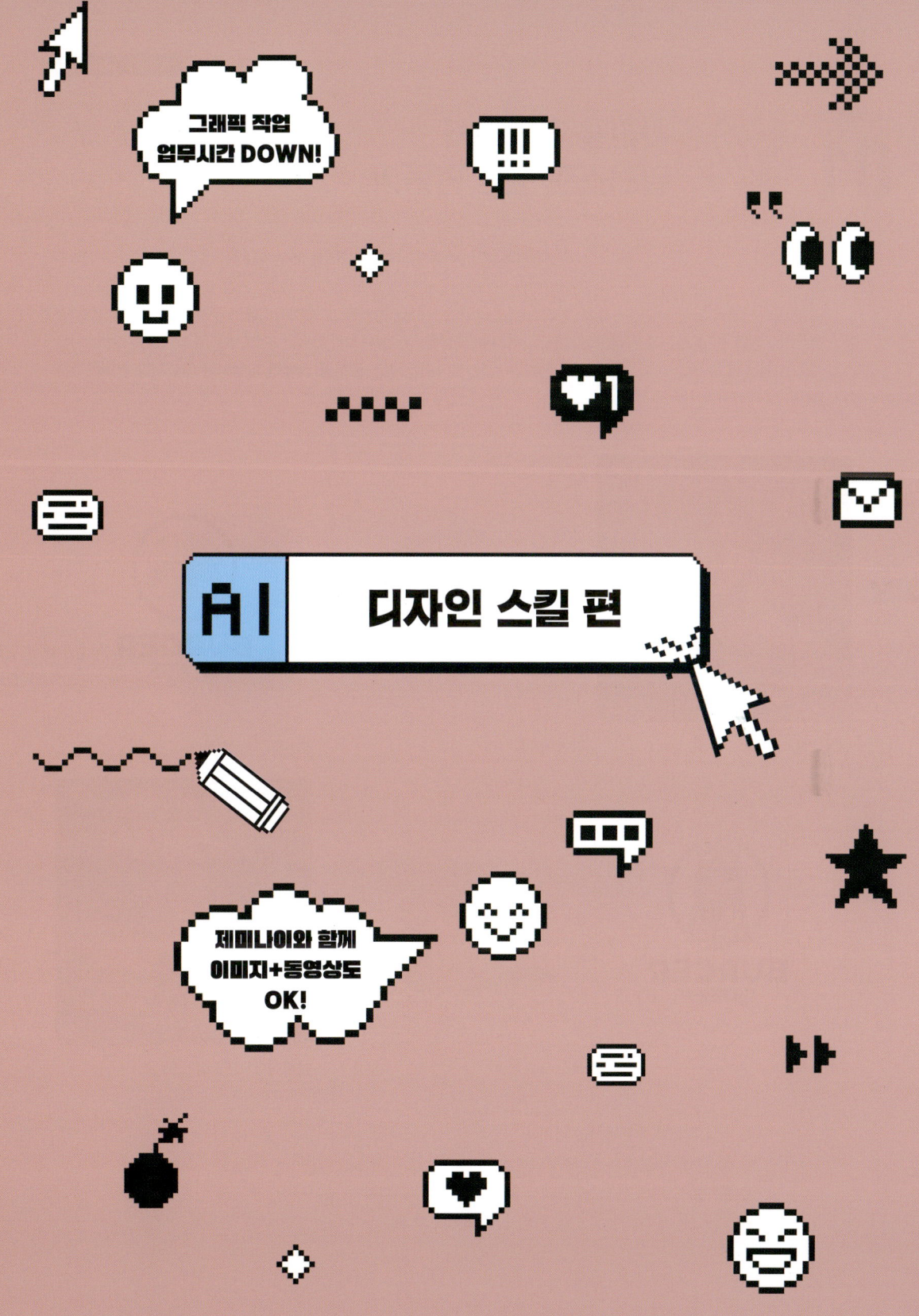

LESSON 01　사진을 추출해서 일러스트 로고 만들기

예제파일: source\햄버거.png　　**완성파일:** source\로고1~2, 캡모자1~2, 햄버거1.png

사진 이미지에서 특정 부분만 추출해 일러스트 스타일의 로고로 변환하고, 제미나이에서 문자를 수정해 로고를 완성한 후, 이를 인물 사진과 합성하여 최종 이미지를 제작할 수 있습니다. 이러한 작업 흐름은 상품 디자인의 기초 자료로 활용될 수 있습니다. 예제에서는 햄버거 로고 이미지 생성과 로고를 인물과 합성하여 이미지를 완성하겠습니다.

원본 인물 이미지

햄버거 추출

햄버거 로고 생성

로고 수정

로고 모자 생성

인물 이미지에 합성

프롬프트 KEYWORD

❶ 인물 사진에서 햄버거만 남기고 인물과 배경, 테이블을 제거
❷ 햄버거를 이용해서 일러스트 스타일의 햄버거 로고 생성
❸ 문자를 BURGER QUEEN으로 교체, 여왕 캐릭터 추가
❹ 노란색 캡모자를 쓰고 있는 장면, 노란색 캡모자에는 로고 적용

예제 콘셉트

사진 이미지에서 핵심 요소만을 추출해 감각적인 일러스트 로고로 재구성하고, 제미나이를 활용해 텍스트를 맞춤형으로 수정함으로써 브랜드 아이덴티티에 부합하는 로고를 완성할 수 있습니다. 완성된 로고는 인물 이미지와 자연스럽게 합성되어, 시각적으로 강력한 메시지를 전달하는 완성도 높은 비주얼 콘텐츠로 거듭납니다. 이러한 프로세스는 상품 패키지 디자인이나 브랜드 마케팅에 이르기까지 다양한 분야에서 활용 가능한 디자인 기초 자료로 활용될 수 있습니다.

01 추출한 이미지로 로고 생성하기

햄버거가 있는 인물 사진에서 햄버거를 추출한 다음, 일러스트 스타일로 변형하여 햄버거 로고를 생성해 보겠습니다.

01 | 웹브라우저에 'gemini.google.com'를 입력하여 제미나이 사이트로 이동하고 이미지를 불러오기 위해 '파일 추가' 아이콘(+)을 클릭한 다음 [파일 업로드]를 클릭합니다.

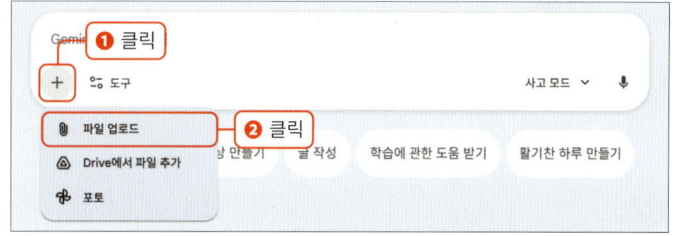

02 | 열기 대화상자에서 source 폴더에 '햄버거.png' 파일을 선택하고 〈열기〉 버튼을 클릭합니다. 프롬프트 입력창에 햄버거와 인물 이미지가 표시됩니다.

03 먼저 인물과 배경을 없애고, 햄버거만 추출하기 위해 프롬프트 입력창에 다음과 같이 입력하고 '제출' 아이콘(▶)을 클릭합니다. 그림과 같이 인물과 배경, 테이블이 제거되어 햄버거 이미지만 생성됩니다. 이 햄버거 이미지를 활용하여 로고를 생성해 보겠습니다.

프롬프트 이미지에서 햄버거만 남기고 인물과 배경, 테이블을 제거해줘.

04 일러스트 스타일의 로고를 생성하기 위해 프롬프트 입력창에 로고 생성 프롬프트를 입력한 다음 '제출' 아이콘(▶)을 클릭합니다. 간단하게 일러스트 스타일의 햄버거 로고가 생성됩니다. 로고 하단에는 임의로 영문 문자가 추가된 것을 확인할 수 있습니다.

프롬프트 이미지의 햄버거를 이용해서 일러스트 스타일의 햄버거 로고를 생성해줘.

02 로고 수정하여 이미지 합성하기

생성된 로고 문자를 수정한 다음 캐릭터와 결합한 로고를 완성한 다음 캡모자에 적용하여 인물 이미지를 완성합니다.

05 영문 SHACK을 QUEEN으로 수정하기 위해 프롬프트 입력창에 교체할 문자를 입력하고 '제출' 아이콘(▶)을 클릭합니다. 그림과 같이 영문 SHACK 문자가 QUEEN 문자로 수정된 것을 확인할 수 있습니다.

> **프롬프트** 하단의 문자를 BURGER QUEEN으로 교체해줘.

06 퀸(QUEEN) 버거라는 콘셉트에 맞춰 여왕 캐릭터를 추가하기 위해 프롬프트 입력창에 여왕 캐릭터를 추가하는 프롬프트를 입력하고 '제출' 아이콘(▶)을 클릭합니다. 여왕 캐릭터와 조합된 로고가 생성됩니다.

> **프롬프트** 여왕 캐릭터를 추가해서 로고를 완성해줘.

07 열기 대화상자에서 source 폴더에 Shift 를 누른 상태에서 '캡모자.png', '햄버거.png' 파일을 선택하고 〈열기〉 버튼을 클릭합니다.

08 프롬프트 입력창에 캡모자와 인물 이미지가 표시되면 두 이미지를 합성하는 프롬프트를 입력하고 '제출' 아이콘(▶)을 클릭합니다. 생성한 햄버거 로고가 있는 캡모자를 쓴 인물이 합성되어 생성됩니다.

> **프롬프트** 추가한 인물 이미지에 노란색 캡모자를 쓰고 있는 장면, 노란색 캡모자에는 로고를 적용해서 이미지를 생성해줘.

Tip 제미나이에서 한글 문자 생성이 가능할까?

제미나이의 이미지 생성 기능을 활용하면, 텍스트 프롬프트(명령어)만으로 독창적인 문자 디자인 결과물을 이미지 파일로 직접 얻을 수 있습니다. 간단한 한글 로고, SNS 콘텐츠용 텍스트 이미지, 창의적인 타이포그래피 아트 등을 만드는 데 충분히 활용할 수 있는 수준에 이르렀습니다. 다만, 아직 완벽하지는 않으므로 약간의 시행착오를 거치며 최적의 결과물을 찾아가는 과정이 필요합니다.

아이스크림과 결합된 한글

LESSON 02

상품 사진으로 홍보 연출 이미지 만들기

예제파일: source\광고의상, 모델.jpg **완성파일**: source\헬스1~5.png

상품 사진 하나로 다양한 연령, 인종, 체형의 모델에게 착용시켜 볼 수 있어 타깃 고객층별로 맞춤형 홍보 이미지 제작이 가능합니다. 예제에서는 한 장의 스포츠 의상 광고 사진을 이용하여 인물과 합성시키고, 연출 컷까지 생성하는 방법을 알아보겠습니다.

상품 이미지

인물 이미지

상품을 착용한 이미지   생성한 인물이 헬스장에서 운동하는 이미지

프롬프트 KEYWORD

❶ 인물 이미지가 스포츠 의류를 착용한 합성 이미지 생성
❷ 헬스장에서 덤벨을 이용하여 운동하는 장면을 생성

예제 콘셉트

AI 기능을 활용하면 실제 상품 사진을 기반으로 인물 이미지를 생성한 뒤, 해당 인물에게 상품을 착용시킨 듯한 합성 이미지나 영상을 손쉽게 제작할 수 있습니다. 이 기술을 통해 모델 섭외, 스튜디오 대여, 촬영 등의 번거로운 과정 없이도 고퀄리티의 홍보 콘텐츠를 빠르게 제작할 수 있어 시간과 비용을 크게 절감할 수 있습니다.

01 상품 사진에 맞게 인물 합성하기

다양한 스포츠 의류 상품이 있는 한 장의 상품 이미지를 인물이 전부 착용한 합성 이미지를 생성해 보겠습니다.

01 웹브라우저에 'gemini.google.com'를 입력하여 제미나이 사이트로 이동하고 이미지를 불러오기 위해 '파일 추가' 아이콘([+])을 클릭한 다음 [파일 업로드]를 클릭합니다.

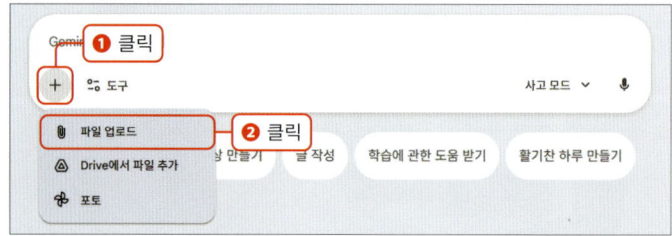

02 열기 대화상자에서 Shift 를 누른 상태에서 '광고의상.jpg', '모델.jpg' 파일을 선택하고 〈열기〉 버튼을 클릭합니다. 선택한 이미지는 스포츠 상의와 하의, 운동화 등 의류 상품 사진 이미지와 인물 이미지입니다.

03 2개의 이미지 소스가 프롬프트 입력창에 표시됩니다. 프롬프트 입력창에 2개의 이미지를 합성하는 프롬프트를 입력한 다음 '제출' 아이콘(▶)을 클릭합니다.

프롬프트

이미지를 이용하여 인물 이미지가 스포츠 의류를 착용한 합성 이미지를 생성해줘.

04 첨부한 인물과 포즈를 유지한 채, 요청대로 광고 의상이 합성된 것을 확인할 수 있습니다.

Tip 가상 의상 피팅

상품 이미지만으로 의상 착장, 직접 입지 않아도 나에게 맞는 의상을 입어보는 방식으로 사용자는 자신의 전신 사진이나 아바타에 상품 이미지만으로 옷을 '입혀보는' 가상 피팅 경험을 할 수 있습니다.

02 광고 연출 컷 생성하기

상품 광고 이미지를 인물 이미지에 적용한 다음, 홍보를 위한 다양한 연출 컷 생성이 가능합니다. 예제에서는 헬스장에서 상품 의상을 입고 운동하는 연출 컷을 생성해 보겠습니다.

05 | 스포츠 의류를 착용하고 광고 연출 컷을 생성하기 위해 헬스장에서 운동하는 장면을 프롬프트 입력창에 입력하고 '제출' 아이콘(▶)을 클릭합니다.

프롬프트
생성한 이미지를 이용하여 헬스장에서 덤벨을 이용하여 운동하는 장면을 생성해줘.

06 | 그림과 같이 인물의 얼굴과 착용한 스포츠 의상을 그대로 유지된 상태에서 헬스장에서 덤벨로 운동하는 장면이 생성되었습니다.

07 위와 같은 방법으로 같은 인물과 의류 상품을 같은 장소에서 홍보 연출 장면을 생성합니다.

헬스 사이클로 운동하는 장면

러닝머신으로 운동하는 장면(웨이스트 샷)

벤치프레스로 운동하는 장면

덤벨로 운동하는 장면(전신 샷)

> **Tip** 사용자들이 가장 반기는 기능 중 하나는 기존 이미지의 인물, 배경, 의상, 그리고 전반적인 분위기는 그대로 유지하면서 인물의 행동이나 포즈만 자연스럽게 변경하는 능력입니다. 시각적 서사의 일관성을 유지할 수 있는 장점은 소설 삽화, 웹툰, 광고 캠페인 등 연속적인 스토리가 필요한 콘텐츠에서 동일한 캐릭터가 각기 다른 상황과 감정에 맞는 행동을 취하는 모습을 손쉽게 연출할 수 있기 때문입니다.

LESSON 03

디테일의 힘! SNS 홍보용 사진과 전단지 만들기

NANO BANANA

완성파일: 전단지1~6.png

SNS에서는 홍보용 이미지와 연출 사진의 활용도가 매우 높습니다. 이번 예제에서는 바나나 상점을 주제로, 연출 사진부터 전단지, 홍보용 이미지까지 단계별로 프롬프트를 점점 더 디테일하게 입력해 이미지를 완성해 보겠습니다.

프롬프트 KEYWORD
❶ 슈퍼마켓 카트를 밀고 포즈를 취하고 있는 장면, 배경은 연회색 교체
❷ 슈퍼마켓 카트에 바나나가 있고, 초록색 앞치마를 입은 인물로 교체
❸ 생성 이미지를 이용하여 바나나 판매를 위한 전단지 목업 생성

예제 콘셉트

프롬프트를 상세하고 구체적으로 작성할수록 원하는 이미지의 퀄리티와 완성도가 더욱 높아집니다. 인물의 외형, 의상 스타일, 배경, 상품의 디테일뿐 아니라 브랜드에 맞는 콘셉트와 분위기까지 정교하게 반영할 수 있어, 단순한 이미지 생성이 아닌 목적에 맞는 '맞춤형 비주얼 콘텐츠' 제작이 가능합니다. 또한, 홍보 문구나 슬로건을 이미지에 함께 적용함으로써 실제 광고와 마케팅에 활용 가능한 수준의 홍보 연출 사진 및 전단지 이미지를 만들 수 있습니다. 이렇게 생성된 최종 이미지는 인쇄물이나 온라인 홍보물, SNS 콘텐츠 등 다양한 채널에서 활용 가능한 마케팅 이미지로 사용될 수 있습니다.

01 홍보 인물 설정하기

프롬프트를 디테일하게 추가 입력하여 원하는 스타일의 홍보 인물과 상품 구성을 생성합니다.

01 | 바나나를 판매하는 상인을 이미지로 생성하기 위해 프롬프트를 입력하고 '제출' 아이콘(▶)을 클릭합니다. 그림과 같이 바나나 원산지의 상인이 카트에 바나나를 싣고 포즈를 취한 이미지가 생성되었습니다.

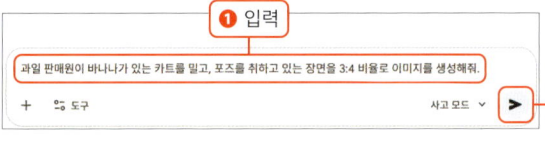

프롬프트

과일 판매원이 바나나가 있는 카트를 밀고, 포즈를 취하고 있는 장면을 3:4 비율로 생성해줘.

02 | 한국의 홍보 모델이 홍보하는 포즈를 생성하기 위해 프롬프트 입력창에 포즈를 취하는 한국 모델을 프롬프트로 작성하고 '제출' 아이콘(▶)을 클릭합니다.

프롬프트

한국 케이팝 스타일 소녀가 슈퍼마켓 카트를 밀고 포즈를 취하고 있는 장면, 배경은 연회색으로 교체해줘.

03 인물에 홍보용 의상을 입히고, 카트에 바나나가 담긴 이미지를 생성하기 위해 카트와 의상 프롬프트를 입력한 다음 '제출' 아이콘(▶)을 클릭합니다.

> **프롬프트**
> 생성한 이미지에서 슈퍼마켓 카트에 싱싱한 바나나가 잔뜩 들어있고, 초록색 앞치마를 입고 포즈를 취한 인물로 교체해줘.

02 홍보 간판과 문구 생성하기

홍보 간판 이름과 문구를 입력하여 인물과 카트가 있는 이미지에 문자 이미지를 생성하여 홍보용 사진을 완성합니다.

04 인물이 완성되었다면 배경에 홍보 간판과 세일 문구를 추가하기 위해 프롬프트 입력창에 간판 문구와 홍보 문구를 입력하고 '제출' 아이콘(▶)을 클릭합니다.

> **프롬프트**
> 생성한 이미지 위에는 "B mart" 간판이 있으며, 아래에는 "Banana 25% Sale!" 문구를 위치시켜줘.

05 그림과 같이 입력한 단어를 인식하여 간판과 홍보문구가 이미지에 추가 생성된 것을 확인할 수 있습니다.

03 전단지 목업 이미지 만들기

지금까지 생성한 홍보 이미지와 문구를 이용하여 전단지 목업을 생성합니다. 전단지 목업이 생성되면 다양한 홍보 이미지로 추가 생성이 가능합니다.

06 완성된 이미지를 이용하여 전단지 목업을 생성하기 위한 프롬프트를 입력하고 '제출' 아이콘(▶)을 클릭합니다.

프롬프트
생성 이미지를 이용하여 바나나 판매를 위한 전단지 목업을 생성해줘.

07 이미지를 포함한 전단지 목업 이미지가 생성되었습니다. 전단지를 활용해 홍보하는 이미지를 생성해 보겠습니다.

08 프롬프트 입력창에 전단지를 나눠주는 홍보 이미지를 생성하기 위한 프롬프트를 입력하고 '제출' 아이콘(▶)을 클릭합니다. 바나나 캐릭터가 전단지를 나눠주는 홍보 이미지가 완성되었습니다.

프롬프트
바나나 캐릭터가 "25% Sale" 어깨띠를 두르고, 어린이에게 전단지를 나눠주는 이미지를 생성해 줘.

LESSON 04
타이포그래피를 이용한 에코백 디자인하기

예제파일: source\스케치.jpg 완성파일: source\에코백1~4.png

제미나이는 사용자가 직접 그림을 그리지 않아도 원하는 스타일이나 색감을 텍스트로 지시하면 이미지에 자동으로 반영이 가능합니다. 예제에서는 타이포그래피 기반 그래픽을 색상 스타일에 따라 다양하게 변형하여 에코백 디자인을 해보겠습니다.

원본 이미지

단색 이미지

컬러풀한 이미지

상품 이미지

상세 페이지로 구성

프롬프트 KEYWORD

① 알파벳별로 색상을 올리브그린 컬러로 채우기
② 연한 블루톤 배경 위의 하얀 에코백 위에 합성
③ 온라인 쇼핑몰에 사용할 용도로, 다양한 콘셉트로 생성

예제 콘셉트

프롬프트만으로도 이미지의 색감, 구성, 배경 스타일 등을 효율적으로 제어할 수 있으며, 별도의 디자인 툴이나 작업 없이도 특히 동일한 디자인 자산을 상품 이미지, 목업, 상세 페이지 등 다양한 콘텐츠로 재구성할 수 있습니다. 제품 기획 단계에서의 시각적 커뮤니케이션이나 마케팅 자료 제작 시 활용도를 높일 수 있을 것입니다.

01 문자 이미지에 원하는 색상 칠하기

준비된 디자인 초안 이미지를 첨부하고 텍스트 프롬프트를 입력하여 원하는 컬러 스타일로 채워보겠습니다.

01 | 웹브라우저에 'gemini.google.com'를 입력하여 제미나이 사이트로 이동하고 이미지를 불러오기 위해 '파일 추가' 아이콘(+)을 클릭한 다음 [파일 업로드]를 클릭합니다.

02 | 열기 대화상자에서 source 폴더에 '스케치.jpg' 파일을 선택하고 〈열기〉 버튼을 클릭합니다. 타이포그래피 스케치 이미지가 프롬프트 입력창에 표시됩니다.

03 스케치한 타이포그래피 이미지를 컬러링 하기 위해 프롬프트 입력창에 문장을 입력하고 '제출' 아이콘(▶)을 클릭합니다. 그림과 같이 스케치 형태는 그대로 유지되면서 올리브그린 컬러의 타이포그래피 이미지가 생성됩니다.

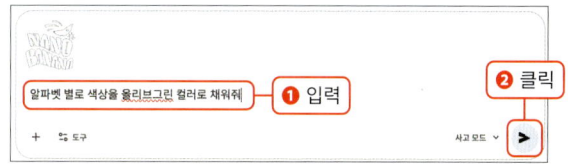

프롬프트

알파벳 별로 색상을 올리브그린 컬러로 채워줘.

04 이미지를 컬러풀한 스타일로 변형하기 위해 색상을 변경하는 프롬프트를 입력하고 '제출' 아이콘(▶)을 클릭합니다. 그림과 같이 컬러풀한 색상의 타이포그래피 이미지가 생성되었습니다.

프롬프트

이번에는 알파벳 별로 다른 컬러풀한 색상으로 채워줘.

02 채색된 문자 이미지로 에코백 생성하기

색상이 칠해진 문자 이미지를 이용하여 타이포그래피가 적용된 실물 형태의 에코백을 생성하고 쇼핑몰에서 활용할 수 있도록 상품의 상세 페이지 형태로 구성해 보겠습니다.

05 | 생성된 이미지를 활용하여 에코백 상품 이미지로 만들겠습니다. 에코백 이미지 생성을 위한 프롬프트를 입력하고 '제출' 아이콘(▶)을 클릭합니다.

> **프롬프트**
> 이 타이포그래피 이미지를 연한 블루톤 배경 위의 하얀 에코백 위에 합성해줘. 에코백 손잡이 컬러를 타이포그래피의 파란색으로 생성해줘.

06 | 그림과 같이 타이포그래피가 적용된 예쁜 에코백 디자인이 실제 상품 이미지로 생성되었습니다.

07 생성된 에코백 상품 이미지를 온라인 쇼핑몰에 활용할 수 있는 상세 이미지로 만들겠습니다. 사진 콘셉트를 설명하는 프롬프트를 입력하고 '제출' 아이콘(▶)을 클릭합니다.

프롬프트 온라인 쇼핑몰에 사용할 용도로, 이 가방의 상품 이미지를 다양한 콘셉트로 생성해줘.

08 실제 온라인 쇼핑몰에서 홍보용으로 사용할 수 있도록, 에코백의 상품 이미지가 다양한 콘셉트로 생성되었습니다.

09 1차 생성된 상세 이미지의 스타일링이나 콘셉트를 상품 이미지에 맞게 조절하기 위해 더 구체적으로 콘셉트를 설명하고 '제출' 아이콘(▶)을 클릭합니다.

프롬프트 배경은 모두 심플하게, 색상은 컬러풀하면서, 인물 복장은 힙한 스타일이면 좋겠어.

10 그림과 같이 상세 이미지의 스타일링과 콘셉트가 상품 이미지에 맞게 조절되어 생성되었습니다.

LESSON 05  눈길을 사로잡는 팝업 광고창 이미지 만들기

예제파일: source\팝업.jpg   **완성파일:** source\팝업완성1~2.png

신발 상품을 홍보하는 광고 이미지를 생성해 보겠습니다. 더운 여름에 시원한 착화감과 휴양지에서의 편리함을 주제로 온라인 팝업 광고창에 사용될 이미지를 생성해 보겠습니다.

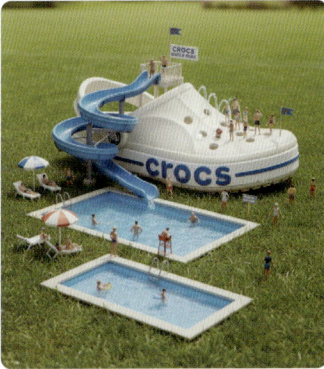

프롬프트 KEYWORD

❶ 신발 형태의 워터파크에서 작은 사람들이 즐기고 있는 이미지 생성
❷ 이미지 상단에 흰색으로 'SUMMER WEEK' 제목을 2줄로 생성
❸ '30% coupon' 적힌 쿠폰 이미지를 넣고 그 하단에 'Download' 버튼 생성

예제 콘셉트

상품 이미지를 광고 이미지로 발전시키는 과정을 통해, 제미나이의 시각 콘텐츠 제작 기능이 어떻게 마케팅 디자인에 적용될 수 있는지를 살펴볼 수 있습니다. 디자인에 앞서 사용자는 배경 구성, 색상 대비, 텍스트 삽입, 쿠폰이나 버튼 등 사용자 인터페이스 요소의 추가까지, 하나의 이미지 안에서 광고 목적에 맞는 요소들이 어떻게 조화롭게 배치될 수 있는지를 고민해보는 것이 중요합니다.

01 상품과 광고 배경 합성하기

상품의 광고 콘셉트에 맞춰 적절한 구성 변경과 이미지 합성으로 배경을 완성하겠습니다.

01 웹브라우저에 'gemini.google.com'를 입력하여 제미나이 사이트로 이동하고 이미지를 불러오기 위해 '파일 추가' 아이콘(+)을 클릭한 다음 [파일 업로드]를 클릭합니다. 열기 대화상자에서 source 폴더의 '팝업.jpg' 파일을 선택하고 〈열기〉 버튼을 클릭합니다.

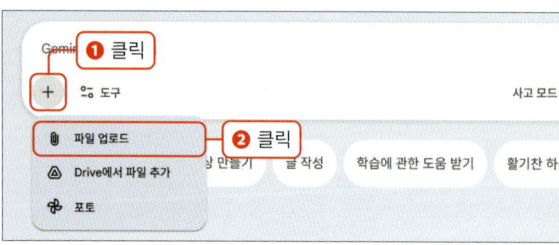

02 신발 이미지가 프롬프트 입력창에 표시됩니다. 신발 이미지를 활용해 눈길을 사로잡는 광고 이미지를 만들어 보겠습니다. 프롬프트 입력창에 다음과 같이 문장을 입력하고 '제출' 아이콘(▶)을 클릭합니다.

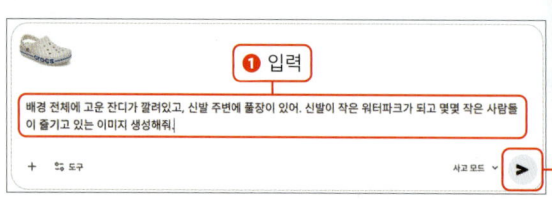

프롬프트 배경 전체에 고운 잔디가 깔려있고, 신발 주변에 풀장이 있어. 신발이 작은 워터파크가 되고 몇몇 작은 사람들이 즐기고 있는 이미지 생성해줘.

03 | 그림과 같이 신발의 형태는 그대로 유지되면서 요청한 배경 이미지가 생성됩니다. 배경 이미지를 조금 수정하기 위해 프롬프트 입력창에 변경 내용을 입력하고 '제출' 아이콘(▶)을 클릭합니다. 그림과 같이 배경에 파란색이 채워지면서, 강한 컬러 대비로 눈길을 사로잡는 이미지가 생성되었습니다.

> 프롬프트
>
> 배경 잔디 윗부분을 파란색으로 채워줘.

02 광고 문구 입력과 쿠폰 이미지 생성하기

정보를 전달하는 홍보 문구를 추가하고 할인 정보를 표시하는 쿠폰형태의 이미지와 다운로드 버튼을 추가하여 팝업 이미지를 완성하겠습니다.

04 | 생성된 이미지에 광고 문구를 입력해 보겠습니다. 프롬프트 입력창에 광고 문구 추가를 위한 프롬프트 내용을 입력하고 '제출' 아이콘(▶)을 클릭합니다. 그림과 같이 눈길을 사로잡는 이미지에 광고 문구까지 추가하여 배너 형태를 갖추어 갑니다.

> 프롬프트
>
> 이미지 상단에 흰색으로 "SUMMER WEEK" 제목을 2줄로 크게 넣어줘.

05 생성된 이미지를 온라인 마케팅에 활용할 수 있도록 쿠폰 이미지와 다운로드 버튼도 추가해 보겠습니다. 프롬프트 입력창에 추가할 내용을 설명하는 프롬프트를 입력하고 '제출' 아이콘(▶)을 클릭합니다. 그림과 같이 실제 온라인 마케팅에 사용할 수 있는 광고 팝업 이미지가 1차 완성되었습니다.

프롬프트

이미지 하단에 "30% coupon" 적힌 쿠폰 이미지를 넣고 그 하단에 "Download" 버튼도 만들어줘.

06 디자인 포인트를 살리기 위해 프롬프트 입력창에 더 구체적인 수정사항을 입력하고 '제출' 아이콘(▶)을 클릭합니다. 그림과 같이 컬러 포인트를 살려 눈길 사로잡는 광고 팝업 디자인을 완성하였습니다.

프롬프트

신발을 형광 연두색으로 수정해서 생성해줘. 하단에 컬러 단 색상도 형광 연두색으로 수정해서 생성해줘.

LESSON 06  문자 디자인 형태의 가로형 광고 배너 만들기

예제파일: source\BG-white.png **완성파일**: source\배너1~2.png

복잡한 디자인 툴 없이도, 생성형 AI를 통해 텍스트 입력만으로 고급 광고 비주얼을 제작할 수 있습니다. 배너 배경 설정부터 광고 문구, 타이포그래피, 버튼 UI, 색상 변형까지 단계적으로 조정하며, 실제 마케팅에서 활용 가능한 광고 배너 이미지를 제작해 보겠습니다.

배너 비율로 빈 이미지 생성

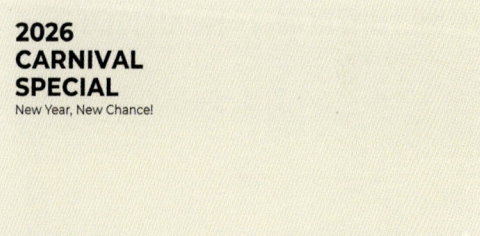

문구 추가

타이포그래피 추가

버튼 UI 생성

배경 색상 변경

컬러 베리에이션 적용

프롬프트 KEYWORD
❶ 현대적이고 모던한 문자 스타일로 텍스트 배치
❷ 리본으로 흘려 쓴 타이포그래피와 색종이 조각들을 생성
❸ 초록색 타원과 그 위에 'JOIN' 텍스트 있는 버튼 생성

예제 콘셉트
배경 설정부터 광고 문구 배치, 그래픽 타이포그래피 생성, 버튼 디자인, 컬러 베리에이션까지의 모든 과정을 텍스트 프롬프트를 통해 시각화함으로써, 실무 환경에서 요구되는 다양한 광고 시안 제작을 빠르고 유연하게 제작할 수 있습니다. 특히 색상 조합의 변화나 텍스트 스타일링, 버튼 UI 구성 등 디지털 마케팅에 필수적인 시각 요소들을 통합적으로 조정함으로써, 실제 온라인 채널에서 활용 가능한 완성도 높은 배너 이미지를 구현할 수 있습니다.

01 배너 비율과 배경 색상 지정하기

배너 비율을 맞추기 위해 원하는 비율 이미지를 추가하여 이미지 비율을 사전에 세팅한 다음 배경 색상을 지정합니다.

01 | 웹브라우저에 'gemini.google.com'를 입력하여 제미나이 사이트로 이동하고 이미지를 불러오기 위해 '파일 추가' 아이콘(+)을 클릭한 다음 [파일 업로드]를 클릭합니다. 열기 대화상자에서 source 폴더의 'BG-white.png' 파일을 선택하고 〈열기〉 버튼을 클릭합니다. 사이즈 설정을 위한 흰 바탕의 비어있는 화면 이미지가 프롬프트 입력창에 표시됩니다.

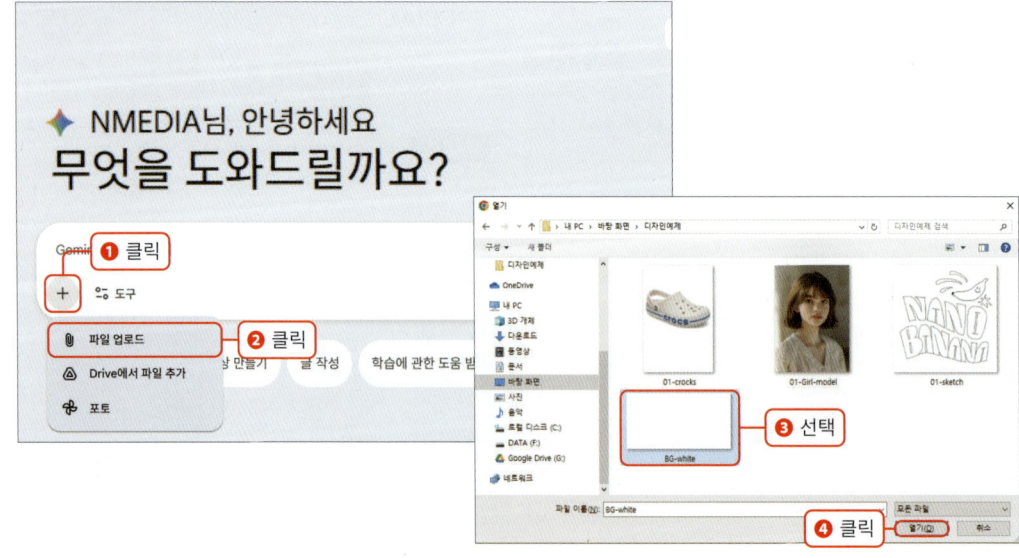

02 비어있는 화면 이미지에 색상을 넣기 위해 프롬프트 입력창에 다음과 같이 문장을 입력하고 '제출' 아이콘(▶)을 클릭합니다. 그림과 같이 흰 배경 색상이 크림색 또는 연한 베이지색 배경으로 수정되어 생성됩니다.

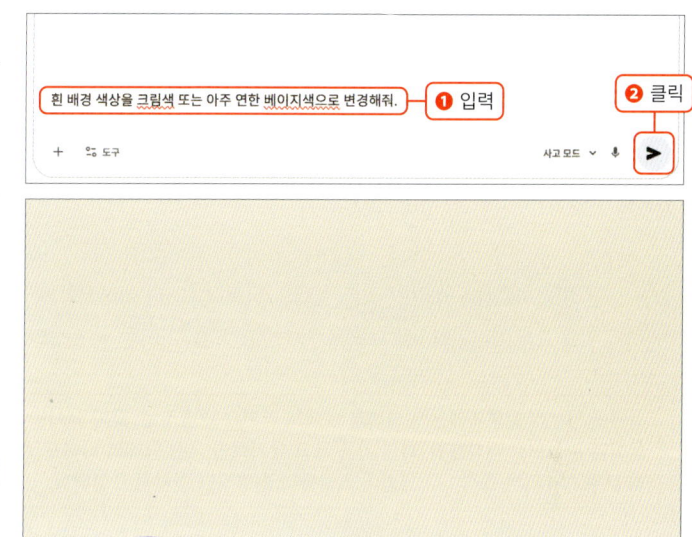

프롬프트
흰 배경 색상을 크림색 또는 아주 연한 베이지색으로 변경해줘.

02 프롬프트로 광고 문자 입력하기

배너를 구성하는 광고 문자를 원하는 위치에 원하는 형태로 생성하기 위해 프롬프트를 입력하여 문자 구성을 합니다.

03 디자인 레이아웃과 문자 색상, 배열 등 원하는 콘셉트 내용을 프롬프트에 최대한 자세하게 입력합니다. 프롬프트 입력창에 내용을 입력하고 '제출' 아이콘(▶)을 클릭합니다. 그림과 같이 크림색 배경 위에 광고 문구가 의도한 대로 배치하여 생성됩니다.

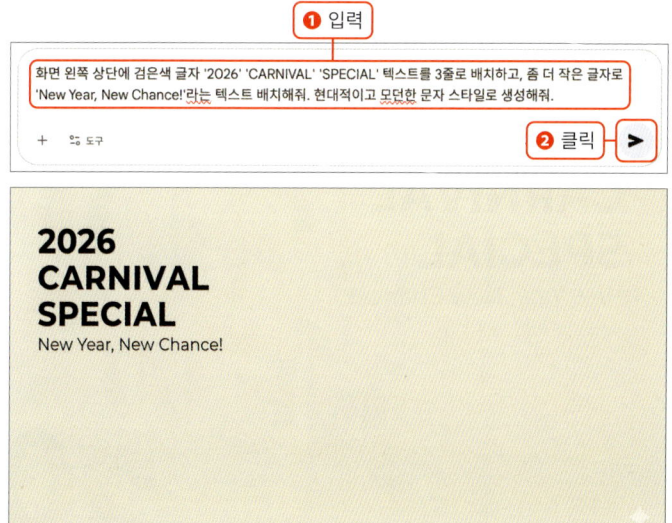

프롬프트
화면 왼쪽 상단에 검은색 글자 '2026' 'CARNIVAL' 'SPECIAL' 텍스트를 3줄로 배치하고, 좀 더 작은 글자로 'New Year, New Chance!'라는 텍스트 배치해줘. 현대적이고 모던한 문자 스타일로 생성해줘.

03 타이포그래피 이미지와 버튼형 아이콘 생성하기

광고 배너 디자인의 메인 그래픽 요소 생성을 위해 리본을 모티브로 한 타이포그래피 문자와 색종이 배경 이미지를 생성하고 참여를 유도하는 JOIN 문자가 배치된 둥근 사각형 형태의 버튼형 아이콘을 생성해 보겠습니다.

04 눈길을 사로잡을 화려한 리본 형태의 타이포그래피 이미지와 배경에 색종이가 뿌려지는 듯한 이미지를 생성하기 위해 프롬프트 입력창에 내용을 입력하고 '제출' 아이콘(▶)을 클릭합니다.

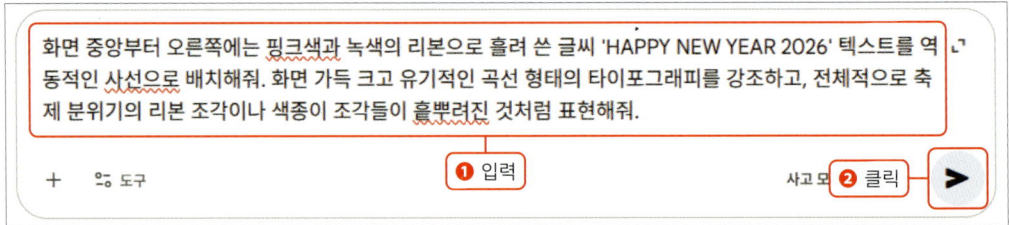

프롬프트 화면 중앙부터 오른쪽에는 핑크색과 녹색의 리본으로 흘려 쓴 글씨 'HAPPY NEW YEAR 2026' 텍스트를 역동적인 사선으로 배치해줘. 화면 가득 크고 유기적인 곡선 형태의 타이포그래피를 강조하고, 전체적으로 축제 분위기의 리본 조각이나 색종이 조각들이 흩뿌려진 것처럼 표현해줘.

05 그림과 같이 눈길을 사로잡는 화려한 디자인의 타이포그래피 이미지가 추가되어 생성되었습니다.

06 소비자들을 마케팅 페이지로 연결해주는 버튼 디자인도 추가해 봅니다. 프롬프트 입력창에 버튼 디자인 생성을 위한 프롬프트 내용을 입력하고 '제출' 아이콘(▶)을 클릭합니다. 온라인 마케팅에 사용할 1차 배너 디자인이 완성되었습니다.

프롬프트
왼쪽 하단에 초록색 타원과 그 위에 'JOIN' 텍스트 있는 버튼 생성해줘.

04 문자와 배경 컬러 베리에이션하기

배너 이미지 형태가 완성되었다면 타이포그래피와 배경의 배색을 다양하게 변화를 주어 생성해 봅니다.

07 1차 디자인 시안을 확인하고, 수정할 부분을 프롬프트 입력창에 구체적으로 작성하여 '제출' 아이콘(▶)을 클릭합니다. 예제에서는 배경 컬러 수정을 위한 프롬프트를 입력합니다.

프롬프트
배경색이 너무 연한 것 같아. 배경 컬러를 형광 노란색으로 수정해줘.

08 | 그림과 같이 배경 컬러가 프롬프트 입력한 내용대로 연한 베이지색에서 형광 노란색으로 수정되어 생성되는 것을 확인할 수 있습니다.

09 | 마지막으로 전체적인 배색 값을 아래와 같이 조정하여 색상이 다른 2개의 디자인 시안을 만들어 봅니다. 2번째 최종 결과물이 다음과 같이 생성되었습니다.

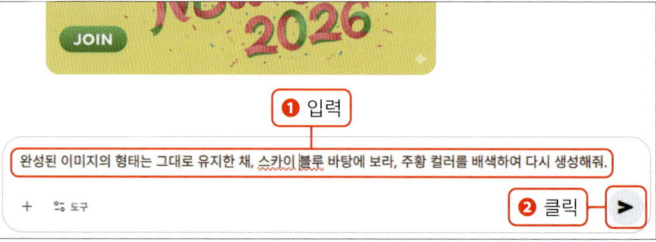

> **프롬프트** 완성된 이미지의 형태는 그대로 유지한 채, 스카이 블루 바탕에 보라, 주황 컬러를 배색하여 다시 생성해줘.

> **Tip** 컬러 베리에이션으로 다양한 느낌의 광고 배너 디자인을 손쉽게 완성할 수 있습니다.

LESSON 07  반려동물 사진으로 캐릭터 디자인 시트 만들기

예제파일: source\댕댕이.png　**완성파일:** source\캐릭터화1~2, 캐릭터시트완성.png

제미나이를 활용하면 반려동물을 특별한 캐릭터로 만들어 소중한 추억을 색다르게 기록할 수 있습니다. 반려동물의 특징을 살린 그림이나 아이템을 손쉽게 만들 수 있고, 이를 통해 나만의 캐릭터를 꾸미거나 수익을 낼 수도 있습니다. 누구나 쉽게 즐길 수 있는 제미나이는 반려동물과의 추억을 더 특별한 가치로 바꿔주는 창작 도구입니다.

강아지 사진(원본)　　　　　　　　　게임 스타일 캐릭터화

캐릭터 디자인 시트(Character Design Sheet)

프롬프트 KEYWORD

❶ 강아지를 모티브로 캐주얼 게임 스타일로 변형
❷ 스타일을 유지한 채 앞모습, 옆모습, 뒷모습으로 구성된 캐릭터 시트 생성

예제 콘셉트

제미나이의 나노 바나나는 사용자가 올린 사진을 단순히 변환하는 데 그치지 않고, 새로운 콘셉트와 스타일로 재창조할 수 있는 도구입니다. 반려동물 사진을 업로드하면 특별한 캐릭터로 표현할 수 있으며 만화, 픽셀풍 같은 그래픽 스타일 적용은 물론 의상, 소품, 이모티콘 디자인까지 가능합니다. 또한, 기본 캐릭터가 완성되면 "캐릭터 시트를 만들어줘"와 같은 요청을 통해 다양한 각도의 모습을 일관성 있게 확인할 수도 있습니다.

01 사진을 캐릭터화하고 배경 변경하기

동물의 사진을 제미나이에 업로드하고 프롬프트를 작성하면, 특징을 유지한 채로 내가 원하는 스타일로 변형이 가능하며, 이미지에 포함된 배경도 유사하게 생성됩니다. 이를 활용하여 캐릭터 이미지를 생성하고 배경을 깔끔하게 만들겠습니다.

01 │ 웹브라우저에 'gemini.google.com'를 입력하여 제미나이 사이트로 이동하고 이미지를 불러오기 위해 '파일 추가' 아이콘(+)을 클릭하고 [파일 업로드]를 클릭합니다.

02 │ 열기 대화상자에서 source 폴더에 '댕댕이.png' 파일을 선택하고 〈열기〉 버튼을 클릭합니다.

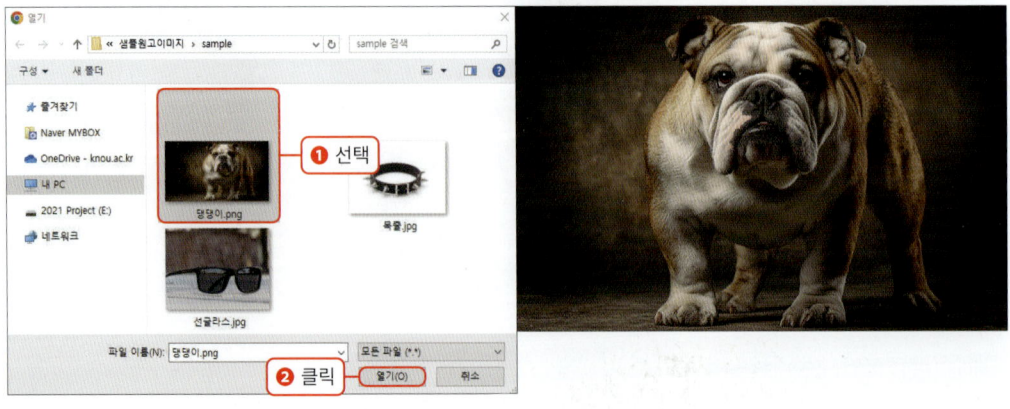

03 | 첨부한 강아지 사진을 기반으로 캐릭터를 만들기 위해 프롬프트 입력창에 다음과 같이 입력하고 '제출' 아이콘(▶)을 클릭합니다.

> **프롬프트** 이미지의 강아지를 모티브로 캐쥬얼 게임 스타일로 변형해줘.

04 | 사진의 모습을 꼭 닮은 귀여운 불독 캐릭터가 생성된 것을 확인할 수 있습니다.

05 | 캐릭터를 제외하고 전체 배경을 단색으로 변경하기 위해 프롬프트 입력창에 문장을 입력하고 '제출' 아이콘(▶)을 클릭합니다. 캐릭터를 유지한 상태에서 배경이 요청한 회색으로 변경된 것을 확인할 수 있습니다.

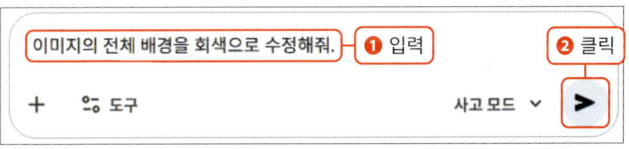

> **프롬프트** 이미지의 전체 배경을 회색으로 수정해줘.

Tip 배경을 단순히 수정해 달라고 요청하면 바닥 등을 제외하고 일부만 변형될 수 있으므로, 원하는 결과물을 얻기 위해 전체 배경을 수정하도록 세부적으로 요청하는 것이 좋습니다.

02 캐릭터 디자인 시트로 만들기

제미나이에 프롬프트를 입력하여 생성한 캐릭터 이미지를 다양한 각도와 포즈로 일관성 있게 표현한 '캐릭터 디자인 시트'를 만들 수 있습니다. 이를 통해 만화, 애니메이션 등 여러 콘텐츠에 활용할 수 있는 기초 자료로 활용할 수 있습니다.

06 | 디자인 시트를 만들기 위해 다음의 프롬프트를 입력하고 '제출' 아이콘(▶)을 클릭합니다. 캐릭터의 앞모습, 옆모습, 뒷모습이 담긴 캐릭터 디자인 시트 이미지가 생성된 것을 확인할 수 있습니다.

❶ 입력
❷ 클릭

프롬프트 이미지의 스타일을 유지한 채 앞모습, 옆모습, 뒷모습으로 구성된 캐릭터 시트를 생성해줘.

Tip '캐릭터 디자인 시트'는 하나의 캐릭터를 다양한 각도와 포즈, 표정으로 정리한 시각 자료로, 캐릭터의 특징과 디자인을 일관되게 표현하기 위해 사용됩니다. 게임, 애니메이션, 만화 등 여러 분야에서 캐릭터를 제작하거나 활용할 때 기본이 되는 참고 자료로 쓰이며, 제작 과정에서 팀원들이 동일한 이미지를 공유할 수 있도록 돕는 중요한 도구입니다.

07 캐릭터의 각 뷰에 이름을 표시하기 위해 글자를 입력하는 프롬프트를 작성한 뒤 '제출' 아이콘 (▶)을 클릭합니다. 캐릭터 시트 아래에 각 뷰의 이름이 표시된 것을 확인할 수 있습니다. 시트를 활용하기 위해 예제에서는 뷰가 표기되지 않은 이미지로 저장했습니다.

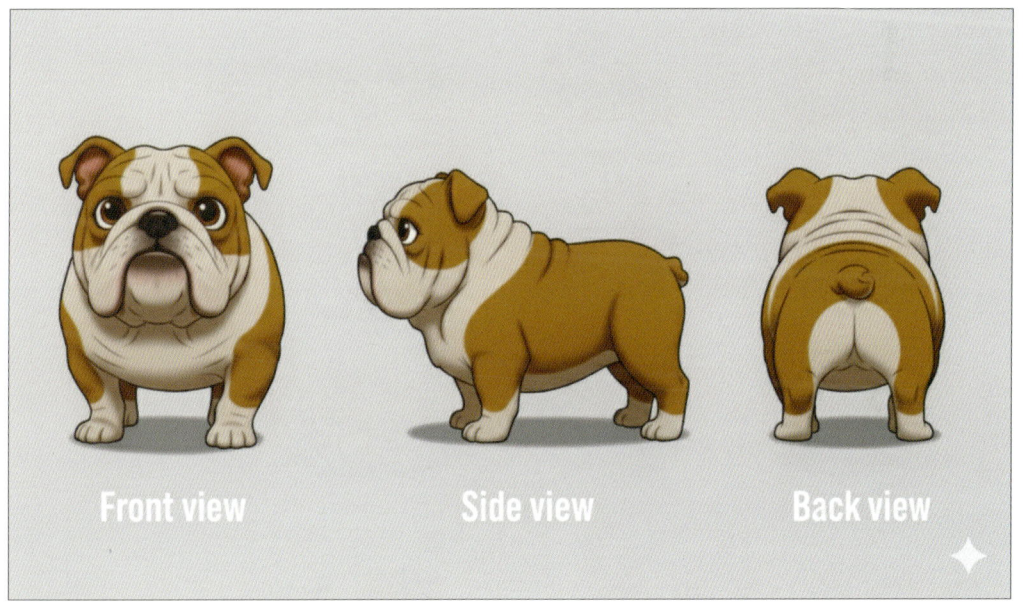

프롬프트 각 뷰에 해당하는 이름을 넣어줘

Tip 현재는 한글을 포함한 이미지 생성이 완벽하게 지원되지 않아 글자가 깨지거나 어색하게 표현될 수 있습니다. 따라서 이미지 안에 들어가는 텍스트는 영어로 설정하는 것이 더욱 정확하고 깔끔하게 표현됩니다.

LESSON 08

 캐릭터로 다양한 동작의 이모티콘 제작하기

예제파일: source\댕댕이머리.png, 캐릭터시트.png **완성파일**: source\이모티콘1~2, 댕댕이코스튬1~2.png

캐릭터 이모티콘은 단순한 마스코트나 팬시 캐릭터와 달리, 사용자가 공감하고 즐겁게 활용할 수 있도록 다양한 표정과 동작이 필요합니다. 반려동물이 주인공이라면 웃는 얼굴이나 손 흔들기뿐 아니라 놀람, 기쁨 등 여러 감정을 표현할 수 있어야 합니다. 제미나이를 활용하면 생성된 캐릭터를 다양한 표정과 동작으로 확장해 생동감 있는 이모티콘을 제작할 수 있으며, 이를 통해 소중한 추억을 기록하는 것은 물론 수익화로도 발전시킬 수 있습니다.

캐릭터 동작 이모티콘

캐릭터 표정 이모티콘

캐릭터 코스튬

프롬프트
KEYWORD

① 이미지 스타일은 유지한 상태로 9가지 표정을 한 화면에 변형
② 표정을 바꾸고, 감정 제목을 영어로 표기
③ 액세서리 이미지를 캐릭터 이미지에 적용

예제 콘셉트

매력적인 캐릭터와 캐릭터 시트가 완성되었다면, 이제 이를 바탕으로 다양한 표정과 동작을 만들어 볼 차례입니다. 캐릭터를 참고 이미지로 업로드하면 일관성 있는 모습으로 여러 동작과 표정을 생성할 수 있으며, 추가 요청을 통해 목록을 세밀하게 수정해 원하는 표현을 완성할 수 있습니다. 이후에는 소품과 의상을 적용해 캐릭터를 더욱 개성 있게 확장할 수 있고, 이를 활용해 이모티콘, 굿즈, 디지털 콘텐츠 제작 등으로 발전시킬 수 있습니다.

01 여러 가지 표정 표현하기

캐릭터 변형에서 가장 중요한 것은 일관성입니다. 기존 캐릭터의 얼굴을 확대한 이미지를 활용하여 동일한 분위기를 유지하면서 표정이 다양한 이미지로 완성하겠습니다.

01 | 웹브라우저에 'gemini.google.com'를 입력하여 제미나이 사이트로 이동하고 이미지를 불러오기 위해 '파일 추가' 아이콘(+)을 클릭합니다. [파일 업로드]를 클릭합니다.

02 | 열기 대화상자에서 source 폴더에 Shift 를 누른 채 '댕댕이머리.png', '캐릭터시트.png' 파일을 선택하고 〈열기〉 버튼을 클릭합니다. 캐릭터의 얼굴 이미지와 캐릭터 시트 이미지가 프롬프트 입력창에 표시됩니다.

03 캐릭터의 다양한 표정을 생성하기 위해 프롬프트 입력창에 문장을 입력하고 '제출' 아이콘(▶)을 클릭합니다. 9가지 표정이 한 화면에 담긴 이미지가 생성된 것을 확인할 수 있습니다.

프롬프트
이미지 스타일은 그대로 두고 웃는 얼굴, 우는 얼굴, 화내는 얼굴, 분노한 얼굴, 놀라는 얼굴, 아픈 얼굴, 따분한 얼굴, 무표정 얼굴, 비웃는 얼굴 9가지 표정을 한 화면에 담아 변형해줘.

Tip 간략하게 '9가지 표정을 한 화면에 담아 변경해줘'를 입력할 경우, 애매한 표정으로 생성될 수 있습니다. 예시와 같이 특정 지어 적어주는 것이 결과물의 완성도를 높일 수 있습니다.

04 생성된 이미지에서 중복된 표정이 있어 그 부분을 변경하고, 각 감정 아래에 표정 이름을 표기하겠습니다. 프롬프트 입력창에 다음과 같이 입력하고 '제출' 아이콘(▶)을 클릭합니다. 요청한 대로 표정이 수정되고, 각 표정 아래에 영문 이름이 표기된 것을 확인할 수 있습니다.

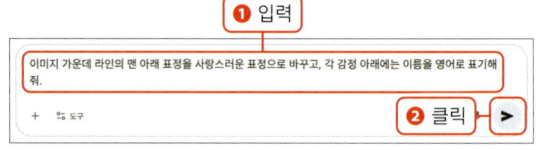

프롬프트
이미지 가운데 라인의 맨 아래 표정을 사랑스러운 표정으로 바꾸고, 각 감정 아래에는 이름을 영어로 표기해줘.

02 동작이 다양한 이모티콘 만들기

캐릭터의 기본형을 만든 뒤에는 손 흔들기, 점프하기, 놀라기, 기뻐하기 등 다양한 액션을 더해 이모티콘을 더욱 생동감 있게 제작해보겠습니다.

05 | 열기 대화상자에서 source 폴더에 Shift 를 누른 채 '기본형 캐릭터.png', '캐릭터시트.png' 파일을 선택하고 〈열기〉 버튼을 클릭합니다.

06 | 여러 가지 동작을 구성하기 위해 프롬프트 입력창에 내용을 입력한 뒤 '제출' 아이콘(▶)을 클릭합니다. 그림과 같이 캐릭터의 다양한 동작이 한 화면에 균형 있게 담긴 것을 확인할 수 있습니다.

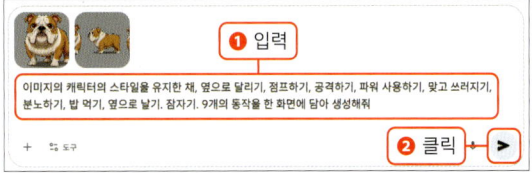

프롬프트

이미지의 캐릭터의 스타일을 유지한 채, 옆으로 달리기, 점프하기, 공격하기, 파워 사용하기, 맞고 쓰러지기, 분노하기, 밥 먹기, 옆으로 날기, 잠자기 9개의 동작을 한 화면에 담아 생성해줘.

03 캐릭터 꾸미기 아이템 만들기

모자나 의상, 액세서리 같은 아이템은 캐릭터의 개성을 살리고 더 매력적으로 보이게 합니다. 제미나이를 잘 활용하면 생성한 이미지에도 내가 원하는 다양한 아이템으로 꾸며 줄 수 있습니다. 캐릭터에 어울리는 꾸미기 아이템을 직접 만들어 기본형 캐릭터 이미지에 적용해 보겠습니다.

07 | 01번과 같이 파일을 업로드하겠습니다. 열기 대화상자에서 source 폴더에 '기본형 캐릭터.jpg' 파일을 선택하고 〈열기〉 버튼을 클릭합니다. 이전에 생성된 기본 캐릭터 이미지가 프롬프트 입력창에 표시됩니다.

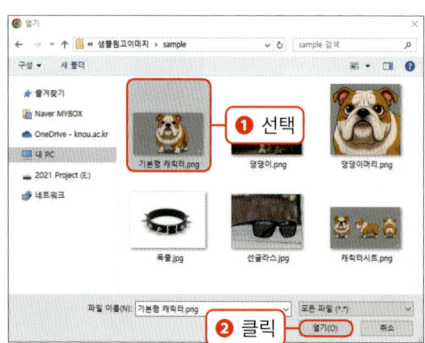 

08 | 먼저, 코스튬이 잘 표현되도록 이미지를 약간 회전한 모습으로 변경하겠습니다. 프롬프트 입력창에 문장을 입력한 뒤 '제출' 아이콘()을 클릭합니다. 프롬프트를 반영하여 생성된 이미지를 저장합니다.

프롬프트
이 캐릭터를 조금 다른 각도로 회전시켜 보여줘.

Tip 캐릭터가 장착한 아이템을 더욱 돋보이려면 정면보다 약 45도 정도 회전된 뷰(View) 또는 적용하려는 아이템의 이미지 각도와 유사한 방향이 적합하며, 생성 시에도 큰 오류가 없습니다.

09 방향이 전환된 캐릭터에 선글라스를 착용하기 위해, 열기 대화상자에서 source 폴더에 '선글라스.jpg'와 '기본형 2.png' 파일을 선택한 다음 〈열기〉 버튼을 클릭합니다.

10 기본형 캐릭터에 첨부한 선글라스를 참고하여 아이템을 씌우기 위해 프롬프트 입력창에 다음과 같이 입력하고 '제출' 아이콘(▶)을 클릭합니다. 멋진 선글라스를 착용한 모습이 생성된 것을 확인할 수 있습니다.

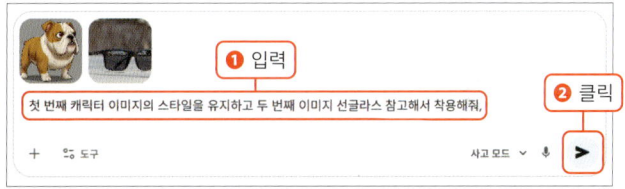

프롬프트

첫 번째 캐릭터 이미지의 스타일을 유지하고 두 번째 이미지 선글라스 참고해서 착용해줘.

11 다음으로 멋진 목줄 아이템을 생성하기 위해 열기 대화상자에서 source 폴더에 '목줄.jpg' 파일을 선택하고 〈열기〉 버튼을 클릭합니다.

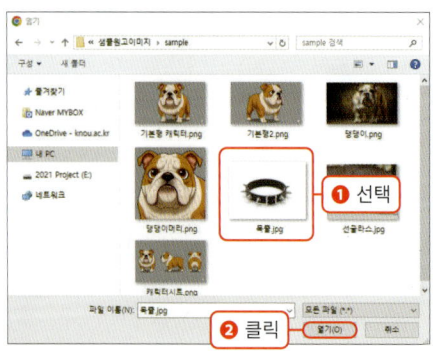

12 생성된 이미지에서 선글라스를 제거하고 목줄을 착용한 모습을 확인하기 위해 프롬프트 입력창에 문장을 입력한 뒤 '제출' 아이콘(▶)을 클릭합니다. 캐릭터에서 선글라스가 제거되고 멋진 목줄을 착용한 이미지로 변형된 것을 확인할 수 있습니다.

> **프롬프트** 기존 이미지에서 선글라스를 제거하고, 뿔 달린 목줄을 착용해줘.

LESSON 09

분해와 조립도 마음대로!
광고 이미지 만들기

예제파일: source\손선풍기.png   완성파일: source\손선풍기1~6.png

제품 이미지를 이용하여 제품 내부 부품을 나열하는 방식의 분해도를 생성해 보겠습니다. 제품 분해도는 소비자에게 신뢰도를 높여 광고나 카탈로그에 사용됩니다. 예제에서는 흰색 손선풍기를 노란색 손선풍기 제품으로 바꿔 분해도를 만듭니다. 다시 조립된 노란색 손선풍기를 인물이 홍보하는 광고 이미지도 생성해 보겠습니다.

제품 이미지(원본)

컬러 교체한 제품 이미지

제품 내부 분해도 생성

제품을 홍보하는 광고 이미지 생성

프롬프트 KEYWORD
① 흰색 손선풍기를 노란색 손선풍기로 생성
② 노란색 손선풍기 분해도를 생성
③ 분해도의 손선풍기를 조립하여 광고 이미지를 생성

예제 콘셉트

제미나이를 활용하면 제품의 분해와 조립 과정을 시각적으로 정밀하게 구현한 분해도를 자유자재로 제작할 수 있습니다. 이 기술은 특히 내부 구조의 정교함과 부품 간의 정밀한 조립 기술이 중요한 가전제품 분야에서 탁월한 효과를 발휘합니다. 분해도는 단순한 제품 외형을 넘어, 소비자에게 제품 내부의 기술력과 설계 철학을 직관적으로 전달할 수 있는 강력한 시각 자료로 활용됩니다. 이를 통해 광고나 제품 홍보 영상, 카탈로그 등 다양한 마케팅 콘텐츠에서 제품의 차별화된 가치를 부각시킬 수 있으며, 소비자에게 깊은 인상을 남기는 동시에 브랜드에 대한 신뢰도 또한 높일 수 있습니다.

01 제품의 부속이 보이도록 분해도 만들기

제품의 사진을 여러 각도에서 분석하여 AI가 2D 이미지를 3D 구조로 재구성하고, 이를 바탕으로 분해도를 추정하여 생성하는 방식입니다. 완성 제품 이미지를 불러들여 제품의 부품이 보이도록 분해도를 생성해 보겠습니다.

01 | 웹브라우저에 'gemini.google.com'를 입력하여 제미나이 사이트로 이동하고 이미지를 불러오기 위해 '파일 추가' 아이콘(+)을 클릭한 다음 [파일 업로드]를 클릭합니다.

02 | 열기 대화상자에서 '손선풍기.png' 파일을 선택하고 〈열기〉 버튼을 클릭합니다. 손에 들고 다니는 흰색 손선풍기 이미지가 표시됩니다.

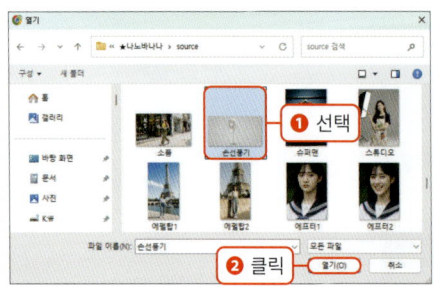

03 흰색 손선풍기를 노란색 손선풍기로 색상을 교체하기 위해 프롬프트를 입력하고 '제출' 아이콘(▶)을 클릭합니다.

프롬프트 | 흰색 손선풍기를 노란색 손선풍기로 생성해줘.

04 그림과 같이 흰색 손선풍기 형태를 유지하면서 노란색으로 변경된 손선풍기 이미지를 확인할 수 있습니다.

05 노란색 손선풍기의 분해도를 작성하기 위해 프롬프트 입력창에 손선풍기의 내부 제품이 보이도록 분해도를 요청하는 프롬프트를 입력하고 '제출' 아이콘(▶)을 클릭합니다.

프롬프트 | 생성한 노란색 손선풍기의 분해도를 생성해줘

06 부품별로 분해된 손선풍기 이미지를 확인할 수 있습니다.

> **Tip** AI가 추정하는 과정에서 이미지에 보이지 않는 내부의 복잡한 부품이나 미세한 결합 구조를 놓치거나 잘못 해석할 수 있습니다. 최종 결과물은 실제와 미세한 차이가 있을 수 있으며, 때로는 중요한 부품이 누락될 수도 있습니다.

02 분해된 제품을 완성하여 광고 이미지 만들기

제품을 분해하여 생성한 분해도를 다시 완성 제품으로 조립한 다음 완성된 노란색 손선풍기를 이용하여 광고 이미지를 생성합니다.

07 제품을 분해하여 표시된 이미지를 다시 조립한 다음 광고 이미지를 요청하는 프롬프트를 입력하고 '제출' 아이콘(▶)을 클릭합니다.

프롬프트 생성한 분해도의 손선풍기를 조립하여 광고하는 이미지를 생성해줘.

08 손선풍기의 분해도가 표시된 이미지와 조립된 손선풍기를 들고 홍보하는 가상의 인물이 들어간 광고 이미지가 생성되었습니다.

Tip 제미나이의 나노 바나나 모델을 이용하여 분해도 이미지(Exploded View)를 생성할 경우, 그 활용 분야는 매우 다양하며 다음과 같은 전문 분야에서 특히 유용할 수 있습니다.

- **조립 공정 시뮬레이션**: 작업자들이 제품을 조립하는 방법을 배우는 데 필요한 상세한 단계별 분해도를 생성하여 교육 자료로 활용합니다.
- **부품 카탈로그**: 특정 부품의 위치와 이름을 정확히 표시하여, 사용자가 필요한 부품을 쉽게 식별하고 주문할 수 있도록 돕습니다.
- **전시회 및 쇼케이스**: 제품의 핵심 구성 요소와 작동 원리를 방문객에게 효과적으로 전달하는 데 사용됩니다.

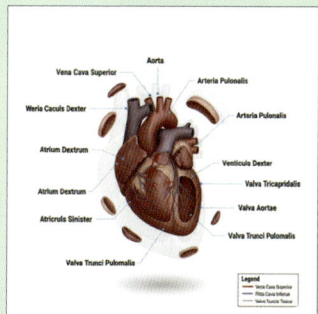
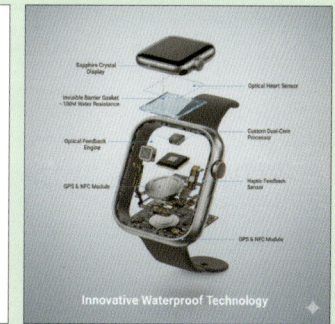

LESSON 10

부품 교체와 명칭, 정보까지 이미지 생성하기

NANO BANANA

예제파일: source\자동차.png **완성파일:** source\자동차분해1~4.png

분해도에 표시하는 부품(엔진, 좌석, 바퀴 등)은 개별적인 데이터 객체로 존재하므로, 원하는 부품 객체 옆에 지시선으로 명칭 표기가 가능합니다. 예제에서는 내연기관 자동차 분해도를 전기차 분해도로 변환시킨 다음 지시선과 부품 명칭이 표기된 자동차 분해도를 완성해 보겠습니다.

원본 이미지

내연기관 자동차 분해도

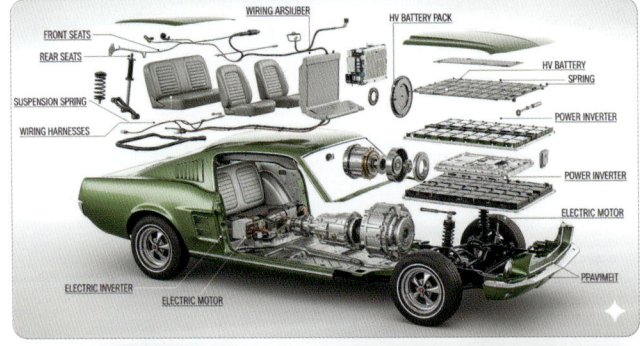

전기차 부품 명칭과 분해도

트렌디한 전기차 외형

프롬프트 KEYWORD

❶ 자동차를 내연기관 부품 구성으로 분해도 생성
❷ 자동차 외형은 유지하면서 전기차 부품 구성으로 분해도 생성
❸ 생성한 분해도에서 전기차 부품의 명칭을 영문으로 표기

예제 콘셉트

자동차 분해도는 3D 가상 공간에 자동차의 모든 부품을 하나하나 별개의 디지털 객체로 만들어 놓았기 때문에, 실제로는 불가능하거나 매우 어려운 방식으로 부품을 공중에 띄워 분해도를 만들 수 있으며, 더 나아가 내연기관 엔진과 연료 탱크 같은 기존 부품 데이터를 삭제하고 그 자리에 전기 모터와 배터리 팩 같은 새로운 부품 데이터를 가상으로 '이식'하는 개조 작업 역시 자유롭게 시각화할 수 있는 것입니다.

01 분해도 생성하고 변환하기

자동차 이미지 한 장으로 내연기간 자동차 분해도를 생성한 다음 전기차 분해도로 변경해 보겠습니다.

01 ｜ 웹브라우저에 'gemini.google.com'를 입력하여 제미나이 사이트로 이동하고 이미지를 불러오기 위해 '파일 추가' 아이콘(+)을 클릭한 다음 [파일 업로드]를 클릭합니다.

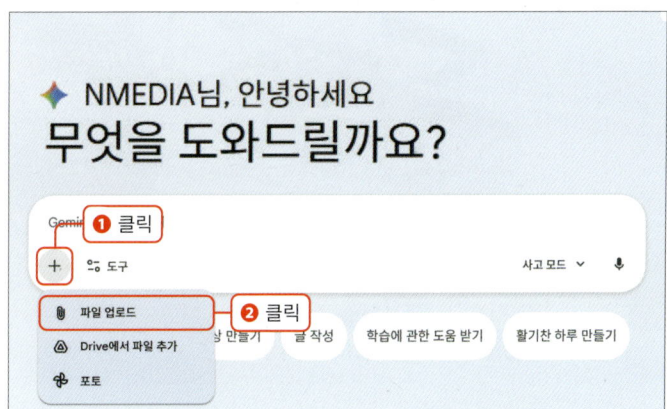

02 ｜ 열기 대화상자에서 '자동차.jpg' 파일을 선택하고 〈열기〉 버튼을 클릭합니다. 자동차 이미지가 표시됩니다.

03 | 자동차를 구성하는 부품을 표시하기 위해 내연기관 부품 구성으로 분해도를 생성하는 프롬프트를 입력한 다음 '제출' 아이콘(▶)을 클릭합니다.

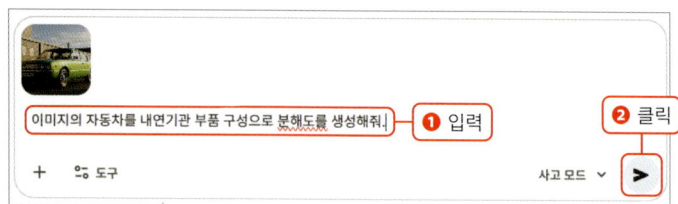

프롬프트 이미지의 자동차를 내연기관 부품 구성으로 분해도를 생성해줘.

04 | 그림과 같이 내연기관 자동차 형태에 맞게 자동차 부품을 표시하는 분해도가 생성되었습니다.

05 | 생성한 내연기관 자동차를 전기 자동차 부분으로 교체하여 분해도를 생성하기 위해 전기차 분해도를 생성하는 프롬프트를 입력하고 '제출' 아이콘(▶)을 클릭합니다.

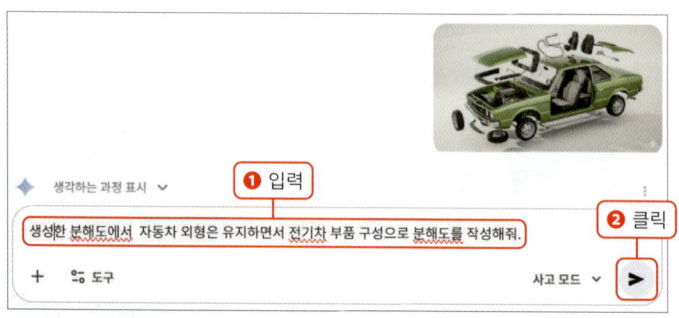

프롬프트 생성한 분해도에서 자동차 외형은 유지하면서 전기차 부품 구성으로 분해도를 작성해줘.

06 그림과 같이 내연기관 자동차의 부품이 전기차 부품으로 교체되어 분해도 구성이 완성되었습니다.

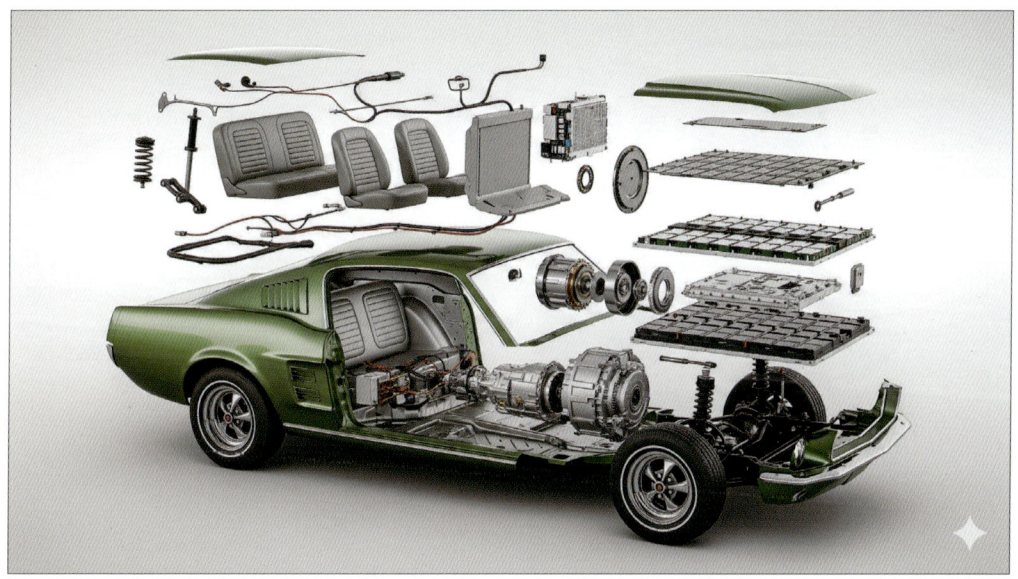

02 지시선으로 부품 명칭 표기하기

분해도에 신뢰감을 주기 위해 자동차 부품마다 지시선을 표시한 다음 부품 명칭을 표기해 보겠습니다.

07 분해도에서 전기차 부품의 명칭을 표기하기 위해 프롬프트 입력창에 부품 명칭을 생성하는 프롬프트를 입력한 다음 '제출' 아이콘()을 클릭합니다.

프롬프트 생성한 분해도에서 전기차 부품의 명칭을 영문으로 표기해줘.

08 그림과 같이 전기차 부품별로 영문으로 명칭이 표기되었습니다.

> ✦ **Tip** 명칭 영문 표기가 다른데요?
> 방대한 정보를 가진 AI이지만 출력한 결과물이 정확하지 않을 수 있습니다. 때문에 반드시 재검토하여 사용하는 것이 좋습니다.

09 이미지의 명칭을 확인하기 위해 프롬프트 입력창에 부품 명칭을 알려주는 프롬프트를 입력하고 '제출' 아이콘(▶)을 클릭합니다. 분해도 화면에 표기된 영문 명칭과 한국어로 번역된 명칭을 알려줍니다.

프롬프트 이미지 속 부품 명칭을 한국어로 번역해서 알려줘.

영어 명칭	한국어 번역
HV BATTERY PACK	고전압 배터리 팩
HV BATTERY	고전압 배터리
POWER INVERTER	파워 인버터 / 전력 변환 장치
ELECTRIC MOTOR	전기 모터 / 구동 모터
ELECTRIC INVERTER	전기 인버터
WIRING HARNESSES	와이어링 하네스
WIRING ARSIJBER	와이어링 아르시유베르
FRONT SEATS	앞좌석
REAR SEATS	뒷좌석
SUSPENSION SPRING	서스펜션 스프링 / 현가 장치 스프링
SPRING	스프링
PPAVIMET	프론트 범퍼 (참고: 'PPAVIMEIT'는 오타로 보이며, 지시선이 가리키는 위치상 차량 앞쪽 범퍼(Front Bumper)를 의미)

10 프롬프트 입력창에 트렌드에 맞는 전기차 디자인을 요청하는 프롬프트를 입력하고 '제출' 아이콘(▶)을 클릭합니다. 전기차 디자인 이미지가 완성되었습니다.

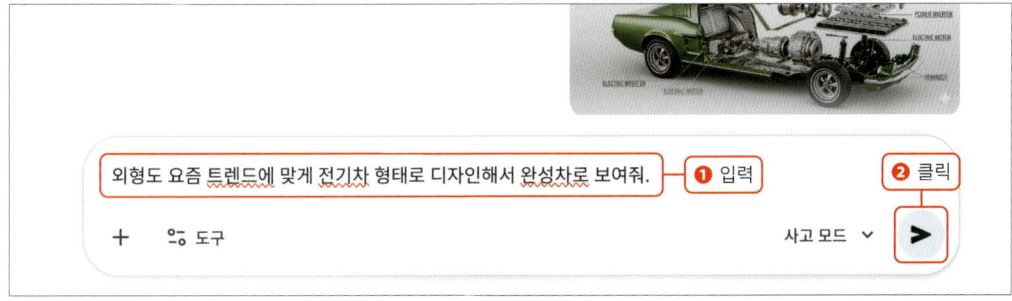

프롬프트

외형도 요즘 트렌드에 맞게 전기차 형태로 디자인해서 완성차로 보여줘.

LESSON 11
원하는 스타일대로, 단계별 인테리어 구성하기

예제파일: source\인테리어.png **완성파일:** source\인테리어1~6.png

나노 바나나 AI를 이용하여 단계별 인테리어 구성을 손쉽게 작업이 가능합니다. 사용자의 실제 공간을 이용하여 배치와 스타일이 제안되기 때문에, 보다 현실적이고 사용자 취향에 최적화된 인테리어 제안이 가능합니다. 예제에서는 가구 배치 후에 다양한 인테리어 스타일을 적용하는 방법에 대해 알아보겠습니다.

원본 이미지

책장과 소파 좌우 배치

천정과 벽면에 전등과 작품 배치

가구 배치 수정과 현실감 강조

빈티지 인테리어

팝아트 인테리어

한옥 목조 인테리어

미드모던 센추리 인테리어

얼음 & 빙하 인테리어

프롬프트 KEYWORD

❶ 베이지 컬러의 소파와 유리 테이블, 책장이 위치해 있는 인테리어 장면 연출
❷ 샹들리에 조명을 설치하고, 미술 작품이 있는 인테리어 장면 연출
❸ 유럽풍의 빈티지 가구와 장식이 있는 인테리어 스타일로 이미지 생성
❹ 빈티지 스타일에서 레트로 인테리어 스타일로 이미지 생성

예제 콘셉트

사용자가 거실이나 침실 등의 특정 공간 사진을 업로드하면, 제미나이는 해당 공간을 분석하여 문과 창문의 위치, 가구 간 거리 등을 고려한 실용적인 가구 배치 시뮬레이션을 제공합니다. 여기에 더해, 빈티지, 미드모던 센추리, 북유럽, 미니멀, 인더스트리얼 등 다양한 인테리어 스타일을 선택할 수 있으며, 선택 즉시 해당 스타일에 맞게 공간의 분위기와 가구 배치가 시각적으로 반영되어, 사용자는 자신만의 취향에 맞는 인테리어를 직관적으로 확인하고 적용할 수 있습니다.

01 기본 가구 배치하기

인테리어 스타일을 적용하기 전에 기본 거실 공간에 가구를 배치하고, 인물과 개를 생성하여 현실적인 공간감을 연출합니다.

01 | 웹브라우저에 'gemini.google.com'를 입력하여 제미나이 사이트로 이동하고 이미지를 불러오기 위해 '파일 추가' 아이콘(+)을 클릭한 다음 [파일 업로드]를 클릭합니다.

02 | 열기 대화상자에서 source 폴더에 '인테리어.png' 파일을 선택하고 〈열기〉 버튼을 클릭합니다. 기본적으로 가구나 인테리어가 적용되지 않은 상태의 텅빈 거실 이미지가 표시됩니다.

03
기본 거실 이미지에 책장과 소파 등 가구를 배치하기 위해 프롬프트 입력창에 가구 배치에 관한 프롬프트를 입력하고 '제출' 아이콘(▶)을 클릭합니다.

프롬프트 이미지에서 창문 오른쪽에 베이지 컬러의 소파와 유리 테이블, 창문 왼쪽에 책장이 위치해 있는 인테리어 장면을 연출해줘.

04
기존 이미지를 유지하면서 추가로 전등과 미술 작품을 천장과 벽면에 배치하는 프롬프트를 입력하고 '제출' 아이콘(▶)을 클릭합니다.

프롬프트 천장에는 샹들리에 조명을 설치하고, 벽면에 추상적인 미술 작품이 있는 인테리어 장면을 연출해줘.

05 자연스러운 연출을 위해 프롬프트를 추가하겠습니다. 다른 가구로 대치하고 인물을 생성하여 현실적인 인테리어 느낌을 표현한 다음의 프롬프트를 입력해 재생성합니다.

> **프롬프트** 거실에는 책장 대신에 커피 바를 생성하고, 남성이 커피를 추출하는 장면을 연출해줘.

06 현실적인 공간 느낌을 살리기 위해 추가로 인물과 개를 생성하여 인테리어 이미지에 추가합니다.

> **프롬프트** 생성한 이미지를 유지한 상태에서 소파에 앉아 책을 보는 여성과 거실에 누워 있는 골든 리트리버 개를 생성해줘.

02 인테리어 스타일 적용하기

가구 배치가 마무리되었다면 가구 배치는 유지하면서 원하는 인테리어 스타일을 적용하여 다양한 공간을 표현하고 비교해 봅니다.

07 | 가구 배치 등 레이아웃 구조가 정리되었다면 인테리어 스타일을 적용하여 공간 분위기를 변경해 봅니다. 예제에서는 유럽풍 빈티지 인테리어 스타일의 프롬프트를 입력한 다음 '제출' 아이콘(▶)을 클릭합니다.

프롬프트
생성한 이미지 구조에서 유럽풍의 빈티지 가구와 장식이 있는 인테리어 스타일로 이미지를 생성해줘.

08 | 이번에는 컬러감이 다채로운 팝아트 인테리어 스타일로 변경하기 위해 프롬프트에 팝아트 인테리어를 생성하는 프롬프트를 입력하고 '제출' 아이콘(▶)을 클릭합니다.

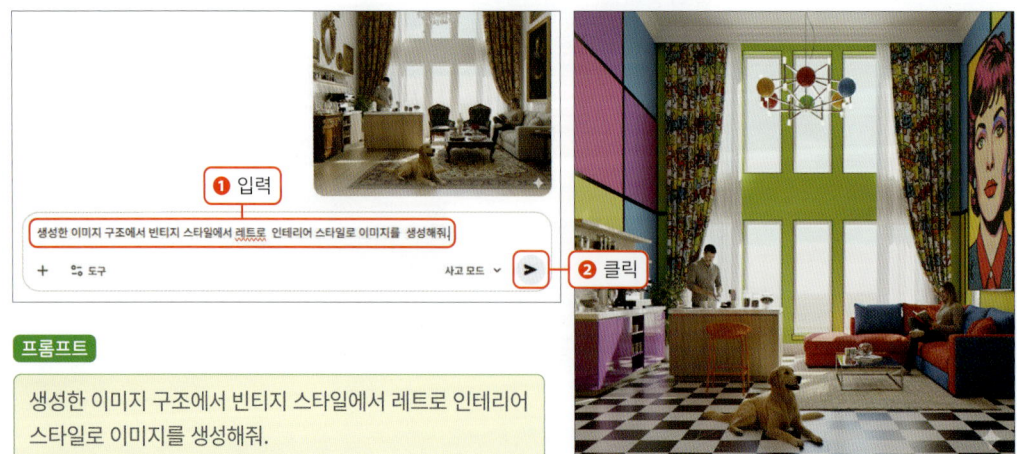

프롬프트
생성한 이미지 구조에서 빈티지 스타일에서 레트로 인테리어 스타일로 이미지를 생성해줘.

09 이외에도 '한국 한옥 스타일의 목조 인테리어 스타일', '미드모던 센추리 인테리어 스타일', '알래스카 얼음과 빙하 콘셉트의 인테리어 스타일' 등 다양한 인테리어 변화를 적용시킬 수 있습니다.

Tip   AI가 만드는 인테리어 혁신

AI 기술이 인테리어 디자인 분야에 혁신을 가져오며, 전문가와 일반 사용자 모두에게 새로운 가능성을 열어주고 있습니다. 단순히 이미지를 생성하는 것을 넘어, 아이디어 구상부터 최종 시뮬레이션까지 전 과정에 관여하며 시간과 비용을 획기적으로 줄이고 창의성은 극대화하는 것이 특징입니다. 특히, AI는 실제 공간 사진을 기반으로 인테리어 스타일을 적용하거나, 가구를 가상으로 배치하는 등 실사와 가까운 결과물을 만듭니다. 이를 통해 고객은 완성 후의 모습을 명확하게 예측할 수 있어 만족도를 높일 수 있습니다.

LESSON 12

게임 콘셉트부터 캐주얼 게임 타이틀 제작하기

예제파일: source\게임기획.txt, 169.jpg, 캐릭터시트2, 캐릭터정면.png **완성파일**: source\게임타이틀완성.png

게임 제작은 아이디어에서 시작되며, 제미나이는 이를 정리하고 구체화하는 데 도움을 줍니다. 작은 발상도 이미지로 구현할 수 있어 새로운 가능성을 발견할 수 있으며, 단순한 그림을 넘어 게임 콘셉트로 발전하거나 캐릭터와 배경을 확장해 제작의 기초 자료로 활용할 수 있습니다.

프롬프트 KEYWORD

❶ 캐주얼 러닝 게임의 기획 구성과 스크린샷으로 화면 생성

❷ 원하는 화면 비율로 이미지 생성

❸ 이미지의 배경을 판타지 숲속으로 변경 게임 타이틀 생성

예제 콘셉트

제미나이는 뛰어난 일관성을 자랑하며, 멀티모달 방식을 활용해 계속 수정 · 보완하면서 원하는 이미지를 만들어낼 수 있습니다. 게임 콘셉트를 기반으로 화면 리소스와 UI를 생성하고, 캐릭터를 다양한 표정과 각도를 담은 시트로 확장할 수 있으며, 배경이나 버튼 등 UI 요소를 지정하면 게임 타이틀을 자동으로 완성할 수 있습니다.

01 제미나이에서 게임 아이디어 얻기

제미나이를 활용하면 캐주얼 런 게임을 위한 아이디어뿐만 아니라 캐릭터, 배경, UI와 같은 구체적인 구성요소까지 함께 제안받을 수 있습니다. 이러한 과정을 통해 단순한 발상을 넘어, 하나의 완성도 있는 게임 콘셉트를 단계적으로 만들어 갈 수 있습니다.

01 | 웹브라우저에 'gemini.google.com'를 입력하여 제미나이 사이트로 이동하고 구상 중인 게임 장르에 대한 아이디어를 요청합니다. 프롬프트 입력창에 게임의 구성요소에 대한 기획을 요청하는 프롬프트를 입력하고 '제출' 아이콘(▶)을 클릭합니다.

> **프롬프트**
> 캐주얼 러닝 게임의 기획을 구성해줘.

02 | 제미나이를 통해 캐주얼 러닝 게임의 기획안을 제안받았습니다. 이 기획안을 기반으로 게임 콘셉트를 스크린샷 형태로 구현하겠습니다.

> **Tip** 원하는 구성이 나올 때까지 반복 요청하고 부가적인 수정을 거쳐 초안으로 활용할 수 있습니다.

03 제안받은 기획안을 바탕으로 게임 콘셉트 스크린샷을 생성하기 위해, 프롬프트 입력창에 다음과 같이 입력하고 '제출' 아이콘(▶)을 클릭합니다.

> **프롬프트**
> 위와 같은 게임 콘셉트를 스크린샷 화면으로 생성해줘.

04 그림과 같은 구성안을 바탕으로, 귀여운 런 게임의 스크린샷이 생성된 것을 확인할 수 있습니다.

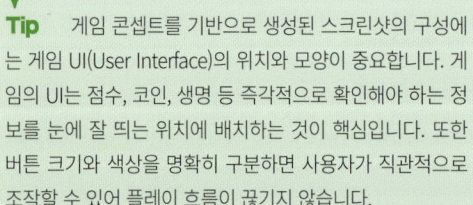

Tip 게임 콘셉트를 기반으로 생성된 스크린샷의 구성에는 게임 UI(User Interface)의 위치와 모양이 중요합니다. 게임의 UI는 점수, 코인, 생명 등 즉각적으로 확인해야 하는 정보를 눈에 잘 띄는 위치에 배치하는 것이 핵심입니다. 또한 버튼 크기와 색상을 명확히 구분하면 사용자가 직관적으로 조작할 수 있어 플레이 흐름이 끊기지 않습니다.

특히, 캐릭터와 배경을 가리지 않도록 UI를 화면 상단이나 구석에 배치하면 몰입감을 유지하면서도 필요한 정보를 놓치지 않을 수 있습니다. 예를 들면, 캐주얼 런 게임에서는 점수와 코인을 상단 양쪽에 배치하고, 일시정지 버튼을 화면 상단 가운데 혹은 오른쪽에 두는 방식으로 간단하면서도 직관적인 UI를 구현할 수 있습니다.

02 생성된 이미지에서 캐릭터 분리하기

콘셉트 이미지가 생성되었다면, 이번에는 게임 타이틀 제작을 위해 캐릭터를 분리하고 다양하게 동작들을 생성하기 위해서 캐릭터 시트를 만들어 보겠습니다.

05 | 생성한 스크린샷에서 캐릭터의 앞모습을 보이게 하도록 프롬프트에 이미지 수정하는 내용을 입력한 다음, '제출' 아이콘(▶)을 클릭합니다.

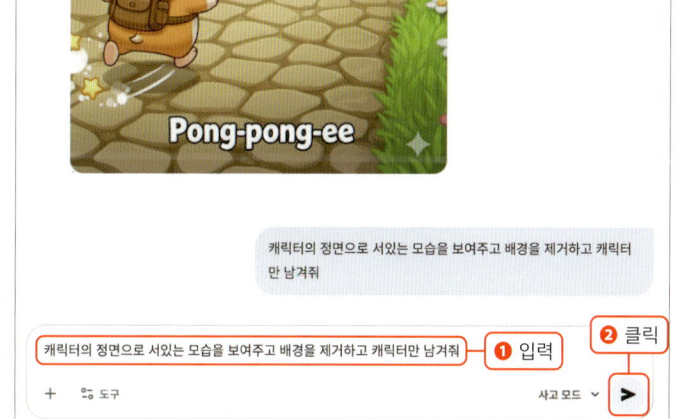

프롬프트

캐릭터의 정면으로 서있는 모습을 보여주고 배경을 제거하고 캐릭터만 남겨줘.

06 | 그림과 같이 배경은 단색으로 표현되고, 콘셉트 이미지에서는 정면으로 변형된 캐릭터만 남으며 다른 요소들은 모두 제거된 것을 확인할 수 있습니다. 이 기본형 캐릭터를 기반으로 캐릭터 시트를 생성하겠습니다.

Tip 원하는 캐릭터의 이미지가 한 번에 생성되지 않을 경우, 재요청하여 생성할 수 있습니다.

07 | 열기 대화상자에서 source 폴더에 Shift 를 누른 채 '캐릭터정면.png', '169.jpg' 파일을 선택한 뒤 〈열기〉 버튼을 클릭합니다. 캐릭터와 비어있는 화면 비율 이미지가 프롬프트 입력창에 표시됩니다.

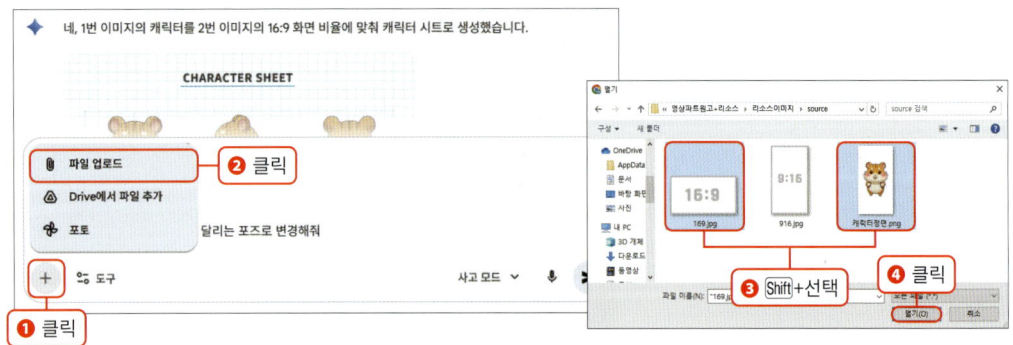

08 | 캐릭터의 시트를 생성할 수 있는 프롬프트 입력창 이미지 수정하는 문장을 입력한 뒤 '제출' 아이콘(▶)을 클릭합니다.

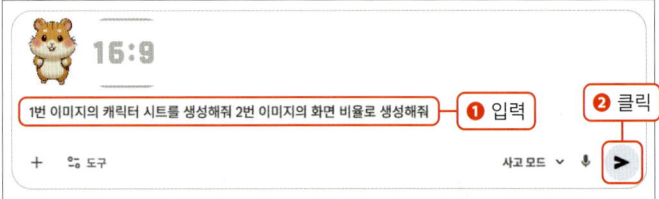

프롬프트 1번 이미지의 캐릭터 시트를 생성해줘 2번 이미지의 화면 비율로 생성해줘.

Tip 제미나이 3 프로는 텍스트 명령만으로 이미지 비율을 제어할 수 있도록 업그레이드 되었습니다. 따라서 이전처럼 비율을 맞추기 위해 빈 이미지를 업로드하던 번거로운 과정이 더 이상 필요하지 않습니다. 만약 오류가 생길 경우에는 마지막에 업로드한 파일의 비율을 참고해 이미지가 만들어지므로, 원하는 비율의 빈 이미지를 마지막에 올리면 됩니다.

09 | 그림과 같이 기본형 캐릭터를 기반으로 다양한 뷰로 볼 수 있는 캐릭터 시트가 생성된 것을 확인할 수 있습니다.

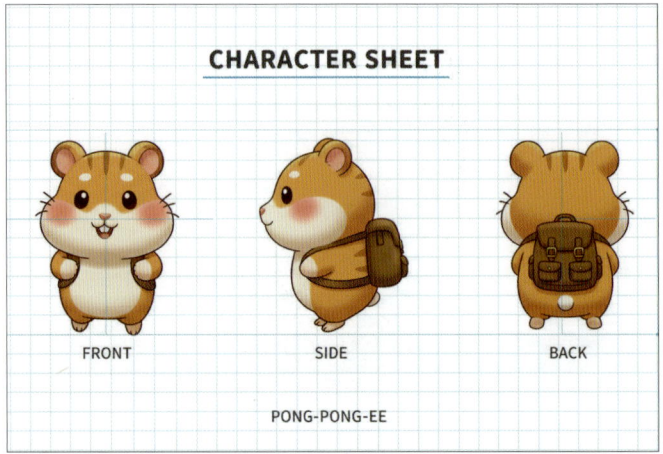

03 게임 타이틀 만들기

기본 캐릭터와 캐릭터 시트를 완성했다면, 이번에는 캐릭터의 응용 동작을 제작하고 배경과 로고 등을 추가해 게임 타이틀을 구성한 뒤, 필요한 리소스를 분리하겠습니다.

10 ┃ 캐릭터의 동작을 추가하기 위해 '파일 추가' 아이콘(+)을 클릭하고 [파일 업로드]를 클릭합니다. 열기 대화상자에서 source 폴더에 '캐릭터 정면.png' 파일을 선택한 뒤 〈열기〉 버튼을 클릭합니다.

11 ┃ 프롬프트 입력창에 캐릭터의 동작을 변경하는 문장을 입력한 뒤 '제출' 아이콘(▶)을 클릭합니다. 기본 캐릭터가 즐거워하는 응용 동작으로 변경된 것을 확인할 수 있습니다.

> **프롬프트**
> 이미지의 캐릭터가 즐거워하는 포즈로 변경해줘.

12 │ 배경 설정과 추가 문구에 대한 문장을 프롬프트 입력창에 입력한 뒤 '제출' 아이콘(▶)을 클릭합니다.

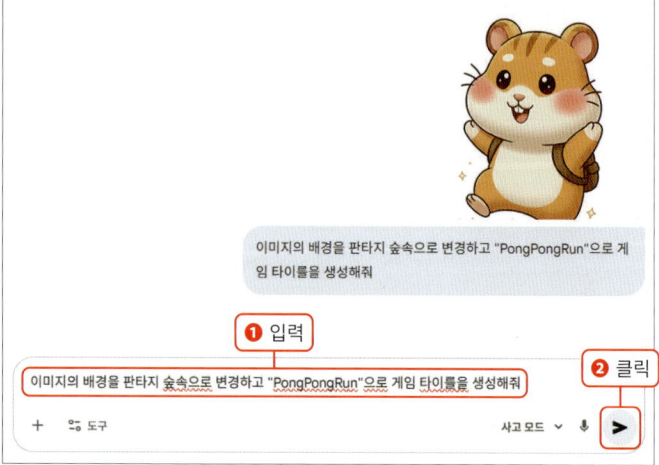

> **프롬프트**
> 이미지의 배경을 판타지 숲속으로 변경하고 "PongPongRun"으로 게임 타이틀을 생성해줘.

> **Tip** 이미지에 특정 문자를 적용하려면 따옴표 안에 원하는 내용을 입력하면 됩니다. 이미지 생성 과정에 그대로 반영되며 캐릭터 옆에 텍스트를 넣거나 배경에 문구를 배치하는 등 다양한 연출이 가능합니다.

13 │ 그림과 같이 게임 로고가 삽입된 화면이 생성되었습니다. 이 화면에 시작 화면 UI와 카피라이트 표기를 추가하는 프롬프트를 입력한 다음 뒤 '제출' 아이콘(▶)을 클릭하면 타이틀 화면의 가장 아래에 시작 버튼과 저작권 표기가 표시된 것을 확인할 수 있습니다.

> **프롬프트**
> 타이틀 아래에 젤리 스타일의 녹색 "START" 버튼을 추가하고 맨 아래에 "Copyright © 2025 by dalbum. All Rights Reserved."를 작은 글씨로 넣어줘.

LESSON 13

게임 패키지 디자인 캐릭터로 굿즈 만들기

예제파일: source\캐릭터정면, 피규어, 타이틀배경.png **완성파일:** source\패키지굿즈1~3.png

생성된 이미지는 제미나이를 통해 굿즈 제작을 사전에 시뮬레이션할 수 있어, 포스터, 티셔츠, 스티커 등 다양한 디자인을 미리 적용하며 시행착오를 줄일 수 있습니다. 또한 여러 디자인을 비교해 제작 효율을 높이고 비용을 절감할 수 있으며, 완성된 굿즈를 미리 확인해 팬들에게 선보일 전략을 구체화할 수 있습니다.

피규어 형태 이미지

피규어 패키지 이미지

테이블에 올린 피규어 이미지

프롬프트 KEYWORD

❶ 현실적인 3D 피규어 제작
❷ 작업자의 **책상**에 올려 있는 모습으로 수정
❸ 패키지 만들고 박스는 속이 **투명한 형태**로 생성

예제 콘셉트

제미나이는 2D 이미지를 '리얼리즘'이나 '3D 스타일' 프롬프트로 입체화하고, 다양한 목업이나 실제 물건에 로고와 캐릭터를 접목시킬 수 있습니다. 피규어나 노트에 합성할 때 참고 이미지를 지정하거나 구체적인 프롬프트를 입력하면 원하는 스타일의 굿즈를 손쉽게 제작할 수 있으며, 생성된 이미지를 조합해 새로운 로고와 상징으로 재창조해 다양한 개성을 담은 굿즈를 만들 수도 있습니다.

01 캐릭터를 활용해 피규어 제작하기

제미나이를 통해 제작된 2D 작업물에 배경과 패키지를 추가하면, 마치 실제 피규어를 정교하게 제작한 듯한 생생하고 현실적인 느낌을 더할 수 있습니다.

01 | 웹브라우저에 'gemini.google.com'를 입력하여 제미나이 사이트로 이동하고 이미지를 불러오기 위해 '파일 추가' 아이콘(+)을 클릭합니다. [파일 업로드]를 클릭합니다. 열기 대화상자에서 source 폴더에 '캐릭터정면.png' 파일을 선택한 뒤 〈열기〉 버튼을 클릭합니다.

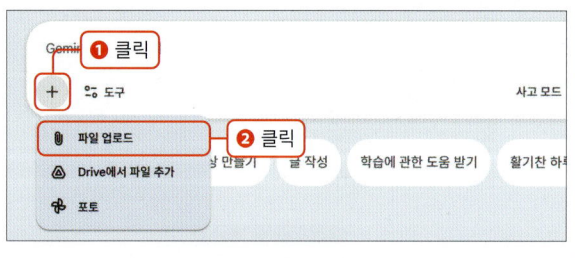
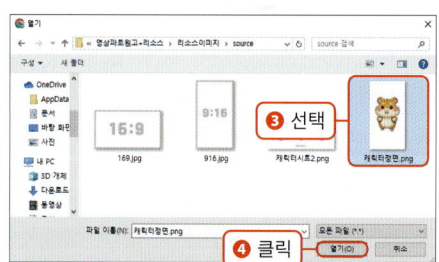

02 | 그림 이미지의 3D 피규어를 생성하기 위해서 이미지 외형을 변형하는 문장을 입력한 뒤 '제출' 아이콘(▶)을 클릭합니다. 그림과 같이 귀엽고 리얼한 느낌의 3D 피규어가 생성된 것을 확인할 수 있습니다. 이 이미지의 다운로드 버튼을 눌러 저장합니다.

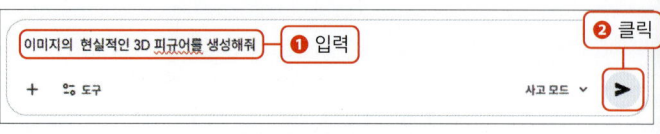

프롬프트 이미지의 현실적인 3D 피규어를 생성해줘.

03 배경을 확장하여 현실감을 주기 위해 실제 작업자의 책상 위에 올려진 모습으로 연출하겠습니다. 프롬프트 입력창에 이미지 상황을 변형하는 문장을 입력한 뒤 '제출' 아이콘(▶)을 클릭합니다.

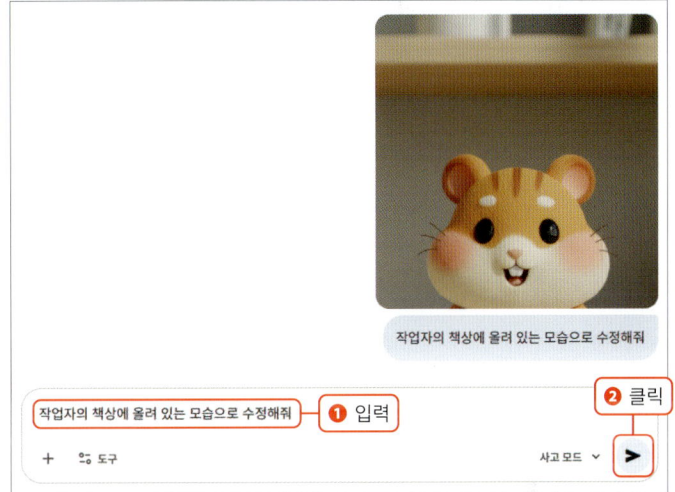

프롬프트 | 작업자의 책상에 올려 있는 모습으로 수정해줘.

04 그림과 같이 더욱 현실감 있는 퐁퐁런의 메인 캐릭터 '퐁퐁이' 피규어가 작업자의 책상 위에 배치된 것을 확인할 수 있습니다.

02 피규어 패키지 제작하기

게임 캐릭터 피규어는 게임의 콘셉트를 유지하며, 전체적으로 일관성 있는 패키지로 제작하는 것이 중요합니다. 이번에는 기존에 완성된 이미지를 활용해 패키지를 구성해 보겠습니다.

05 새 채팅 화면으로 이동합니다. 이미지를 불러오기 위해 '파일' 아이콘(+)을 클릭하고 [파일 업로드]를 클릭합니다. 열기 대화상자에서 source 폴더에 '게임 타이틀완성.png' 파일을 선택한 뒤 〈열기〉 버튼을 클릭합니다.

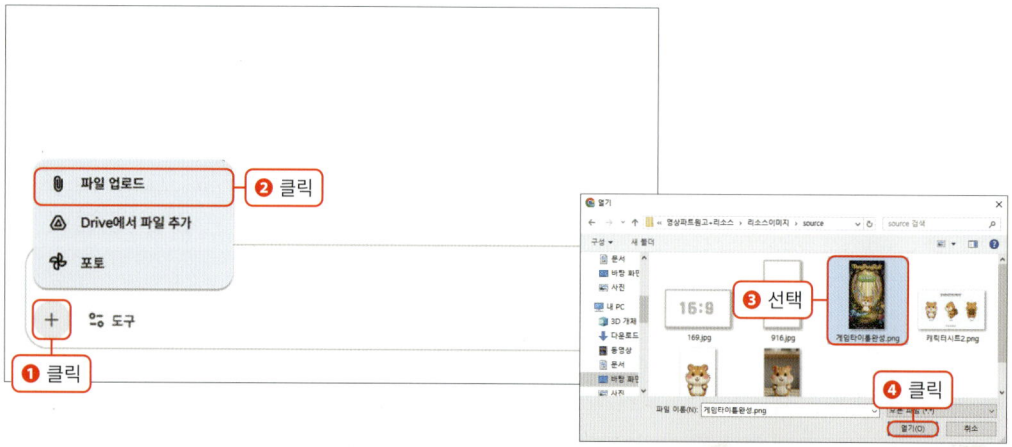

06 게임 타이틀에서 배경만 남기고 다른 요소를 제거하기 위해, 프롬프트 입력창에 해당 문장을 입력한 뒤 '제출' 아이콘(▶)을 클릭합니다.

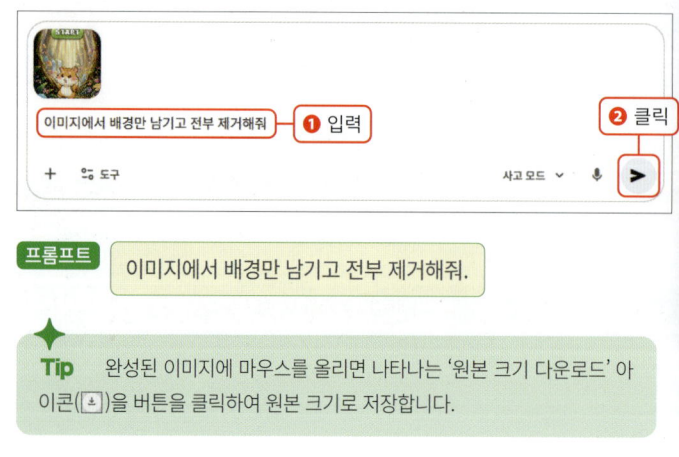

프롬프트: 이미지에서 배경만 남기고 전부 제거해줘.

Tip 완성된 이미지에 마우스를 올리면 나타나는 '원본 크기 다운로드' 아이콘(⬆)을 버튼을 클릭하여 원본 크기로 저장합니다.

07 | 05번과 같은 방법으로 [파일 업로드]를 클릭합니다. 열기 대화 상자에서 source 폴더에 Shift 를 누른 채 '피규어.png', '타이틀배경.png' 파일을 선택한 후 〈열기〉 버튼을 클릭합니다.

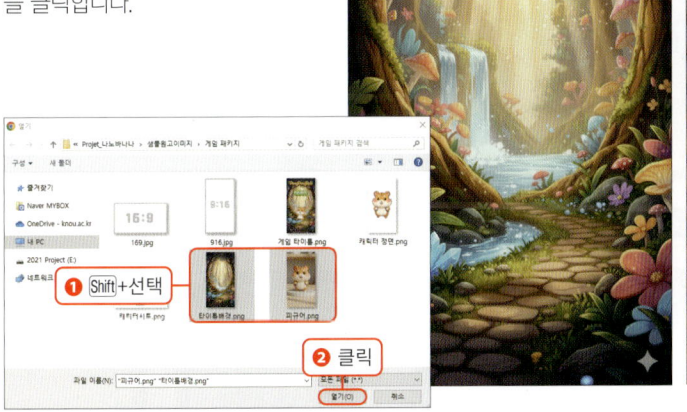

08 | 피규어가 패키지에 있는 모습을 구현하기 위해, 프롬프트 입력창에 해당 문장을 입력한 뒤 '제출' 아이콘(▶)을 클릭합니다. '퐁퐁이' 피규어가 속이 보이는 투명 패키지 안에, 게임 배경으로 디자인된 모습이 생성된 것을 확인할 수 있습니다.

프롬프트 | 이미지 1 피규어로 패키지 만들어줘. 이미지 2 패키지처럼 박스는 속이 투명하게 하고, 가방은 따로 떨어진 모습으로 생성해줘.

PART 4

이미지부터 영상까지!
실무 콘텐츠 제작

제미나이 3 프로에서는 별도의 촬영 장비 없이 인물 사진 한 장만으로도 실제 촬영한 듯한 시네마틱 프로필 영상과 미세한 표정 연기까지 담은 애니메이션을 즉시 생성할 수 있습니다. 특히 이미지 속 공간의 깊이와 물리를 완벽하게 이해하여, 2D 이미지를 조작 가능한 3D 에셋으로 변환하거나 역동적인 카메라 무빙을 구현하는 것이 가능합니다. 이번 파트에서는 제미나이 3 프로와 구글 AI 스튜디오의 통합 워크플로를 활용한 차세대 이미지 및 영상 제작법을 소개합니다. 더불어, 업그레이드된 '메쉬 AI(Mesh AI)'의 3D 렌더링 기술과 크리에이티브 엔진인 '구글 위스크(Google Whisk)'를 연동하여, 전문가 수준의 고품질 영상을 누구나 직관적으로 연출하는 심화 테크닉에 대해 알아봅니다.

LESSON 01 | AI 영상 퀄리티를 높이는 카메라 구도 프롬프트

NANO BANANA

제미나이로 영상을 생성할 때 가장 중요한 프롬프트 요소는 카메라 구도와 움직임입니다. 정적인 이미지를 생성할 때는 구도만으로도 충분한 정보를 줄 수 있지만, 움직이는 영상에서는 카메라의 위치뿐 아니라 어떻게 이동하느냐가 영상의 분위기와 몰입감을 결정짓는 핵심 요소가 됩니다.

01 카메라 구도 프롬프트의 힘

AI 영상 생성 도구, 특히 제미나이와 같은 생성형 AI를 활용해 영상을 만들고자 할 때, 초보자들이 가장 흔하게 저지르는 실수는 바로 '무엇을 만들 것인가'에만 집중하는 것입니다. 예를 들어, '사람들이 대화하고 있다', '아이들이 놀고 있다', '해변에서 커플이 앉아있다' 같은 사건 중심의 묘사에 머무르곤 하죠. 하지만 진정으로 영화처럼 몰입도 높은 영상을 만들고 싶다면, 이보다 훨씬 중요한 질문을 해야 합니다.

제대로 된 영상 결과물을 원한다면, '이 장면을 어떤 시선으로, 어떤 감정으로, 어떤 연출로 표현할 것인가'를 함께 고민해야 합니다. 바로 여기에서 카메라 구도 프롬프트의 힘이 드러납니다.

02 영상 콘셉트와 카메라 샷 예시

예를 들어, 단순히 '야외 카페에서 대화하는 20대 남녀'를 입력하면, AI는 가장 기본적이고 안전한 구도를 선택해 두 사람이 화면 안에 들어온 장면을 만들어낼 것입니다. 이 영상은 정보는 담고 있을지 몰라도, 감정이나 몰입감, 혹은 이야기의 흐름을 효과적으로 전달하지 못할 가능성이 큽니다. 장면은 평면적으로 보이고 감정은 멀게 느껴질 수 있습니다.

반면에 조금만 더 구체적으로, 단순히 어떤 일이 벌어지는지를 설명하는 데 그치지 않고, 그 장면을 어떤 카메라 시점으로, 어떤 구도와 감각으로 보여줄 것인지까지 구상해 보겠습니다. 특히 카메라 구도는 영상의 감정과 분위기, 몰입도를 좌우하는 핵심 요소로, 이를 포함한 프롬프트는 결과물의 퀄리티를 근본적으로 바꿔놓습니다.

> **프롬프트** 야외 카페에서 대화하는 동양인 20대 남녀 장면을 생성해줘.

단순한 프롬프트는 단조로운 영상 구도를 만든다.

❶ 전체 콘셉트

20대 동아시아 남녀가 야외 카페 테라스에서 마주 앉아 대화하는 영상.

따뜻한 자연광 아래 부드럽고 잔잔한 분위기. 두 사람 모두 데님 셔츠를 입고 있음.

배경은 얕은 심도로 자연스럽게 흐려져 인물에 시선이 집중되도록 함.

❷ 카메라 워크 및 샷 구성

ⓐ 첫 번째 샷(0~4초)

남성의 오른쪽 어깨 너머로 여성을 촬영하는 오버 더 숄더 샷(Over-the-shoulder shot)과 미디엄 클로즈업 샷(Medium Close-up Shot). 화면 오른쪽에 남성의 어깨와 뒷모습 일부가 프레임에 걸쳐 있음. 카메라는 고정되어 있으며, 여성이 미소와 함께 대화를 시작하는 모습을 담음.

ⓑ 두 번째 샷(5~8초)

첫 번째 샷의 리버스 샷(Reverse shot). 여성의 왼쪽 어깨너머로 남성을 촬영하는 미디엄 클로즈업 샷. 화면 왼쪽에 여성의 어깨와 머리 일부가 프레임에 걸쳐 있음. 남성이 여성의 말을 듣고 대답하는 모습을 담음.

ⓐ 오버 더 숄더 샷으로 여성 인물 중심으로 카메라 구성

미디엄 클로즈업 샷으로 점점 여성 인물의 표정을 강조

ⓑ 리버스 샷으로 상대방 남성 인물 중심으로 카메라 구성

AI는 단지 상황을 묘사하는 것을 넘어 연출의 디테일을 이해하고 반영하게 됩니다. 카메라가 어디에 위치해 있는지, 어떤 인물에 초점을 맞추고 있는지, 어떤 감정을 전달하고 싶은지까지 모두 계산하여 훨씬 더 몰입감 있는 장면을 만들어냅니다.

'미디엄 클로즈업 샷'을 사용하면, 인물의 상반신, 특히 표정을 섬세하게 담아낼 수 있어 감정 전달에 강력한 효과를 줍니다. 여성의 부드러운 미소나 남성의 진지한 눈빛 같은 디테일은 이 구도를 통해 훨씬 생생하게 살아납니다. '오버 더 숄더 샷'은 카메라가 한 인물의 어깨너머에서 상대방을 바라보도록 설정해, 관객이 마치 대화의 중심에 앉아있는 듯한 현장감을 느끼게 합니다.

이어지는 '리버스 샷'은 반대 방향에서 촬영된 대응 장면으로, 대화의 흐름을 자연스럽게 이어주며 두 인물 간의 거리와 관계를 더욱 뚜렷하게 보여줍니다. 여기에 '얕은 심도'라는 요소가 추가되면, 인물에게만 초점이 맞춰지고 배경은 흐려지기 때문에 시청자는 방해 요소 없이 감정의 중심에 몰입할 수 있게 됩니다.

결국, AI에게 영상을 생성하게 한다는 것은 단순히 장면을 묘사하는 것이 아니라, 연출의 언어로 명령하는 것입니다. 당신은 단지 '글을 쓰는 사용자'가 아니라, 감독이 되는 것입니다. 카메라를 어디에 둘지, 어떤 구도로 인물을 보여줄지, 어떤 감정을 강조하고 싶은지에 대한 선택은 모두 당신의 몫이며, 그 선택이 영상의 품질을 결정합니다. 프롬프트에 '미디엄 클로즈업 샷', '오버 더 숄더 샷', '리버스 샷'과 같은 간단한 카메라 용어 하나만 더해도, 결과물은 무미건조한 기록에서 벗어나 감정을 전달하는 영화적 장면으로 바뀔 수 있습니다.

> **Tip** 장면 구성에 효과적인 카메라 샷 프롬프트 알아보기
>
> - **오버 더 숄더 샷(Over-the-shoulder Shot)**: 한 인물의 어깨너머로 상대방을 촬영하는 구도입니다. 이 구도는 단순히 두 사람을 번갈아 보여주는 것을 넘어, 대화에 참여하는 듯한 현장감과 두 인물 간의 공간적 관계를 시청자에게 자연스럽게 전달하는 효과가 있습니다.
> - **리버스 샷(Reverse Shot)**: A가 말할 때 A를 보여주고, B가 대답할 때 B를 보여주는 리버스 샷 편집 방식입니다. 이처럼 '오버 더 숄더 샷' 구도를 활용한 리버스 샷은 대화의 흐름을 매우 자연스럽게 만들어 줍니다.
> - **미디엄 클로즈업 샷(Medium Close-up Shot)**: '미디엄 샷'과 '클로즈업 샷'의 중간 단계로, 보통 인물의 가슴이나 어깨 윗부분부터 머리끝까지를 화면에 담는 촬영 구도를 말합니다. 인물의 감정뿐만 아니라, 상반신의 미세한 움직임이나 의상의 일부, 그리고 약간의 배경 정보까지 함께 보여줄 수 있습니다.

LESSON 02   영상의 기본, 카메라 샷으로 영상 생성하기

예제파일: source\대화.jpg   **완성파일:** source\대화완성.mp4

영상 제작에서 카메라 샷은 단순한 장면 구성이 아니라, 이야기를 전달하는 핵심적인 도구입니다. 다양한 샷의 선택과 배치는 인물의 감정을 효과적으로 표현하고, 관객의 시선을 유도하며, 장면의 분위기를 형성하는 데 결정적인 역할을 합니다. 예제에서는 대화하는 인물의 영상이 지루하지 않도록 다양한 카메라 샷을 프롬프트에 적용하여 영상을 생성해 보겠습니다.

오버 더 숄더 샷

미디엄 클로즈업 샷

리버스 샷

프롬프트 KEYWORD

❶ 자연광 아래에서 데님 셔츠를 입고 있는 남녀가 야외 카페에서 맞은편에 앉은 남자를 향해 이야기하며 미소 짓는 젊은 동양 여성의 **오버 더 숄더 샷, 미디엄 클로즈업 샷**

❷ 여성의 어깨너머로 남성이 듣고 대답하는 모습을 보여주는 **리버스 샷으로 전환**

❸ **얕은 심도로 촬영**되어 부드럽고 흐릿한 배경으로 표현

예제 콘셉트

영상 제작에서 카메라 샷은 단순한 장면 구성이 아니라, 이야기를 전달하는 핵심적인 도구입니다. 다양한 샷의 선택과 배치는 인물의 감정을 효과적으로 표현하고, 관객의 시선을 유도하며, 장면의 분위기를 형성하는 데 결정적인 역할을 합니다. 따라서 영상의 흐름과 몰입도를 높이기 위해서는 카메라 샷의 구성과 활용이 무엇보다 중요합니다. 적절한 샷을 선택함으로써 인물의 감정, 공간의 분위기, 상황의 긴장감 등을 효과적으로 표현할 수 있으며, 메시지를 더욱 명확하게 전달하는 데 큰 역할을 합니다.

01 카메라 샷 프롬프트 작성하기

대화하는 인물에 가장 많이 사용되는 오버 더 숄더 샷, 미디엄 클로즈업 샷, 리버스 샷을 프롬프트에 넣어 영상을 생성해 봅니다.

01 │ 웹브라우저에 'gemini.google.com'를 입력하여 제미나이 사이트로 이동하고 동영상을 생성하기 위해 프롬프트 입력창에 [도구] - [동영상 만들기(Veo 3.1)]을 클릭합니다.

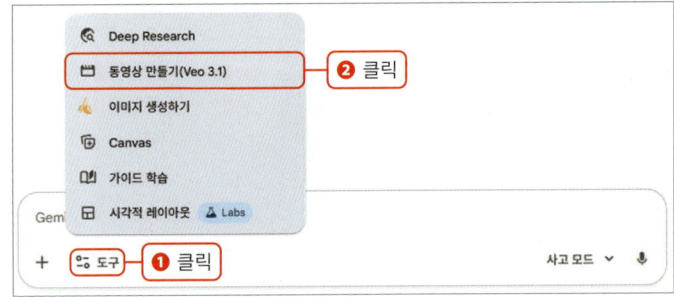

> **Tip** 다른 작업 중에 동영상을 생성하기 위해 [동영상 만들기(Veo 3.1)]을 선택하면 '새 채팅을 시작하시겠습니까?'라는 메시지가 표시되며, [새 채팅]을 클릭하여 활성화합니다.
>
>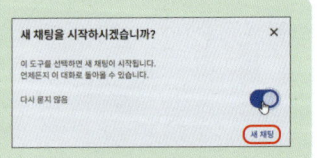

02 │ [사진 추가]를 클릭한 다음 열기 대화상자에서 source 폴더에 '대화.jpg' 이미지 파일을 선택하고 〈열기〉 버튼을 클릭합니다.

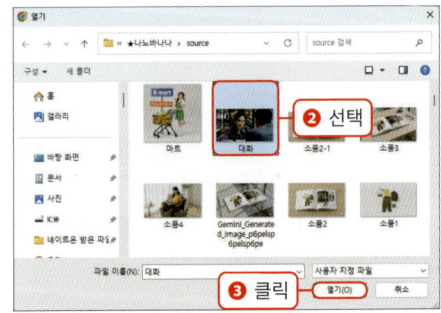

03 이미지 파일이 표시되면 프롬프트 입력창에 카메라 샷을 중점으로 대화하는 인물 프롬프트를 입력한 다음 '제출' 아이콘(▶)을 클릭합니다.

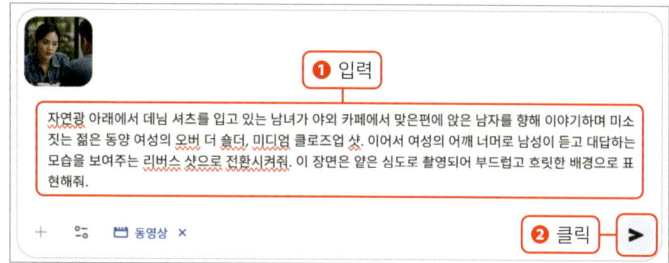

프롬프트 자연광 아래에서 데님 셔츠를 입고 있는 남녀가 야외 카페에서 맞은편에 앉은 남자를 향해 이야기하며 미소 짓는 젊은 동양 여성의 오버 더 숄더, 미디엄 클로즈업 샷. 이어서 여성의 어깨너머로 남성이 듣고 대답하는 모습을 보여주는 리버스 샷으로 전환시켜줘. 이 장면은 얕은 심도로 촬영되어 부드럽고 흐릿한 배경으로 표현해줘.

04 그림과 같이 영상이 생성되면 재생 버튼을 눌러 영상이 제대로 생성되었는지 확인한 다음 '다운로드' 아이콘(⬇)을 클릭하여 영상을 다운로드합니다.

✦ **Tip 장면 변환을 위한 프롬프트**

프롬프트를 '전환해', '이어서', '마지막'과 같은 순서를 나타내는 단어를 사용하여 연결한 것처럼, 장면의 순서를 명확하게 명시하는 것이 중요합니다. 영상의 길이가 제미나이에서는 대략 8초 영상으로 생성하기 때문에, AI는 주어진 묘사들을 8초 안에 최대한 배분하여 표현하려고 노력할 것입니다. 묘사가 짧고 간결할수록 각 장면 전환이 빨라지고, 묘사가 길고 상세할수록 해당 장면에 더 많은 시간을 할애할 가능성이 높습니다.

LESSON 03 영상에 효과음과 성우 목소리 넣기

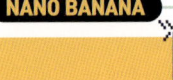

예제파일: source\라면.jpg **완성파일**: source\라면완성.mp4

제미나이에서는 프롬프트를 통해 음성이나 효과음을 영상에 직접 적용할 수 있어, 장면의 분위기와 감정을 더욱 풍부하게 전달할 수 있습니다. 이러한 오디오 요소의 활용은 시각적인 카메라 샷과 결합되어 영상의 몰입도를 높이고, 메시지 전달의 완성도를 크게 향상시키는 중요한 요소로 작용합니다. 예제에서는 라면 먹는 효과음과 인물의 음성을 프롬프트에 적용하여 영상에서 재생되도록 만들어 보겠습니다.

프롬프트 KEYWORD

❶ 김이 모락모락 나는 라면을 여성이 면을 '후루룩'하는 소리와 함께 힘차게 빨아들이는 역동적인 장면으로 전환
❷ 면을 먹는 만족스러운 표정을 클로즈업하고, 그릇을 들고 국물을 마시는 모습
❸ 비워진 그릇과 함께 만족스러운 미소를 짓는 여성이 "라면, 정말 맛있네!"를 영어 음성으로 말하는 장면

예제 콘셉트

영상에서 오디오 요소의 활용은 단순한 배경음을 넘어, 시각적인 카메라 샷과 유기적으로 결합되어 장면의 감정선과 분위기를 더욱 선명하게 만들어줍니다. 적절한 효과음은 상황의 리얼리티를 높이고, 음악과 내레이션은 영상의 흐름을 자연스럽게 이끌어가며 관객의 감정에 직접적으로 호소합니다. 이러한 오디오와 영상의 조화는 몰입감을 극대화하고, 전달하고자 하는 메시지를 더 명확하고 깊이 있게 전달함으로써 영상의 완성도를 결정짓는 핵심적인 요소로 작용합니다.

01 첨부 이미지와 사운드 프롬프트 입력하기

인물이 라면을 먹을 때 '후루룩'하는 효과음과 '라면 정말, 맛있네!'라는 영어 음성을 성우의 목소리로 영상에 담아봅니다.

01 | 웹브라우저에 'gemini.google.com'를 입력하여 제미나이 사이트로 이동하고 동영상을 생성하기 위해 프롬프트 입력창에 [도구] – [동영상 만들기(Veo 3.1)]을 클릭합니다.

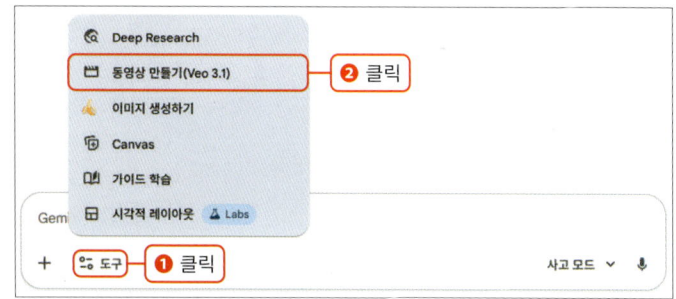

02 | [사진 추가]를 클릭한 다음 열기 대화상자에서 source 폴더에 '라면.jpg' 이미지 파일을 선택하고 〈열기〉 버튼을 클릭합니다.

03 프롬프트 입력창에 이미지 파일이 추가되면 현장감 있는 사운드 묘사와 라면을 먹는 인물의 프롬프트를 입력한 다음 '제출' 아이콘(▶)을 클릭합니다.

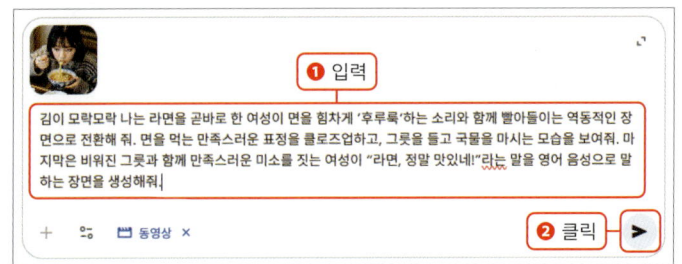

프롬프트 김이 모락모락 나는 라면을 곧바로 한 여성이 면을 힘차게 '후루룩'하는 소리와 함께 빨아들이는 역동적인 장면으로 전환해 줘. 면을 먹는 만족스러운 표정을 클로즈업하고, 그릇을 들고 국물을 마시는 모습을 보여줘. 마지막은 비워진 그릇과 함께 만족스러운 미소를 짓는 여성이 "라면, 정말 맛있네!"라는 말을 영어 음성으로 말하는 장면을 생성해줘.

04 영상이 생성되면 재생하여 영상을 확인하고 동영상 '다운로드' 아이콘(⬇)을 클릭하여 영상을 다운로드합니다.

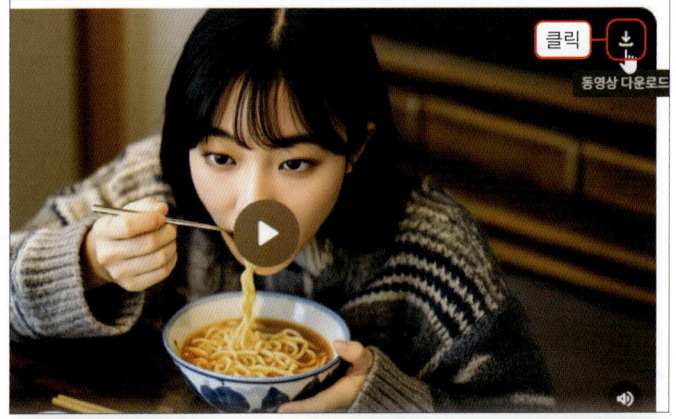

LESSON 04

UI와 인포그래픽 프로필 커버 만들기

예제파일: source\포트폴리오, 정비공.jpg 완성파일: source\포트폴리오완성.mp4

별도의 프로필 사진 촬영 없이 AI 편집과 합성으로 자신의 프로필의 변형과 애니메이션을 구현할 수 있어 개인 맞춤형 프로필 제작이 가능합니다. 예제에서는 인물 사진을 이용하여 UI와 인포그래픽 요소로 전문적인 느낌의 프로필 커버를 생성한 다음 커버 안에서 움직이는 인물 영상을 생성해 보겠습니다.

원본 이미지

커버 디자인 생성

항공사 승무원 의상으로 변경

의상의 디자인과 색 변경

정비공 의상으로 생성

움직이는 영상으로 생성

프롬프트 KEYWORD

❶ UI 요소, 인포그래픽 형태로 차트 구성의 카탈로그 커버 스타일 생성
❷ 인물에서 배경과 인물은 유지하면서 항공사 승무원 복장
❸ 자동차 정비공 의상을 입고, 타이어를 수리하는 장면
❹ 배경은 정지된 상태에서 인물만 일어서서 팔짱을 끼는 장면(영상)

예제 콘셉트

UI와 인포그래픽을 활용해 프로필 커버를 디자인하면 단순한 이미지보다 직관적이고 전문적인 스타일로 자신을 어필할 수 있으며, 동일한 레이아웃을 유지하면서 인물의 의상과 배경을 다양하게 변형하면 직군이나 캠페인에 맞는 버전을 손쉽게 제작할 수 있습니다. 이렇게 만들어진 커버를 기반으로 인물만 움직이는 동영상으로 확장하면 자신의 브랜드 아이덴티티는 유지하면서도 생동감과 몰입도를 더할 수 있고, 정적인 이미지보다 시선을 끄는 효과를 거둘 수 있습니다.

01 프로필 커버 생성하기

UI와 인포그래픽, 차트 등의 디자인 요소를 이용하여 프로필 커버 배경을 생성하고, 다양한 직군의 인물로 변형해 봅니다.

01 | 웹브라우저에 'gemini.google.com'를 입력하여 제미나이 사이트로 이동하고 이미지를 불러오기 위해 '파일 추가' 아이콘(+)을 클릭한 다음 [파일 업로드]를 클릭합니다.

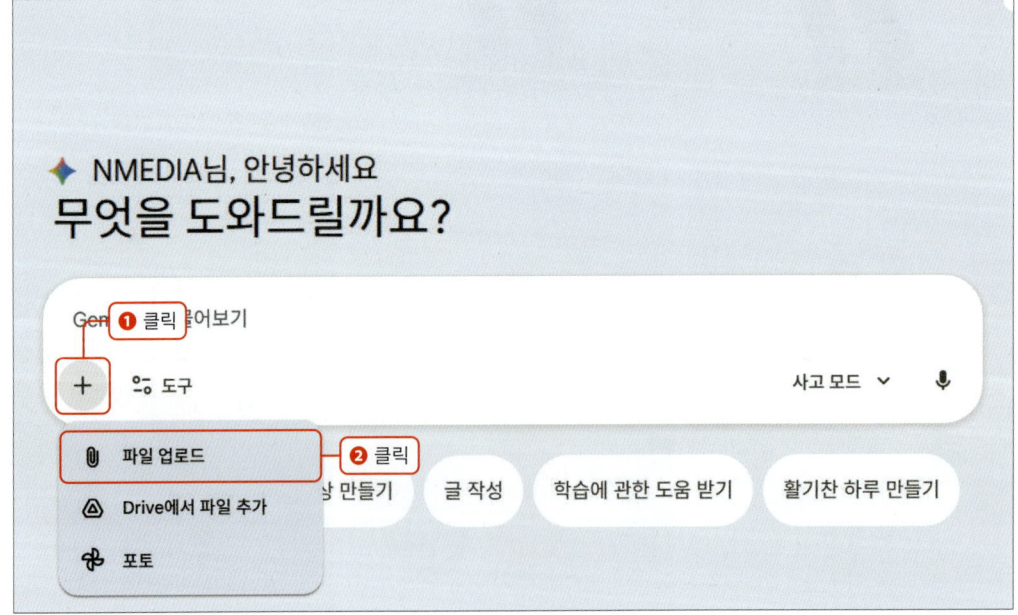

02 | 열기 대화상자에서 '포트폴리오.jpg' 파일을 선택하고 〈열기〉 버튼을 클릭합니다.

03 | 캐주얼 의상을 입은 인물 사진이 프롬프트 입력창에 표시됩니다. 프로필 커버 디자인이 생성되도록 프롬프트를 입력하고 '제출' 아이콘(▶)을 클릭합니다. 그림과 같이 원본 인물 사진 배경 대신에 UI 요소와 인포그래픽 요소의 배경에 인물이 합성되어 생성되었습니다.

프롬프트 | 이미지의 인물만 사용하여 디자이너 모델을 소개하는 디지털 디자인 광고를 생성해줘. 배경은 세련된 디자인으로, 네온 그린과 흰색 UI 요소, 인포그래픽 형태로 다양한 차트를 표시해줘. 전체적인 스타일은 미니멀, 선 디스플레이 또는 카탈로그 커버 스타일로 생성해줘.

04 캐주얼 의상을 항공사 승무원 복장으로 교체하기 위해 프롬프트를 입력하고 '제출' 아이콘(▶)을 클릭합니다.

> **프롬프트** 생성한 인물에서 배경과 인물은 유지하면서 항공사 승무원 복장으로, 두 손을 모으고 서 있는 모습을 생성해줘.

05 승무원 복장을 입은 인물로 교체되었습니다. 승무원의 복장과 배경에 항공사 느낌을 강조하기 위해 프롬프트를 입력하고 '제출' 아이콘(▶)을 클릭합니다. UI 요소와 인포그래픽 배경에 비행기 앞모습이 추가되어 승무원 복장의 인물과 합성된 이미지가 생성되었습니다.

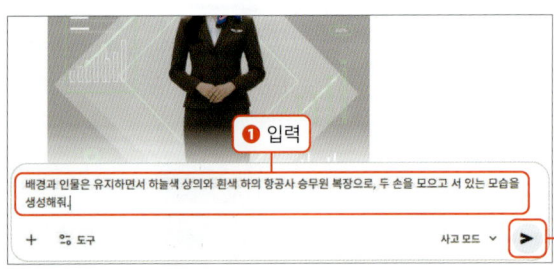

> **프롬프트** 배경과 인물은 유지하면서 하늘색 상의와 흰색 하의 항공사 승무원 복장으로, 두 손을 모으고 서 있는 모습을 생성해줘.

06 | 자동차 정비공 의상과 자동차 배경으로 변경하기 위해 프롬프트를 입력하고 '제출' 아이콘(▶)을 클릭합니다. 노란색 자동차 정비공의 복장을 입고, 자동차를 배경으로 타이어 수리하는 이미지가 생성되었습니다. 완성된 이미지는 파일로 저장합니다.

프롬프트 배경과 인물을 유지한 상태에서 노란색 자동차 정비공 의상을 입고, 타이어를 수리하는 장면, 배경은 자동차 한대로 생성해줘.

02 프로필 커버 영상 만들기

완성된 프로필 커버 이미지를 이용하여 커버 안의 인물이 움직이는 영상을 제작해 봅니다.

07 | 완성된 이미지를 배경은 그대로 정지된 상태에서 인물만 움직이는 영상을 생성하기 위해 프롬프트 입력창의 [도구] – [동영상 만들기(Veo 3.1)]을 클릭합니다.

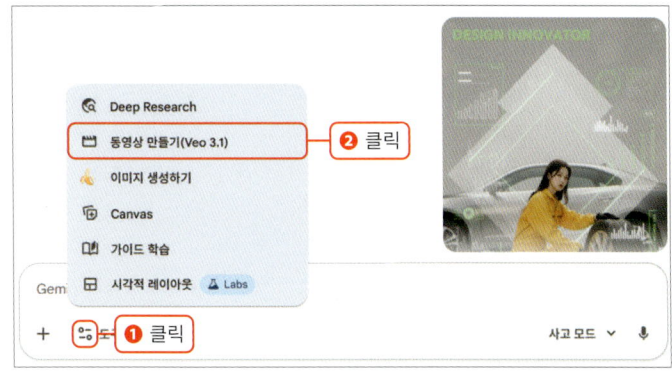

> **Tip** 동영상 기능은 구글 AI 프로 또는 구글 AI 울트라 요금제 구독자에게 제공됩니다. 무료 사용자는 구글 위스크(labs.google/fx/tools/whisk)를 이용하여 무료로 영상을 생성할 수 있습니다.

08 [사진 추가]를 클릭한 다음 열기 대화상자에서 source 폴더의 '정비공.jpg' 이미지 파일을 선택하고 〈열기〉 버튼을 클릭합니다.

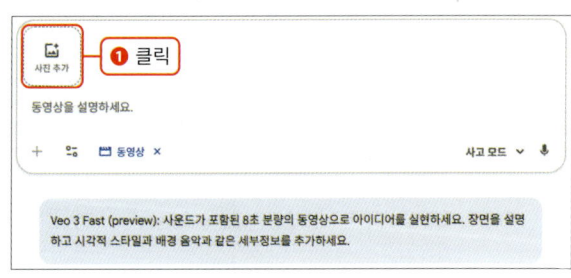

09 프롬프트 입력창에 정비공 인물이 일어서서 팔짱을 끼는 영상을 생성하는 프롬프트를 입력하고 '제출' 아이콘(▶)을 클릭합니다.

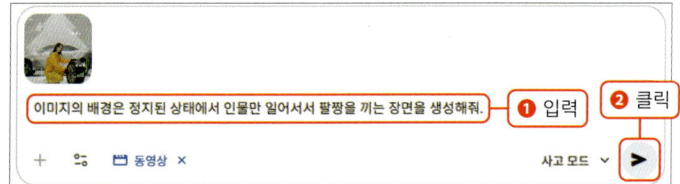

> **프롬프트** 배경은 정지된 상태에서 인물만 일어서서 자신감 있는 표정으로 팔짱을 끼는 장면을 생성해줘.

Tip 퀄리티를 높이는 영상 프롬프트 작성법

1. 정적인 묘사가 아니라 움직임을 쓴다.
"~하고 있다", "~하면서", "~다가" 같은 표현이 효과적입니다.
예 "강아지가 잔디밭에 있다" → "강아지가 잔디밭을 뛰어다니며 꼬리를 흔든다"

2. 연속 동작을 이어주기
문장에 단계적 연결을 주면 자연스럽게 전환됩니다.
예 "소녀가 하늘을 올려다본다 → 두 팔을 벌리며 천천히 회전한다 → 웃으며 뛰어간다"
  "꽃이 바람에 흔들린다 → 꽃잎이 하나씩 떨어진다 → 땅에 내려앉는다"

3. 카메라 움직임과 함께 동작 서술
영상의 생동감을 살리려면 행동 + 카메라를 같이 씁니다.
예 "소년이 달려 나가며 카메라가 그를 따라간다"
  "파도가 치는 순간 카메라가 천천히 줌인한다"

4. 시간 감각 넣기
동작의 속도를 지정하면 애니메이션 같은 부드러운 움직임이 생깁니다.
예 "나뭇잎이 바람에 천천히 흔들린다"
  "하늘의 구름이 빠르게 흘러간다"
  "물방울이 느리게 떨어져 바닥에 퍼진다(슬로모션)"

10 그림과 같이 추가한 이미지를 기준으로 일어서는 인물 영상이 생성되면 영상을 클릭하여 영상 장면을 확인하고 동영상 파일로 저장합니다.

LESSON 05

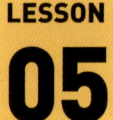  인물과 장면을 유지하면서
제미나이로 영상 만들기

NANO BANANA

예제파일: source\영상1.jpg 영상2~4.png　　**완성파일**: source\영상완성1~3.mp4

별도의 전문적인 영상 편집 프로그램 없이, 제미나이에서 이미지를 업로드하고 원하는 움직임이나 효과를 텍스트로 설명하기만 하면 영상이 생성됩니다. 단순한 움직임뿐만 아니라, 프롬프트로 영상을 디테일하게 수정도 가능합니다. 예제에서는 고장 난 자동차를 들어 올려 하늘을 나는 슈퍼맨 이미지를 동영상으로 제작해 보겠습니다.

차에서 내리는 인물

슈퍼맨을 만나 악수하는 남성

자동차를 들어올리는 슈퍼맨

차를 들고 하늘을 나는 슈퍼맨

슈퍼맨을 만나 반가워하는 영상

자동차를 들어 올리는 슈퍼맨 영상

자동차를 들고 하늘 위로 나는 영상

프롬프트 KEYWORD

❶ 슈퍼맨과 남자가 반가워서 악수하는 장면
❷ 슈퍼맨이 자동차를 머리 위로 들어올리는 장면
❸ 슈퍼맨이 자동차를 들고 하늘로 올라가는 장면

예제 콘셉트

제미나이를 통해 가지고 있는 이미지를 간단한 텍스트 명령어만으로 역동적인 영상으로 만들 수 있습니다. 구글의 최신 AI 모델인 Veo 3.1 기술을 기반으로, 정적인 사진에 생명을 불어넣어 약 8초 길이의 동영상으로 변환하는 기능입니다. 생성된 영상에는 장면에 어울리는 음향 효과나 배경 소음 등이 포함될 수 있어 더욱 생생한 결과물을 얻을 수 있습니다.

01 영상 장면을 위한 소스 이미지 생성하기

제미나이에서 영상 제작 시 원하는 영상의 스토리나 구성을 생각하여 영상을 생성하기 위한 소스 이미지를 생성하여 저장합니다.

01 | 웹브라우저에 'gemini.google.com'를 입력하여 제미나이 사이트로 이동하고 이미지를 불러오기 위해 '파일 추가' 아이콘(+)을 클릭한 다음 [파일 업로드]를 클릭합니다. 열기 대화상자에서 source 폴더에 '영상1.jpg' 파일을 선택하고 〈열기〉 버튼을 클릭합니다.

02 | 프롬프트 입력창에 노란색 자동차 안의 남성과 개가 있는 이미지가 표시됩니다.

03 | 남자가 자동차 밖으로 나와 슈퍼맨과 악수하는 이미지를 생성하기 위해 프롬프트 입력창에 다음의 프롬프트를 입력하고 '제출' 아이콘(▶)을 클릭합니다. 그림과 같이 인물의 의상과 배경은 그대로 유지하면서 이미지가 생성되었습니다.

> **프롬프트**
>
> 이미지에서 남자가 차 밖으로 나와 슈퍼맨과 악수하는 장면을 생성해줘.

04 | 슈퍼맨이 노란색 자동차를 드는 장면을 생성하기 위해 프롬프트 입력창에 다음의 프롬프트를 입력하고 '제출' 아이콘(▶)을 클릭합니다. 슈퍼맨이 노란색 자동차를 드는 장면이 생성되었습니다.

> **프롬프트**
>
> 슈퍼맨이 노란색 자동차를 드는 장면을 생성해줘.

05 슈퍼맨이 노란색 자동차를 들고 하늘로 올라가는 장면을 생성하기 위해 프롬프트 입력창에 다음의 프롬프트를 입력하고 '제출' 아이콘(▶)을 클릭합니다. 슈퍼맨이 자동차를 들고 하늘을 나는 장면이 생성되었습니다.

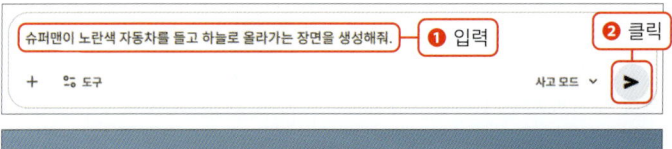

프롬프트
슈퍼맨이 노란색 자동차를 들고 하늘로 올라가는 장면을 생성해줘.

02 소스 이미지를 기준으로 영상 생성하기

소스 이미지가 생성되었다면 해당 이미지를 추가한 다음 원하는 영상 프롬프트를 입력하여 영상을 제작합니다.

06 제미나이에서 동영상을 생성하기 위해 프롬프트 입력창에 [도구] - [동영상 만들기(Veo 3.1)]을 클릭합니다.

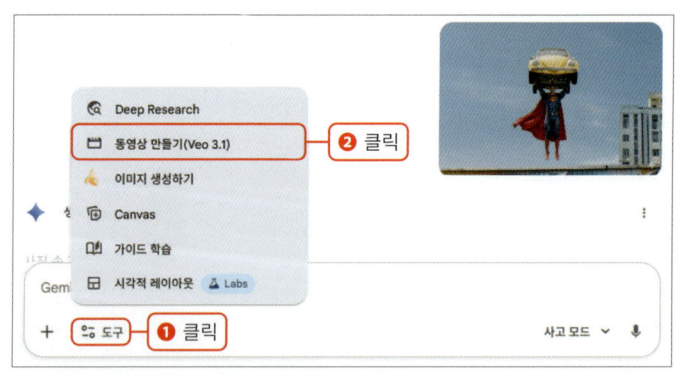

Tip 동영상 기능은 현재 구글 AI 프로 또는 구글 AI 울트라 요금제 구독자에게 제공됩니다. 무료 사용자는 구글 위스크(labs.google/fx/tools/whisk)를 이용하여 무료로 영상을 생성할 수 있습니다.

07 | [사진 추가]를 클릭한 다음 열기 대화상자에서 source 폴더에 '영상2.png' 이미지 파일을 선택하고 〈열기〉 버튼을 클릭합니다.

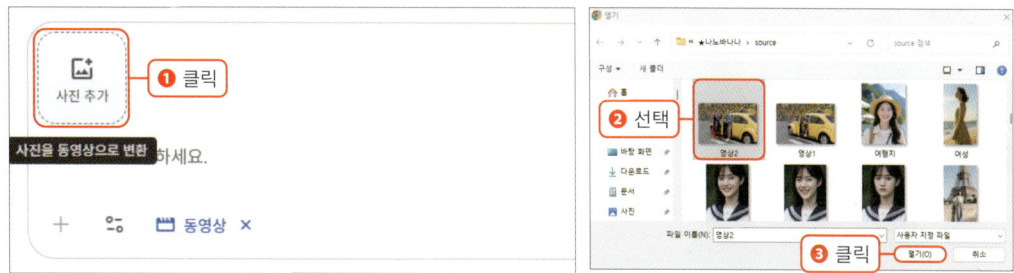

08 | 슈퍼맨과 악수하는 이미지를 영상으로 생성하기 위해 프롬프트 입력창에 악수하는 장면을 영상으로 생성하는 프롬프트를 입력하고 '제출' 아이콘(▶)을 클릭합니다.

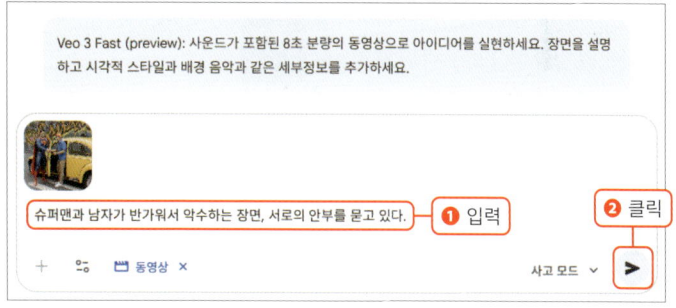

프롬프트 슈퍼맨과 남자가 반가워서 악수하는 장면, 서로의 안부를 묻고 있다.

09 | 그림과 같이 추가한 이미지를 기준으로 영상이 생성되면 영상을 클릭하여 영상 장면을 확인하고 [다운로드]를 클릭하여 동영상 파일로 저장합니다.

10 같은 방법으로 자동차를 드는 슈퍼맨 영상을 생성하기 위해 [사진 추가]를 클릭한 다음 열기 대화상자에서 source 폴더에 '영상3.png' 이미지 파일을 선택하고 〈열기〉 버튼을 클릭합니다.

11 슈퍼맨이 자동차를 들어 올리는 영상을 생성하기 위해 프롬프트 입력창에 프롬프트를 입력하고 '제출' 아이콘(▶)을 클릭합니다.

프롬프트 슈퍼맨이 자동차를 머리 위로 들어 올리는 장면.

12 그림과 같이 추가한 이미지를 기준으로 영상이 생성되면 영상을 클릭하여 영상 장면을 확인하고 다운로드합니다.

13 | 노란색 자동차를 들고 하늘로 올라가는 슈퍼맨 영상을 생성하기 위해 [사진 추가]를 클릭한 다음 열기 대화상자에서 source 폴더에 '영상4.png' 이미지 파일을 선택하고 〈열기〉 버튼을 클릭합니다.

14 | 슈퍼맨이 자동차를 들고 하늘로 올라가는 영상을 생성하기 위해 프롬프트 입력창에 프롬프트를 입력하고 '제출' 아이콘(▶)을 클릭합니다.

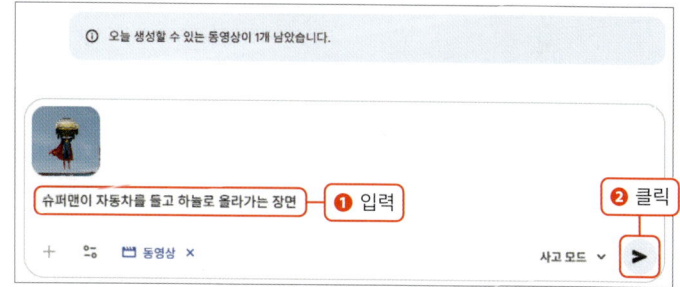

프롬프트 슈퍼맨이 자동차를 들고 하늘로 올라가는 장면

15 | 그림과 같이 추가한 이미지를 기준으로 영상이 생성되면 영상을 클릭하여 영상 장면을 확인하고 다운로드합니다.

LESSON 06

구글 어스와 제미나이로 이미지를 3D로 만들기

예제파일: source\개선문, 개선문_정면.jpg **완성파일:** source\개선문모델링1,2.png

제미나이 3 프로의 진화된 공간 지능(Spatial Intelligence)은 2차원 지도나 평면도를 단순히 3D로 변환하는 것을 넘어, 지형의 고도, 건물의 재질, 그리고 주변 환경의 빛 반사까지 통합적으로 추론합니다. 이를 통해 물리 법칙이 적용된 고해상도 3D 모델을 즉시 생성하며, 사용자는 모델링부터 렌더링까지의 복잡한 공정을 텍스트 명령 한 번으로 단축하여 시뮬레이션 가능한 수준의 건축 및 도시 설계를 실시간으로 시각화할 수 있습니다.

구글 어스의 3D 뷰

제미나이로 생성한 3D 이미지

불필요한 요소 제거

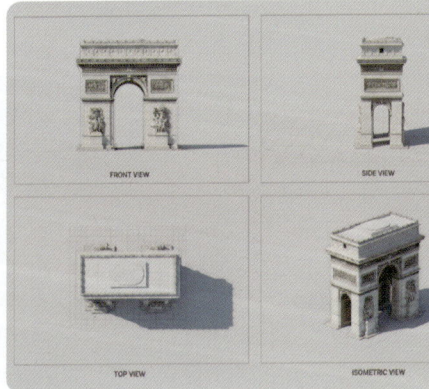

프롬프트 KEYWORD

❶ 파리 개선문을 **아이소메트릭 뷰 3D 모델링으로 생성**
❷ 개선문 건물 이외의 **다른 요소는 제거**

예제 콘셉트

먼저 구글 어스(Google Earth)에서 원하는 장소를 찾아 해당 지역을 스크린샷(Screenshot)으로 저장합니다. 구글 어스는 3D 뷰를 제공하기 때문에 원하는 각도를 잡아 이미지를 캡처할 수 있습니다. 이렇게 저장한 이미지를 제미나이에 업로드한 뒤, 해당 맵의 건물을 아이소메트릭 뷰(Isometric View)로 변환해 달라고 요청합니다. 이후 여러 과정을 거쳐 건물의 앞모습과 뒷모습을 각각 저장하게 되며, 이를 기반으로 3D AI 모델링을 생성할 준비가 이루어집니다.

01 구글 어스에서 건물 스크린샷 캡처하기

3D 모델링으로 생성할 건물을 다양한 각도의 이미지 자료가 필요하여 구글 어스에서 위치를 검색합니다. 해당 장소에 건축물의 다양한 각도에서 캡처하겠습니다.

01 | 웹 브라우저에 'earth.google.com/web'를 입력하여 구글 어스에 접속한 다음, 프랑스 파리의 개선문(Arc de Triomphe)을 찾기 위해 검색창에 '파리 개선문'을 입력하고 Enter 을 누릅니다.

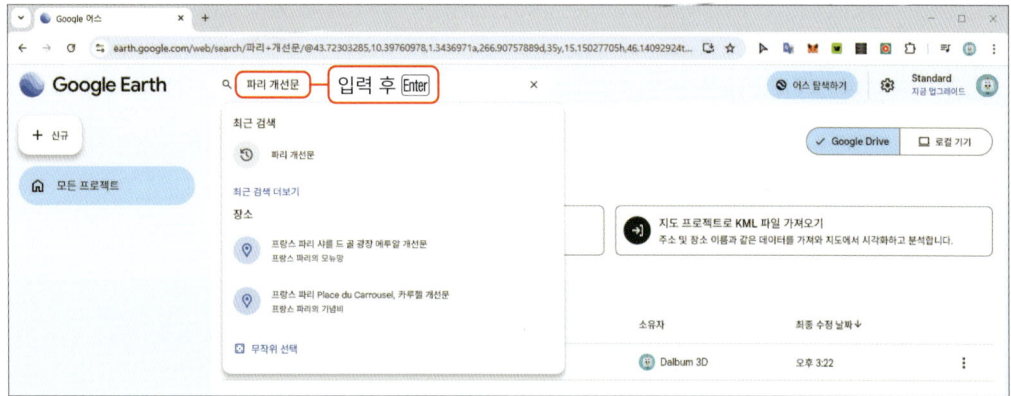

02 | 파리의 개선문 위치를 검색하면 지도가 해당 위치로 이동하며, 웹사이트에서는 랜드마크에 대한 설명도 함께 확인할 수 있습니다.

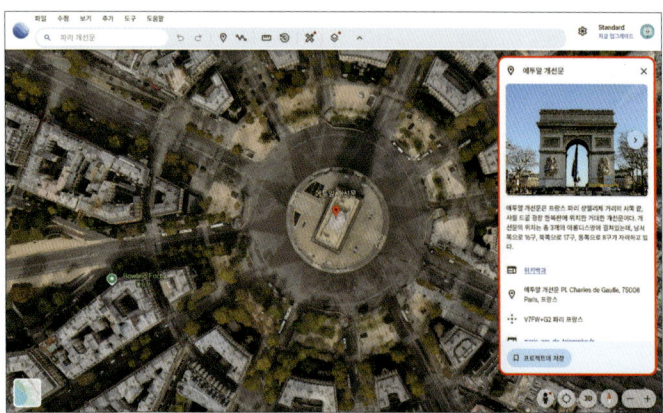

03 마우스 휠을 움직여 화면을 조정하고 그림과 같이 화면 오른쪽 하단에 위치한 [3D]를 클릭하여 개선문의 외형을 3D로 확인합니다. 이후 캡처 프로그램을 사용하여 해당 화면을 이미지로 저장합니다.

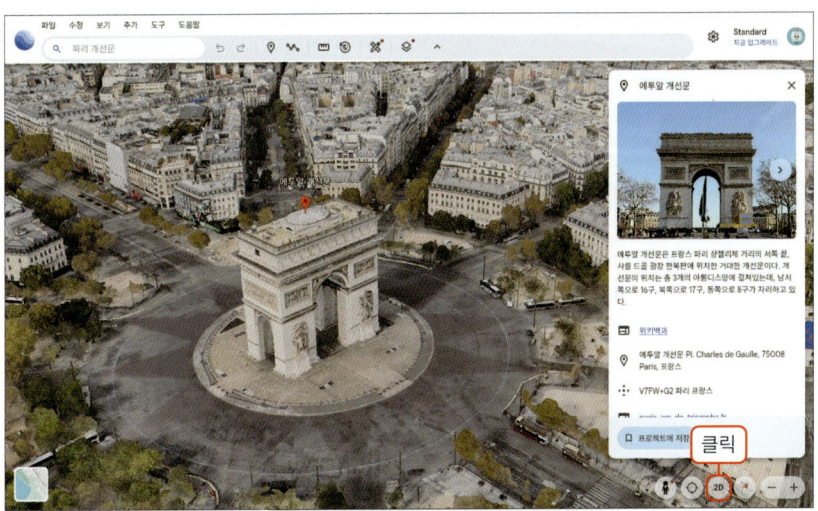

✦ **Tip** 예제는 [3D]를 클릭한 화면이라 [2D]로 표기되어 있습니다. [2D]를 클릭하면 이전 2D 형태의 지도를 확인할 수 있습니다.

04 투시가 적용된 아이소메트릭 뷰와 정면 뷰로 쓰일 이미지를 각각 저장합니다.

✦ **Tip** 제미나이에서 3D 이미지를 생성하기 위해서는 자료가 많을수록 좋습니다. 다양한 각도에서 촬영한 이미지를 준비하면 모델링의 정확도가 더욱 높아집니다.

02 제미나이로 3D 이미지 생성하기

구글 어스에서 다양한 각도의 이미지를 저장하고 제미나이에 업로드하여 아이소메트릭 뷰와 정면 뷰 등을 바탕으로 정확한 3D 결과물을 만들어 보겠습니다.

05 제미나이 사이트로 이동하여 '파일 추가' 아이콘(+)을 클릭하고 [파일 업로드]를 클릭합니다. 열기 대화상자에서 source 폴더에 Shift 를 누른 채 '개선문_정면.jpg', '개선문.jpg' 파일을 선택하고 〈열기〉 버튼을 클릭합니다.

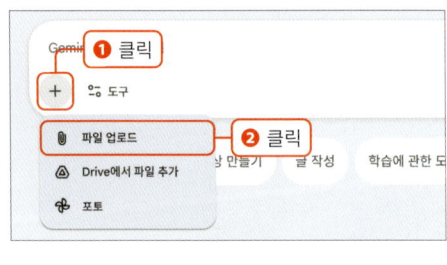

06 3D 아이소메트릭 모델링 이미지를 만들기 위해 프롬프트 입력창에 문장을 작성한 뒤 '제출' 아이콘(▶)을 클릭합니다. 구글 어스에서 저장한 파리 개선문의 3D 모델링 이미지가 아이소메트릭 뷰로 생성된 것을 확인할 수 있습니다.

> **프롬프트**
> 파리 개선문을 아이소메트릭 뷰 3D 모델링으로 생성해줘.

07 모델링을 생성하는 데 필요한 것은 건물이므로, 다른 요소들은 제거하겠습니다. 다음의 프롬프트를 입력하고 '제출' 아이콘(▶)을 클릭합니다. 건물만 남기고 다른 요소들이 제거된 이미지로 변환된 것을 확인하고 저장합니다.

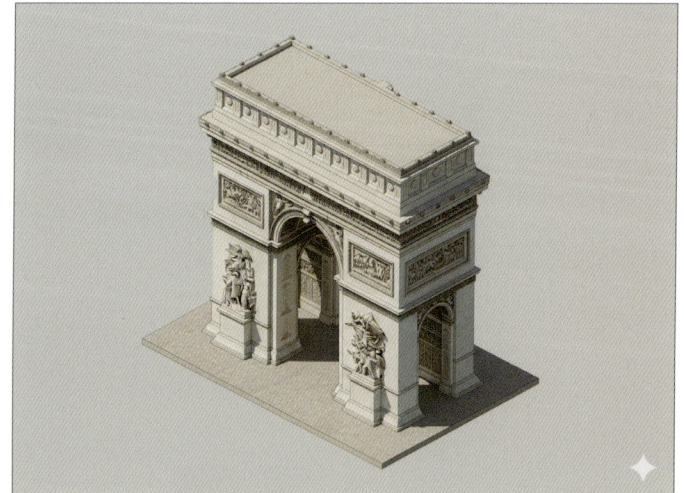

프롬프트
개선문 건물 이외의 다른 요소는 제거해줘.

Tip 생성된 3D 건물 이미지의 프롬프트 입력창에 아래 문장을 입력한 뒤 '제출' 아이콘(▶)을 클릭하면, 건물을 다양한 뷰로 구현한 이미지가 생성됩니다.

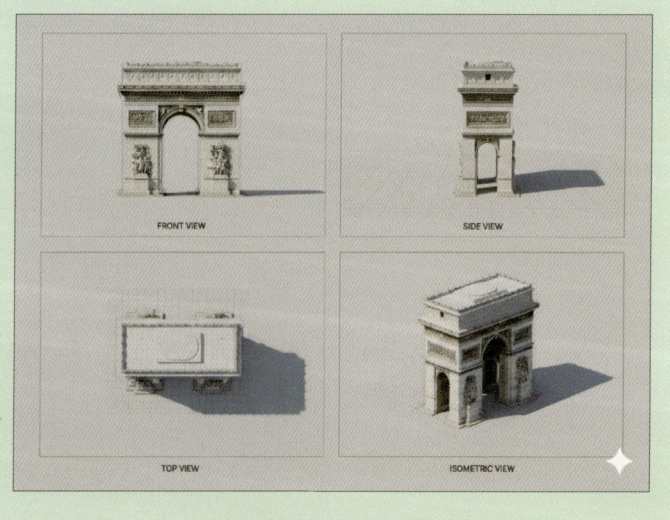

프롬프트 이 건물의 정면 뷰, 측면 뷰, 탑 뷰, 그리고 아이소메트릭 뷰를 한 화면에 함께 보여줘.

LESSON 07  메쉬 AI로 이미지를 3D 모델링하기

 NANO BANANA

예제파일: source\개선문모델링1.png **완성파일**: source\개선문3d_완성.png

메쉬 AI(Meshy AI)는 텍스트나 이미지를 활용해 고품질의 3D 모델을 만들어주는 인공지능 도구입니다. 그동안 3D 모델링(Modeling)은 게임, 애니메이션, 피규어 제작 등 여러 분야에서 쓰여 왔지만, 배우기가 어렵다는 인식이 있었습니다. 하지만 메쉬 AI 같은 도구가 발전하면서 이제는 누구나 더 간단하게 3D 콘텐츠를 만들 수 있는 시대가 되고 있습니다.

프롬프트 KEYWORD
❶ 메쉬 AI에서 개선문을 3D 모델링 생성
❷ 텍스처를 적용한 다음 윈도우 3D 뷰어에서 이미지 저장하기

예제 콘셉트

제미나이 3 프로가 설계한 완벽한 비율의 아이소메트릭 뷰 이미지를 메쉬 AI로 전송하면, 이미지 내의 심도 정보와 광원까지 분석하여 즉각적으로 고폴리곤 모델링을 생성합니다. 이후 차세대 업스케일링 및 지능형 리텍스처링(Smart Re-texturing) 엔진이 작동하여, 단순한 3D 변환을 넘어 표면의 미세한 마모나 반사광까지 재현된 사실적인 건축 모델이 완성됩니다. 최종 결과물은 glb, obj, fbx 등 산업 표준 포맷으로 완벽하게 호환되어, 추가 가공 없이 바로 게임 엔진이나 설계 툴로 내보낼 수 있습니다.

01 메쉬에서 2D 이미지를 3D로 생성하기

3D 모델링을 시작하기 위해 먼저 참고할 이미지를 메쉬 AI에 올립니다. 이미지는 AI가 형태와 분위기를 잡아낼 때 기초 자료로 사용되며, 결과물의 완성도를 높이는 중요한 역할을 합니다.

01 | 웹 브라우저에 'www.meshy.ai'를 입력하고 메쉬 AI 사이트에 접속한 다음, 로그인합니다. 3D 모델링을 생성하기 위해 [이미지 생성 모델]을 클릭합니다.

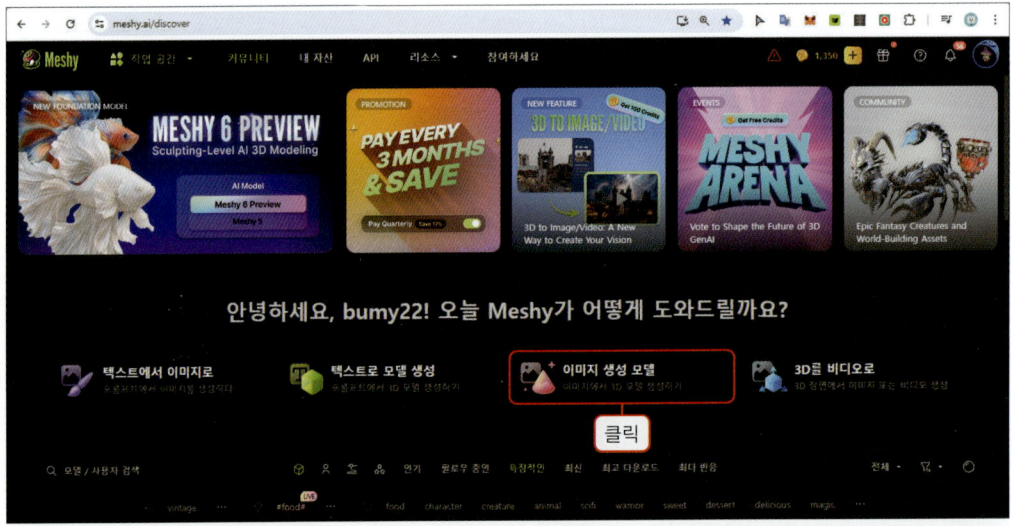

Tip 메쉬 AI는 가입 시 매달 무료 크레딧 100을 제공하고 있습니다. 일부 기능은 제한되지만, 이 무료 크레딧을 활용해 3D 모델링을 생성할 수 있습니다.

02 | [이미지 붙여넣기]를 클릭합니다. 열기 대화상자에서 source 폴더에 '개선문모델링1.png' 파일을 선택하여 〈열기〉 버튼을 클릭하면, 해당 이미지가 이미지 항목에 추가된 것을 확인할 수 있습니다.

Tip 제미나이에서 저장한 이미지에는 워터마크가 표시되므로, 원활한 모델링 작업을 위해서는 편집 툴을 사용해 워터마크를 제거하는 것이 좋습니다.

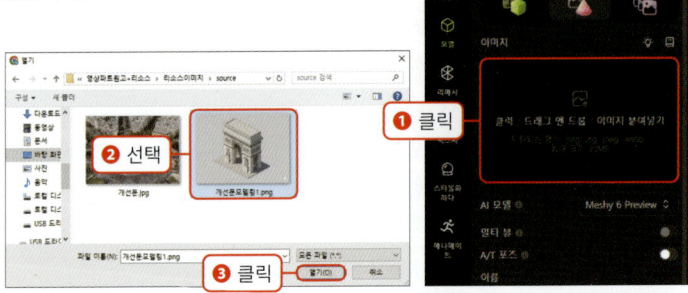

03 | 이미지가 업로드된 것을 확인한 다음, '배경 제거' 아이콘(◈)을 클릭하여 이미지에서 건물만 남기고 배경을 제거합니다.

Tip 배경 제거 기능은 현재 유료버전 이용 시 가능합니다.

04 | 이름 칸에 모델링의 이름을 입력합니다. 예제는 'Arc De Triomphe'를 입력하였습니다. 화면 하단의 〈생성하다〉 버튼을 클릭하면 10 크레딧이 차감되고 오른쪽 화면의 내 자산 목록에 표시됩니다. 클릭하여 모델링을 확인합니다.

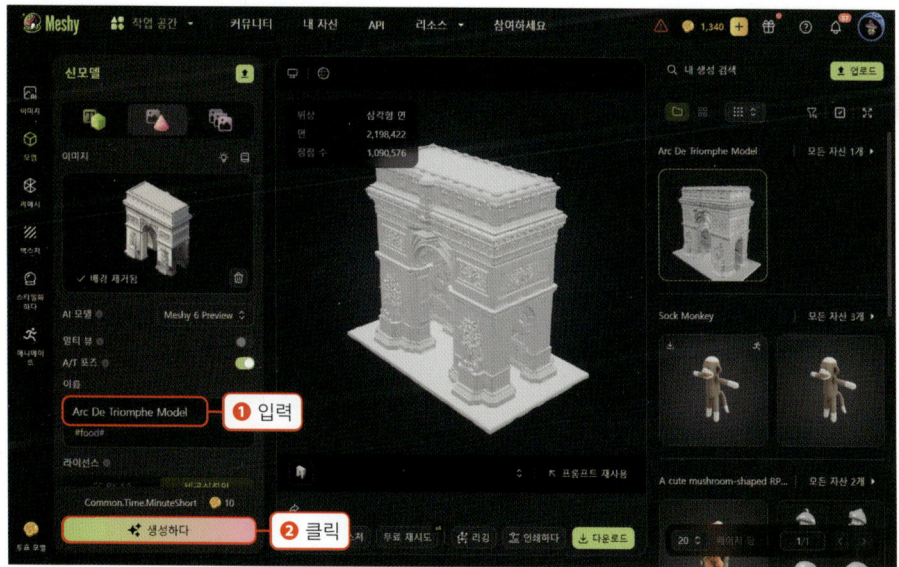

Tip 화면에서 마우스 휠을 굴리면 화면을 확대하거나 축소할 수 있고, 휠을 클릭한 뒤 움직이면 화면을 이동할 수 있습니다. 또한, 마우스 왼쪽 버튼을 누른 상태에서 드래그하면 모델을 회전시켜 다양한 각도로 살펴볼 수 있습니다.

02 자동으로 텍스처 완성하기

사용자가 직접 UV map을 펼치거나 페인팅을 하지 않아도 AI가 모델의 표면에 알맞은 텍스처를 자동 생성, 적용할 수 있습니다.

05 | 모델링 표면의 재질을 만들기 위해 화면 아래의 [텍스처]를 클릭하면, 왼쪽 메인 메뉴가 텍스처 메뉴로 바뀝니다.

06 | 〈텍스처〉 버튼을 클릭하면 처음 업로드한 이미지를 바탕으로 모델링의 표면 질감을 자동으로 완성합니다.

> **Tip** 유료버전의 한하여 재질이나 모델링이 원하는 형태로 생성되지 않을 경우, 재질 변경을 하거나 [무료 재시도] 버튼을 클릭하여 다시 시도할 수 있습니다.

07 | 모델링과 재질 작업이 완료되면 마지막으로 완성된 모델을 다운로드합니다. 디스플레이 화면 하단의 〈다운로드〉 버튼을 클릭한 다음, 새 창에서 포맷을 fbx로 설정하고 최종 〈다운로드〉 버튼을 클릭하여 모델을 내려받습니다.

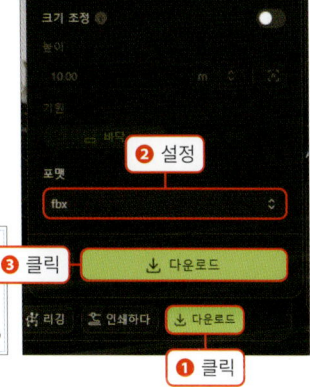

Tip 확장자 파일은 사용 목적에 따라 달라질 수 있습니다. FBX 파일은 모델과 재질이 분리되어 저장되는 반면, GLB 파일은 모든 데이터가 하나의 .glb 파일에 압축되어 담깁니다.

03 윈도우 3D 뷰어로 불러와 확인하기

생성된 3D 모델을 윈도우 3D 뷰어에서 열면 메쉬 AI로 제작된 오브젝트와 재질을 함께 확인할 수 있습니다. 이를 통해 정상 적용 여부와 표면 질감을 점검하고 필요 시, 블렌더(Blender) 같은 전문 툴에서 추가 편집과 다양한 활용이 가능합니다.

08 | 내려받은 파일의 압축을 풀면, 재질 이미지들과 함께 설정한 fbx 파일이 포함된 것을 확인할 수 있습니다.

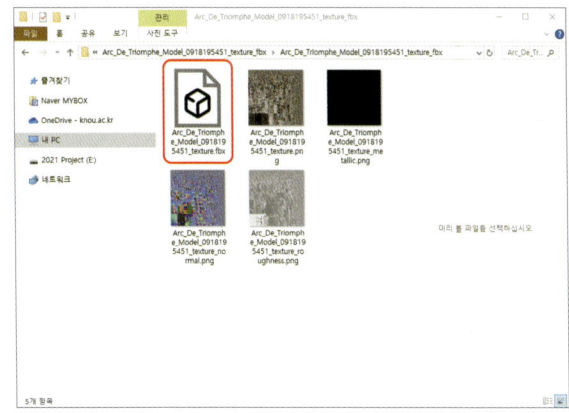

Tip Mac에서는 파일을 glb 형식으로 다운로드한 뒤 'sandbox.babylonjs.com' 사이트에 접속하여 파일을 드래그하면 3D 모델을 바로 확인할 수 있습니다.

09 윈도우 3D 뷰어가 설치되어있는지 확인하기 위해 윈도우 화면에서 [시작]을 클릭합니다. 검색창에 '3D 뷰어'를 입력한 다음 [3D 뷰어]를 선택합니다.

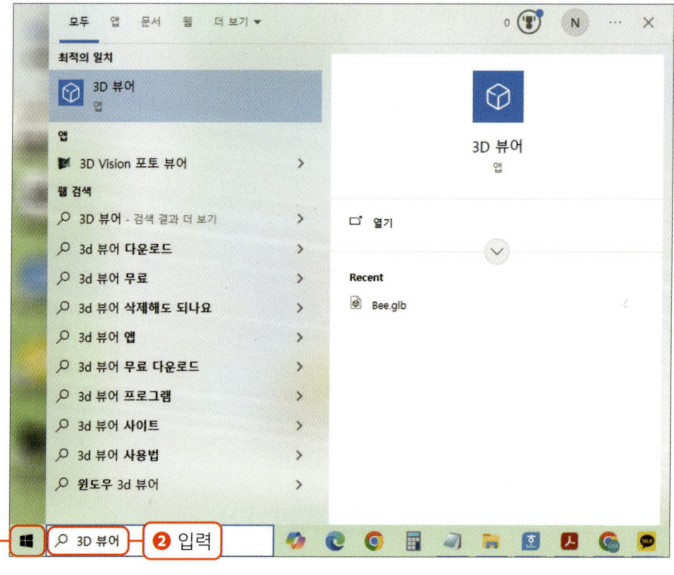

Tip 윈도우에서 기본 제공되는 앱 중 하나인 3D 뷰어는 간단한 3D 모델 확인이나 학습용으로 유용하게 사용할 수 있습니다. 만약 시작 메뉴 검색으로 3D 뷰어가 나타나지 않는다면 다음 방법을 따라 설치할 수 있습니다.

❶ 상단 메뉴에서 앱 이동
윈도우 작업 표시줄의 검색창 또는 시작 메뉴를 열고, 상단 메뉴에서 [앱] 항목을 선택합니다.
여기서 제공되는 여러 앱 목록 중에서 [3D] 카테고리를 클릭합니다.

❷ 스토어에서 다운로드
[3D] 메뉴를 열면 관련 앱 목록이 표시되며, 여기서 3D 뷰어를 찾을 수 있습니다.
해당 앱의 <다운로드> 버튼을 클릭하면 자동으로 마이크로소프트 스토어가 열리면서 설치가 진행됩니다.

❸ 설치 확인
설치가 끝나면 시작 메뉴에서 '3D 뷰어'를 검색해 실행했을 때 정상적으로 열리면 설치가 완료된 것입니다.

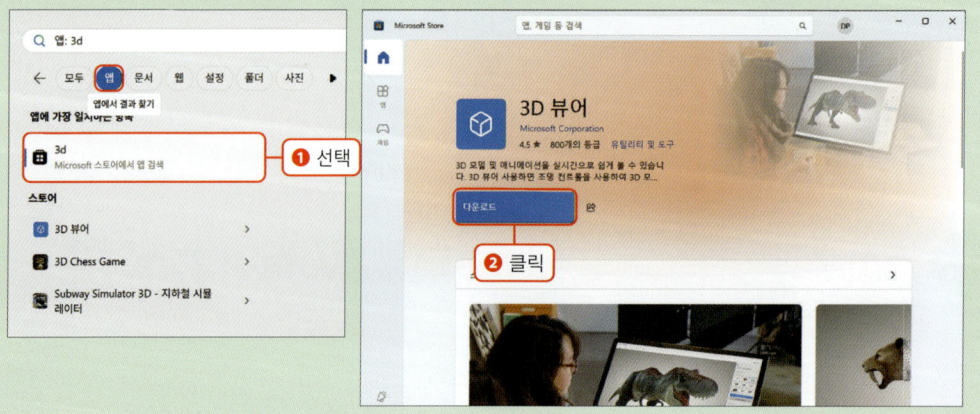

10 3D 뷰어를 실행하면 새로운 화면이 열리고, 이곳에서 생성된 3D 파일을 불러올 수 있습니다.

> **Tip** 윈도우 3D 뷰어는 복잡한 편집 기능은 없지만, 3D 모델을 불러와 확인 및 검토하는 데 특화된 뷰어 프로그램으로 간단한 기능을 알아보겠습니다.
>
> - **3D 모델 열기 및 확인**: GLB, FBX, OBJ 등 다양한 3D 파일을 불러와서 확인할 수 있습니다.
> - **뷰(View) 조작**: 마우스를 이용해 회전, 확대/축소, 이동하여 다양한 각도에서 살펴볼 수 있습니다.
> - **재질(Material)과 텍스처(Texture) 확인**: 모델에 적용된 색상, 질감, 텍스처를 확인할 수 있습니다.
> - **애니메이션(Animations) 지원**: 애니메이션이 포함된 파일을 불러오면 동작을 확인할 수 있습니다.
> - **간단한 환경 설정**: 배경색, 조명, 그림자 등을 바꿔가며 모델을 다양한 환경에서 확인할 수 있습니다.

11 화면 상단의 **[파일]** – **[열기]**를 클릭하여 열기 대화상자에서 source 폴더에 'Arc_De_Triomphe_Model_0920081937_texture.fbx' 파일을 선택한 뒤 〈열기〉 버튼을 클릭합니다.

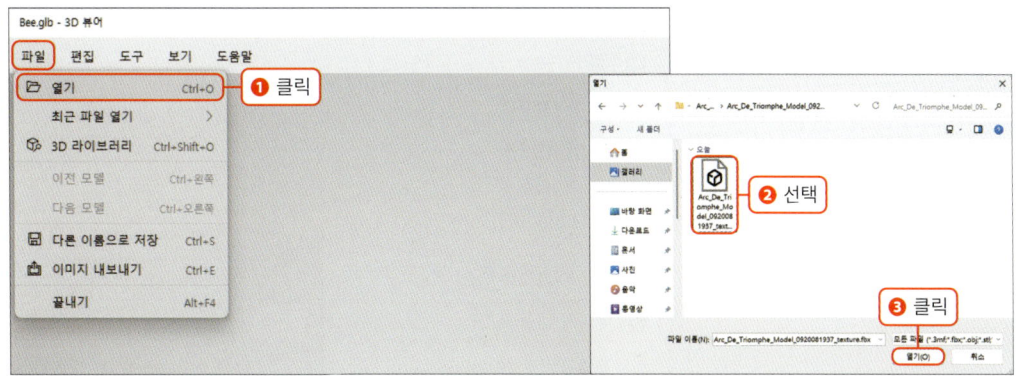

> **Tip** 3D 뷰어에서 .fbx 파일을 열 수 없다는 안내창이 표시되면, **[도움말]** - **[설정]**에서 'FBX 파일 열기' 토글을 활성화한 다음 시도해 주세요.

12 다운받은 모델링이 정상적으로 생성된 것을 확인할 수 있으며, 뷰를 조정하거나 오른쪽 메뉴에서 환경과 조명을 설정해 원하는 화면과 렌더링으로 변경하겠습니다. 예제는 그림과 같은 각도를 선택하였습니다.

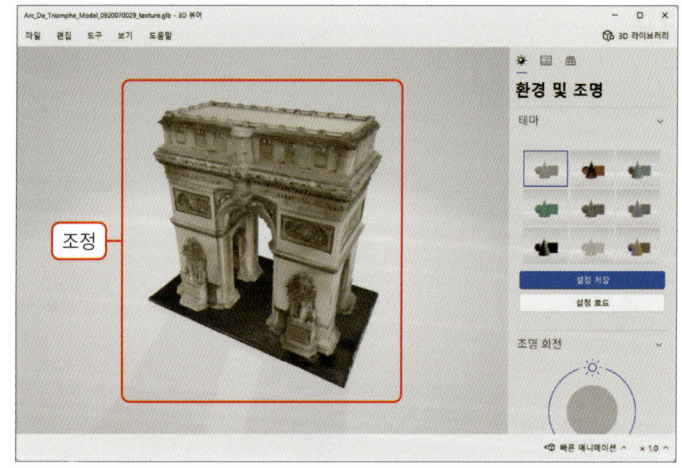

> **Tip** 다음 그림과 같은 마우스 조작으로 3D 모델링을 자유롭게 조정하실 수 있습니다.
>
> ❶ **왼쪽 버튼(선회)**: 모델을 회전시켜 다양한 각도에서 확인할 수 있습니다.
> ❷ **오른쪽 버튼(이동)**: 모델의 위치를 상하좌우로 옮길 수 있어 세밀한 배치를 할 때 유용합니다.
> ❸ **휠(확대/축소)**: 마우스 휠을 스크롤하면 확대와 축소가 가능합니다.
> ❹ **왼쪽 버튼 더블 클릭(다시 설정)**: 본 시점으로 되돌아가 편리하게 초기화할 수 있습니다.

13 저장을 할 때는 현재 보이는 뷰를 이미지로 저장됩니다. 상단 메뉴에서 **[파일] − [이미지 내보내기]**를 선택합니다.

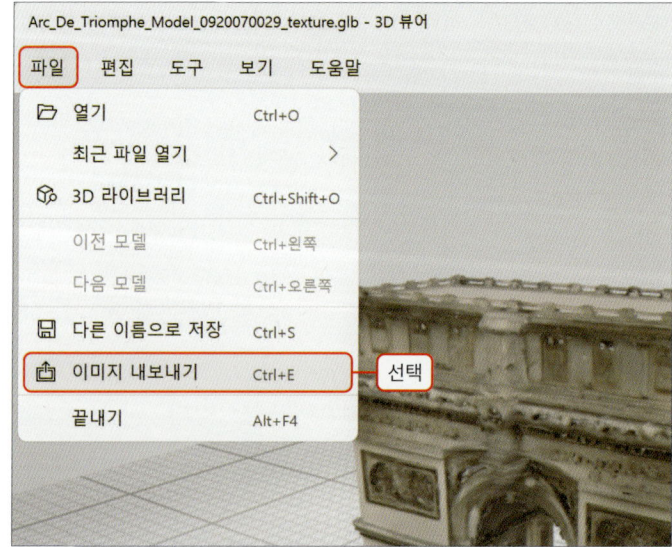

14 이미지 내보내기 화면에서 파일 확장자를 선택하고 크기와 해상도를 설정한 뒤, [내보내기]를 클릭하면 현재 보이는 화면이 이미지로 저장됩니다.

완성된 3D 모델 이미지

> **Tip** 윈도우 3D 뷰어의 '눈금 및 보기' 패널은 모델의 시점을 변경하거나 기본 뷰로 초기화하며 배경 그리드 표시 여부를 조절할 수 있는 메뉴입니다. 이를 통해 모델을 다양한 각도에서 효율적으로 확인하고 상황에 맞게 화면을 깔끔하게 조정할 수 있습니다.
>
> ❶ **시점**: 조정 가운데 있는 큐브 아이콘을 이용하면 모델을 정면, 측면, 상단 등 원하는 방향에서 빠르게 볼 수 있습니다. 특히 세밀한 확인이 필요할 때 유용합니다.
>
> ❷ **기본 설정**: 기본으로 보여지는 설정을 클릭하면 이미지의 각도대로 빠르게 확인 할 수 있습니다. <보기 초기화> 버튼을 클릭해 원래의 기본 시점으로 손쉽게 되돌릴 수 있습니다.
>
> ❸ **그리드 표시**: 하단의 [그리드 표시] 토글을 켜거나 꺼서 배경 격자선을 조절할 수 있습니다.

LESSON 08

3D 스캐너처럼! 참조 이미지를 생성해 3D 인물 생성하기

NANO BANANA

완성파일: source\Lina, Chloe, Rafiq.png, 학교_교실, 강당, 미술실1,2.png

생성형 AI로 애니메이션을 제작할 때는 장면이 바뀔 때마다 캐릭터와 요소들이 조금씩 달라져 연속성이 어색한 경우가 많았습니다. 그러나 제미나이 3 프로 버전의 등장으로 이러한 문제가 크게 개선되었고, 캐릭터와 오브젝트의 일관성을 안정적으로 유지하면서도 다양한 각도, 표정, 코스튬, 동작, 분위기를 손쉽게 구현할 수 있어 한층 자연스럽고 매끄러운 애니메이션 제작이 가능해졌습니다.

제미나이로 구현한 등장인물들

스토리에 어울리는 배경 생성

프롬프트 KEYWORD

❶ 5개의 장면으로 구성된 애니메이션 스토리 구성
❷ 서로 다른 주요 캐릭터 생성
❸ 애니메이션 장면에 필요한 배경 이미지 생성

예제 콘셉트

캐릭터를 활용해 짧은 애니메이션을 제작할 때는 먼저 원하는 스타일의 애니메이션을 참고하여 러프한 콘셉트와 구상을 정하고, 제미나이에게 스토리와 구성을 요청합니다. 이후 완성된 스토리 기획과 캐릭터 설정을 바탕으로 캐릭터 외형의 디테일에 대한 내용을 재요청하고, 세계관과 콘셉트에 맞는 이미지를 생성하며 수정 작업을 거쳐 원하는 모습에 가까운 캐릭터와 배경을 완성합니다. 이렇게 제미나이에서 생성한 이미지를 위스크(Whisk)에서 각 장면을 제작하기 위한 준비 단계로 이어집니다.

01 애니메이션 장면 기획하기

제미나이를 활용해 원하는 요소와 아이디어, 콘셉트를 반영하고, 이를 바탕으로 자세한 기획을 요청하여 구체적인 시놉시스(Synopsis)를 생성해 보겠습니다.

01 | 웹브라우저에 'gemini.google.com'를 입력하여 제미나이 사이트로 이동하고 구상 중인 애니메이션에 대한 아이디어를 요청하는 프롬프트를 입력하고 '제출' 아이콘(▶)을 클릭합니다.

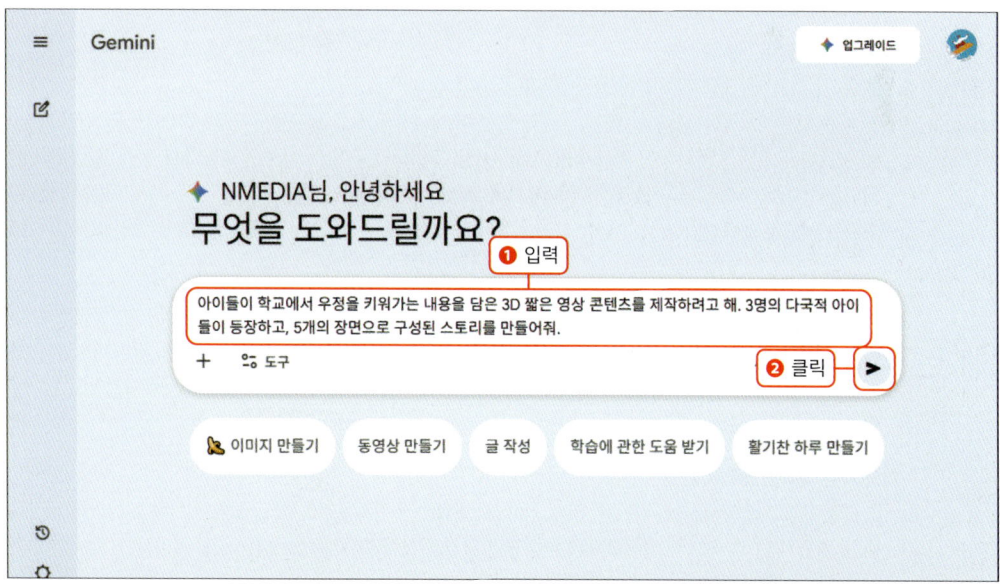

프롬프트 아이들이 학교에서 우정을 키워가는 내용을 담은 3D 짧은 영상 콘텐츠를 제작하려고 해. 3명의 다국적 아이들이 등장하고, 5개의 장면으로 구성된 스토리를 만들어줘.

02 | 제미나이를 통해 캐릭터 설정이 포함된 애니메이션 기획안을 제안받았습니다. 반복 요청을 통해 다양한 아이디어를 얻을 수 있고, 그중 영상 제작에 가장 적합한 기획을 선택해 발전시켜 나갈 수 있습니다.

제미나이

제목 '함께 그리는 무지개'

등장인물
* 리나(Rina): 한국인 여자아이. 그림 그리는 것을 좋아하고 섬세한 감성을 가졌습니다.
* 라피크(Rafiq): 인도인 남자아이. 수학을 좋아하고 활발하며 장난기가 많습니다.
* 클로이(Chloe): 미국인 여자아이. 운동을 좋아하고 쾌활하며 리더십이 있습니다.

스토리보드

1. 어색한 첫 만남
새 학기 첫날, 리나는 조용히 혼자서 공책에 그림을 그리고 있습니다. 라피크와 클로이가 교실로 들어와 각자의 자리에 앉습니다. 라피크는 큰 소리로 재잘거리고, 클로이는 농구를 하듯 연필을 튕기며 놀고 있습니다. 리나는 이들의 활기찬 모습이 낯설어 살짝 움츠러듭니다. 서로 다른 성격과 배경 때문에 세 아이들 사이에는 어색한 침묵이 흐릅니다.

2. 엉망진창 미술 시간
미술 시간이 되자, 선생님이 '나만의 무지개'를 그려보라고 합니다. 리나는 섬세한 붓 터치로 아름다운 무지개를 그리고 있습니다. 라피크는 물감을 너무 많이 짜서 종이가 찢어지고, 클로이는 색깔을 섞다가 온통 회색이 되어버립니다. 라피크가 실수로 물통을 엎질러 리나의 그림에도 물감이 튀고 맙니다. 리나는 금방이라도 울 것처럼 속상해 보이지만, 라피크와 클로이는 미안한 표정으로 어쩔 줄 몰라 합니다.

3. 마음을 열어가는 순간
클로이가 자신의 그림 위에 묻은 물감을 닦아주려다, 오히려 그림을 번지게 만듭니다. 그 순간, 라피크가 불꽃 튀는 듯한 아이디어를 내놓습니다. "우리 그냥 이 물감 자국들을 별똥별로 만들면 어때?" 라피크의 제안에 클로이가 고개를 끄덕이며 회색 물감으로 구름을 그립니다. 리나는 잠시 망설이다가, 번진 물감 위에 반짝이는 별들을 그려 넣습니다. 세 아이는 각자의 그림을 합쳐서 하나의 큰 그림을 완성하고, 그림은 점점 다채로운 색으로 채워집니다.

4. 함께 만드는 새로운 무지개
그림이 완성되자, 아이들은 환하게 웃습니다. 리나가 자신의 그림 속에 있던 한국 전통 무늬를, 라피크가 인도의 화려한 색깔을, 클로이가 미국의 역동적인 별 모양을 서로의 그림에 더하며, 그들의 무지개는 그 어느 때보다 특별하고 아름다워집니다. 세 아이는 이제 더 이상 어색해하지 않고 서로의 그림을 칭찬하며 즐거워합니다.

5. 가장 빛나는 졸업사진
학기가 끝나고 졸업사진을 찍는 날. 리나, 라피크, 클로이가 어깨동무를 하고 활짝 웃으며 카메라를 바라봅니다. 졸업사진 속 배경은 그들이 함께 완성했던 무지개 그림입니다. 서로 다른 모습이었지만, 함께하며 가장 아름다운 우정을 만들었음을 보여주며 영상은 마무리됩니다.

이 스토리는 아이들이 서로의 다름을 인정하고, 예상치 못한 어려움 속에서 협력하며, 결국 가장 아름다운 결과를 만들어내는 과정을 통해 우정의 진정한 의미를 보여줍니다.

03 | 마음에 드는 기획을 선택하여 한 장면의 애니메이션을 만들기 위해 다음과 같이 프롬프트를 입력합니다. 이러한 방식으로 추가요청을 하면, 그림과 같이 한 장면에서 구성되는 여러 가지 상황들이 제목과 함께 표현됩니다.

> **사용자** 스토리보드의 3번을 애니메이션 장면을 만들 때 필요한 4장면으로 짧게 요약해서 설명해줘.

제미나이

1. 번진 그림
라피크가 실수로 물감을 엎질러 리나의 그림이 엉망이 됩니다. 클로이가 도와주려다 오히려 그림을 더 번지게 만들어, 세 아이 모두 당황하고 속상한 표정을 짓습니다.

2. 기발한 아이디어
엉망이 된 그림을 보던 라피크가 "우리 그냥 이 물감 자국들을 별똥별로 만들면 어때?"라고 말하며 활짝 웃습니다. 라피크의 기발한 아이디어에 클로이가 고개를 끄덕이며 붓을 들고 구름을 그립니다.

3. 함께 그리는 그림
처음엔 망설이던 리나가 라피크와 클로이의 행동을 보고 마음을 엽니다. 리나는 번진 물감 위에 반짝이는 별들을 그려 넣습니다. 세 아이는 서로의 그림을 덧붙이며 하나로 합쳐서 완성해 나갑니다.

4. 완성된 무지개
각자의 그림이 합쳐지면서 점점 다채로운 색으로 채워집니다. 세 아이는 서로의 그림에 자신만의 특별한 무늬를 더하며, 함께 만든 아름다운 그림을 보며 활짝 웃습니다.

04 | 마지막으로 애니메이션의 핵심 요소인 캐릭터의 외형을 설정해 보겠습니다. 캐릭터의 외형적 특징을 설명하는 프롬프트를 입력합니다. 애니메이션에 등장하는 3명의 인물에 대한 외형적 특징이 구체적으로 제시된 것을 확인할 수 있습니다.

> **사용자** 각 캐릭터의 외형적인 설정을 추가해줘.

제미나이

'함께 그리는 무지개' 캐릭터 외형 설정

1. 리나(Rina)
외모: 검은색의 단발머리와 동그란 눈을 가졌습니다. 피부는 하얗고, 볼에는 옅은 홍조가 있습니다.
복장: 주로 깔끔한 디자인의 맨투맨 티셔츠와 무릎까지 오는 치마 레깅스를 즐겨 입습니다. 분홍색 크로스백에는 늘 작은 스케치북이 들어 있습니다.
특징: 머리에는 항상 리본이나 귀여운 머리핀을 착용하고 있으며, 신발은 편안한 스니커즈를 신습니다.

2. 라피크(Rafiq)
외모: 짙은 갈색의 곱슬머리와 까무잡잡한 피부, 장난기 가득한 눈빛을 가졌습니다.
복장: 알록달록한 색상의 티셔츠와 통이 넓은 반바지를 즐겨 입습니다. 신발은 샌들이나 가벼운 운동화를 주로 신습니다.
특징: 항상 팔에 작은 시계를 차고 있으며, 종종 인도 전통 문양이 그려진 팔찌를 착용합니다.

3. 클로이(Chloe)

- **외모**: 밝은 금발머리를 질끈 묶고, 시원시원한 눈매를 가졌습니다. 주근깨가 살짝 있는 얼굴은 건강해 보입니다.
- **복장**: 활동하기 편한 반팔 티셔츠에 트레이닝 팬츠나 데님 반바지를 즐겨 입습니다. 형광색 신발을 좋아해서 발목에는 늘 양말을 올려 신습니다.
- **특징**: 목에는 땀을 닦을 수 있는 손수건이나 헤어밴드를 착용하고, 손에는 농구공 모양의 키링이 달려 있습니다.

02 주요 캐릭터를 디테일하게 생성하기

제미나이가 제안한 캐릭터를 더 디테일하고 세밀하게 살펴본 뒤, 그 내용을 구체화하여 제미나이에서 생성해 보겠습니다.

05 │ 주요 캐릭터 중 한국인 소녀 리나를 생성해 보겠습니다. 프롬프트 문장을 입력창에 작성한 뒤 '제출' 아이콘(▶)을 클릭합니다. 그림과 같이 제안받은 캐릭터 설정을 참고해 픽사 스타일의 3D 리나 캐릭터가 생성되면 다음 캐릭터의 레퍼런스로 활용하기 위해 다운로드합니다.

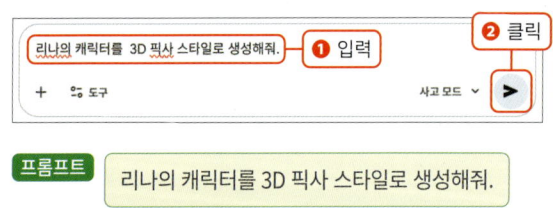

프롬프트 리나의 캐릭터를 3D 픽사 스타일로 생성해줘.

Tip 제안받은 캐릭터 설정이 이미 있으므로, 원하는 그림 스타일을 정한 뒤 캐릭터의 이름만 입력해 요청하면 설정에 맞게 생성됩니다. 01~04번의 과정없이 진행하면 전혀 다른 결과가 나타날 수 있습니다.

06 │ 클로이와 라피크 캐릭터를 같은 스타일로 생성하기 위해 '파일 추가' 아이콘(+)을 클릭하고 [파일 업로드]를 클릭합니다. 열기 대화상자에서 'Lina.png' 파일을 선택한 뒤 〈열기〉 버튼을 클릭합니다.

07 | 같은 스타일과 비율로 이미지를 수정하는 문장을 입력한 뒤 '제출' 아이콘(▶)을 클릭합니다. 같은 과정의 방식으로 라피크도 생성하여 원본 크기로 저장합니다.

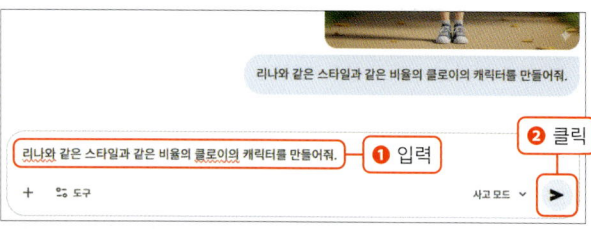

클로이

라피크

프롬프트

리나와 같은 스타일과 같은 비율의 클로이의 캐릭터를 만들어줘.

03 배경 이미지 생성하기

장면을 제작하기 위해 제미나이가 제안한 자료를 바탕으로, 스토리보드에 따라 학교 교실, 사건이 일어날 미술실, 그리고 마무리 장면을 위한 학교 강당의 배경을 생성해 보겠습니다.

08 | '파일 추가' 아이콘(+)을 클릭하고 [파일 업로드]를 클릭합니다. 열기 대화상자에서 '169.png' 파일을 선택한 뒤 〈열기〉 버튼을 클릭합니다.

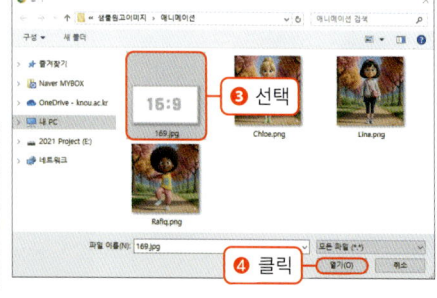

Tip 나노 바나나에서는 마지막에 업로드한 이미지의 비율이 그대로 적용되므로, 이미지 생성 전에 16:9 비율의 빈 화면 이미지를 올려주는 것이 좋습니다.

09 화면 비율 설정을 위한 이미지가 표시되면 다음의 프롬프트를 입력하고 '제출' 아이콘()을 클릭합니다. 그림과 같이 아이들이 생활하는 교실 이미지가 16:9 화면 비율로 생성된 것을 확인할 수 있습니다.

프롬프트
학교 안에서 아이들이 생활하는 교실을 16:9 화면 비율로 그려줘.

Tip 배경 이미지 역시 스토리보드에 설정이 마련되어 있으므로, 간단히 프롬프트를 입력하여 생성할 수 있습니다.

10 이미지에서 배경만 남길 수 있게 변경할 수 있는 문장을 프롬프트 입력창에 입력한 뒤 '제출' 아이콘()을 클릭합니다. 선생님과 학생이 사라지고 교실만 남은 모습으로 생성된 것을 확인할 수 있습니다.

프롬프트
이미지를 유지한 채로 사람들을 지워줘.

11 학교 미술실을 생성하기 위해, 다음의 프롬프트를 입력하고 '제출' 아이콘()을 클릭합니다. 이전 생성된 이미지와 같은 화면 비율과 그래픽 스타일이 적용되고, 사람이 제외된 학교 미술실 이미지가 생성됩니다. 이미지를 원본 크기로 저장합니다.

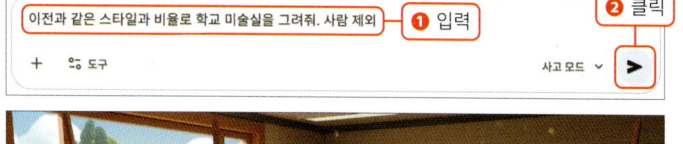

> **프롬프트**
> 이전과 같은 스타일과 비율로 학교 미술실을 그려줘. 사람 제외

> ✦ **Tip** 생성된 이미지가 가로 화면 비율로 만들어졌기 때문에, 이후에는 원하는 스타일과 화면 비율만 요청하면 됩니다.

12 같은 방식으로 학교 강당을 생성하기 위한 문장을 프롬프트 입력창에 작성한 뒤 '제출' 아이콘(▶)을 클릭하면, 생성된 강당 이미지를 확인할 수 있습니다.

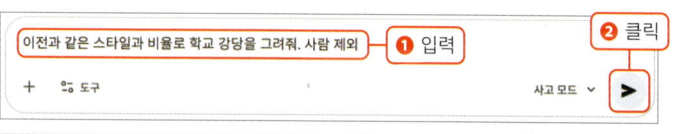

> **프롬프트**
> 이전과 같은 스타일과 비율로 학교 강당을 그려줘.

04 같은 배경을 다른 각도의 시야로 생성하기

미술실은 주요 스토리가 전개되는 공간이므로, 다른 각도에서 공간을 보여주는 장면이 필요합니다. 지정된 구성을 유지한 채, 각도만 달리한 이미지를 생성합니다.

13 '파일 추가' 아이콘(+)을 클릭하고 [파일 업로드]를 클릭합니다. 열기 대화상자에서 '학교_미술실.png' 파일을 선택한 뒤 〈열기〉 버튼을 클릭합니다.

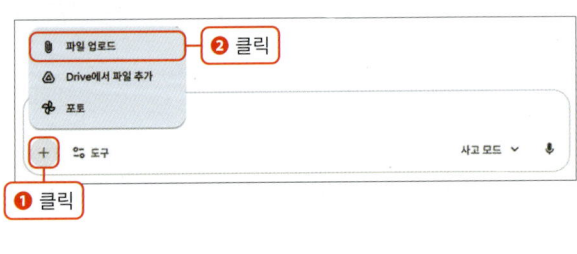

14 미술실을 다른 시각에서 표현하는 문장을 프롬프트 입력창에 작성한 뒤 '제출' 아이콘(▶)을 클릭합니다. 이미지의 스타일과 비율을 유지한 상태에서, 다른 각도에서 본 미술실 이미지가 생성된 것을 확인할 수 있습니다.

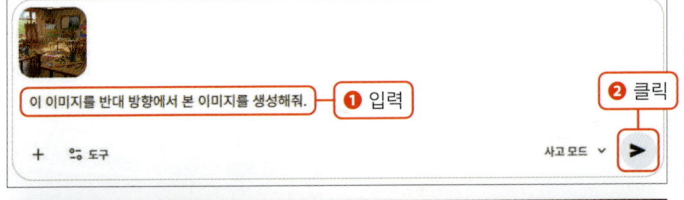

프롬프트

미술실을 다른 각도에서 본 이미지를 생성해줘.

LESSON 09 이미지로 영상까지, 위스크로 애니메이션 만들기

예제파일: source\Lina, Chloe, Rafiq.png, 학교_교실, 강당, 미술실1,2.png **완성파일**: source\scene3 폴더

구글의 위스크는 제미나이에서 생성한 캐릭터, 배경, 콘셉트 이미지를 불러와 장면 단위로 연결하는 생성형 AI 도구로, 원래부터 이미지 장면 생성은 가능했지만, 최근에는 나노 바나나 기술이 적용되어 캐릭터와 배경의 일관성을 유지하면서 자연스럽고 매끄러운 숏폼 애니메이션 영상 제작까지 지원하며, 현재 무료로 이용할 수 있습니다.

스케치 형태의 스토리보드 구현

3D 애니메이션 장면으로 연출

프롬프트 KEYWORD
① 드로잉 스타일의 스토리보드용 이미지 생성
② 위스크를 활용하여 애니메이션 장면 연출
③ 생성된 애니메이션 장면을 위스크로 영상 제작

예제 콘셉트

구글 위스크를 통해 생성한 캐릭터와 배경을 활용해 스토리의 한 장면을 표현하는 이미지를 만들어 보겠습니다. 위스크에 이미지를 불러온 뒤, 스토리에 맞춰 장면 이미지를 먼저 생성하고 프롬프트의 세부 항목을 수정해 변화를 주면서 카메라 앵글, 동작, 표정 등을 추가하면 숏폼 애니메이션 제작을 위한 준비작업이 가능합니다. 이렇게 캐릭터와 배경이 일관성 있게 생성된 이미지를 첫 프레임으로 활용해 애니메이션을 생성하겠습니다.

01 스토리보드용 이미지 생성하기

제미나이에서 제안받은 기획 중 주요 스토리가 전개되는 세 번째 씬을 구체적으로 살펴본 뒤, 이를 이미지로 생성해 내용을 확인하고, 장면을 완성하기 위해 위스크로 이어가겠습니다.

01 | 제안 받은 스토리보드에서 세 번째 내용을 다음과 같이 세부 장면으로 정리하여 필요한 이미지를 구상해 보겠습니다.

- 장면 1
  라피크가 실수로 물감을 엎질러 리나의 그림이 엉망이 됩니다. 아이들이 당황하고 속상한 표정을 짓습니다.
- 장면 2
  엉망이 된 그림을 보던 라피크가 기발한 아이디어를 제안해서 클로이가 고개를 끄덕이며 붓을 듭니다.
- 장면 3
  리나는 번진 물감 위에 반짝이는 별들을 그려 넣습니다. 세 아이는 서로의 그림을 덧붙이며 하나로 합쳐서 완성해 나갑니다.
- 장면 4
  세 아이는 서로의 그림에 자신만의 특별한 무늬를 더하며, 함께 만든 아름다운 그림을 보며 활짝 웃습니다.

02 | 정리한 내용과 간략한 스토리보드 드로잉을 생성할 수 있는 문장을 프롬프트 입력창에 입력하고 '제출' 아이콘(▶)을 클릭합니다.

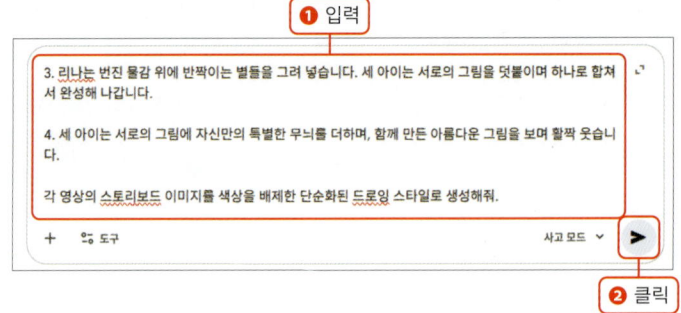

프롬프트 (위의 장면들을 복사해서 붙여넣기) + 각 영상의 스토리보드 이미지를 색상을 배제한 단순화된 드로잉 스타일로 생성해줘.

03 웹브라우저에 'labs.google/fx/ko/tools/whisk'를 입력하여 위스크 사이트에 접속한 다음, 애니메이션 장면을 연출하기 위해 〈도구 열기〉 버튼을 클릭합니다.

Tip 메인 화면에 여러 가지 나열된 이미지를 클릭하면 해당 이미지가 어떻게 만들어졌는지 확인할 수 있으며, 이를 기반으로 실험적으로 만들어 볼 수도 있습니다.

02 위스크를 활용하여 장면 연출하기

제미나이에서 생성된 이미지를 위스크로 불러와 장면 단위로 연출할 수 있습니다. 프롬프트를 수정하고 이미지를 조합해 원하는 분위기와 흐름을 갖춘 장면을 생성할 수 있습니다.

04 피사체 공간에 마우스를 올리면 프롬프트로 이미지를 생성하거나 직접 이미지를 등록할 수 있는 버튼이 나타납니다. 생성해둔 이미지를 활용하기 위해 [이미지 업로드]를 클릭합니다. 열기 대화상자에서 'Lina.png' 파일을 선택한 뒤 〈열기〉 버튼을 클릭하면, 피사체 공간에 해당 이미지가 표시됩니다.

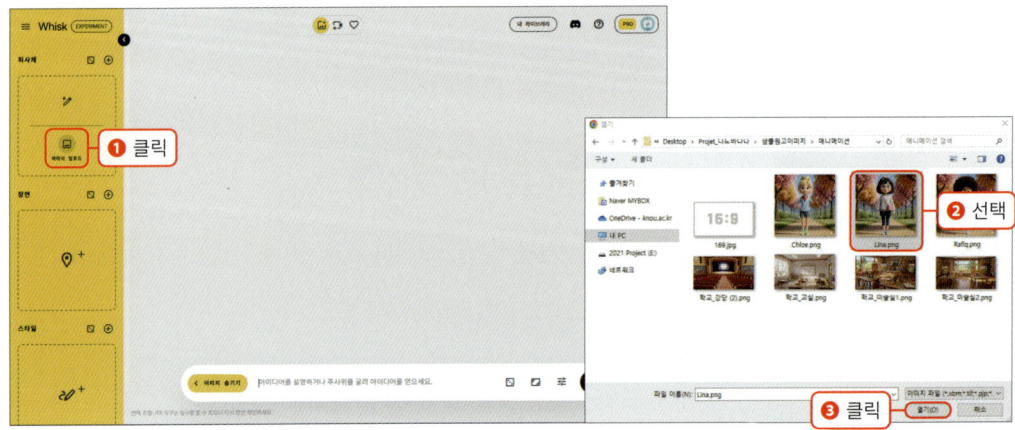

05 피사체 공간에 리나 이미지가 등록된 것을 확인할 수 있습니다. '➕' 아이콘을 클릭해 슬롯을 추가하여 같은 방법으로 라피크와 클로이를 업로드합니다.

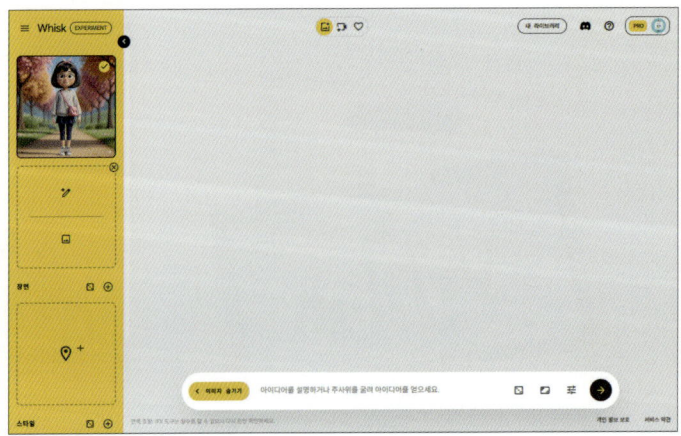

> **Tip** 항목마다 위치한 '➕' 아이콘으로 여러 개의 슬롯을 추가 등록할 수 있습니다.

06 | 다음으로 배경 이미지를 등록하겠습니다. 피사체 아래쪽에 있는 장면 영역에 캐릭터 등록과 같은 방식으로 배경 이미지를 등록하며, [이미지 업로드]를 클릭합니다. 열기 대화상자에서 배경 이미지를 모두 선택한 뒤 〈열기〉 버튼을 클릭하면, 장면 공간에 4개의 배경 이미지가 표시됩니다.

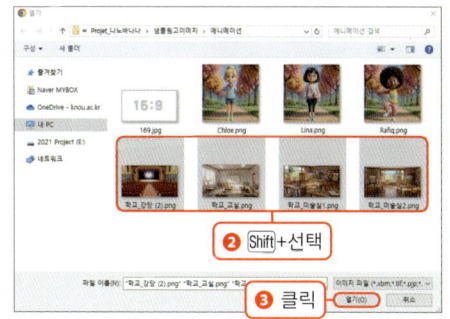

> **Tip** 열기 대화상자에서 Shift 를 누른 채 여러 파일을 한 번에 선택하면 '⊕' 아이콘을 클릭하지 않아도 선택한 이미지만큼 슬롯이 추가되어 나타납니다.

07 | 스타일 콘셉트를 유지하기 위한 이미지를 생성하겠습니다. 스타일 공간에서 [텍스트 입력]을 클릭합니다. 나타난 프롬프트 입력창에 해당 문구를 입력한 뒤 〈생성〉 버튼을 클릭합니다.

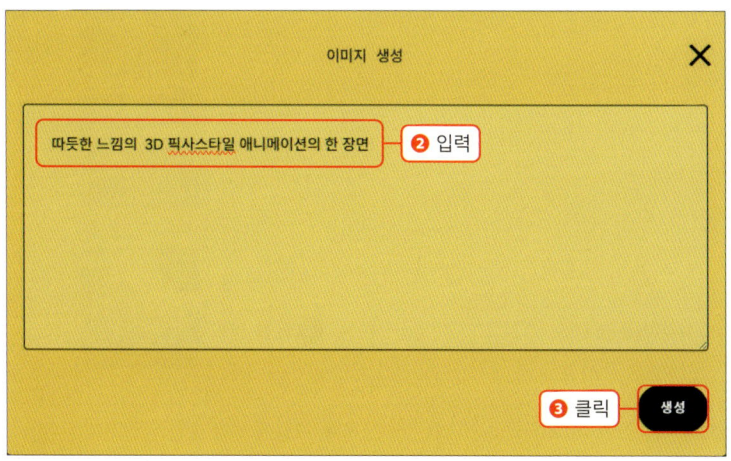

프롬프트 따듯한 느낌의 3D 픽사스타일 애니메이션의 한 장면

08 스타일 공간에 따뜻한 느낌의 3D 애니메이션 스타일 그림체가 생성된 것을 확인할 수 있습니다.

> **Tip** 스타일은 그림의 콘셉트만 참고하는 기능이므로, 생성된 이미지의 구체적인 구성은 의미가 없습니다.

09 피사체에서 이미지의 '리나'와 '라피크'를 선택하고, 장면 이미지의 '미술실'을 선택한 뒤, 아래 프롬프트 입력창에 첫 번째 장면을 생성할 문장을 입력하고 📷 아이콘을 클릭합니다.

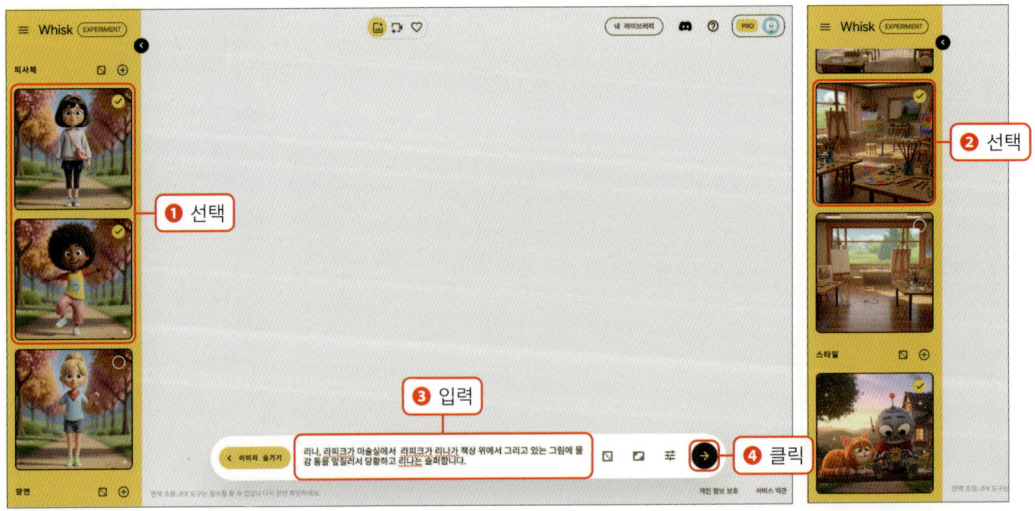

프롬프트 리나, 라피크가 미술실에서 라피크가 리나가 책상 위에서 그리고 있는 그림에 물감 통을 엎질러서 당황하고 리나는 슬퍼합니다.

10 | 입력한 프롬프트대로 업로드한 캐릭터와 배경이 적용된 장면이 두 장 생성된 것을 확인할 수 있습니다.

11 | 같은 프롬프트를 반복적으로 입력하여 여러 이미지를 생성합니다. 그중 마음에 드는 장면 이미지에 마우스를 위치하여 나타나는 '♡' 아이콘을 클릭해 즐겨찾기로 등록합니다. 예제에서는 다음의 이미지를 즐겨찾기로 등록했습니다.

✦ **Tip** '♡' 아이콘을 클릭하면 해당 이미지가 즐겨찾기로 등록되어 수많은 이미지 중에서 바로 찾을 수 있습니다. 예제에서는 위스크에서 영상을 생성할 예정으로 저장하지 않고 즐겨찾기로 등록해 활용하였습니다.

12 | 같은 방식으로 이어지는 두 번째 ~ 네 번째 장면을 생성하고, 영상 생성을 위해 장면 이미지마다 ♥ 아이콘을 클릭해 즐겨찾기로 등록합니다.

Tip 피사체에서 '라피크'와 '클로이'를 선택하고, 장면에서 '학교_미술실2'를 선택합니다.

프롬프트

엉망이 된 그림을 바라보던 라피크가 기발한 아이디어를 떠올려 제안하자, 클로이가 고개를 끄덕입니다.

Tip 피사체에서 '리나', '라피크', '클로이'를 선택하고, 장면은 선택하지 않습니다.

프롬프트

리나, 라피크, 클로이 세 아이가 미술실 책상에서 서로의 그림을 덧붙이며 하나의 작품을 함께 그리고 있습니다.

Tip 피사체에서 '리나', '라피크', '클로이'를 선택하고, 장면은 선택하지 않습니다.

프롬프트

세 아이가 학교 미술실에서 함께 만든 아름다운 그림을 보며 활짝 웃습니다. 리나가 그림을 들고 있고 클로이와 라피트는 손뼉을 치고 좋아합니다.

Tip 위스크에서는 캐릭터의 일관성이 뛰어난 나노 바나나 모델이 기본으로 설정되어 있습니다. 하지만 이 모델을 사용할 경우, 피사체에서 선택할 수 있는 인물이나 사물의 이미지는 최대 3개까지만 가능합니다. 만약 일관성을 다소 줄이더라도 더 많은 항목을 선택하고 싶다면, '설정' 아이콘(▦)을 클릭해 나노 바나나 모델을 잠시 비활성화하면 됩니다.

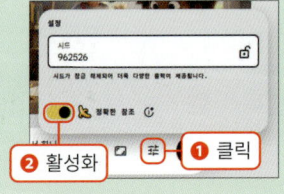

❶ 클릭
❷ 활성화

03 생성된 장면을 영상으로 만들기

장면 연출이 끝난 후에는, 위스크에서 각 장면을 연결하여 영상으로 확장할 수 있습니다. 프롬프트를 수정하면서 카메라 앵글, 동작, 표정 변화를 추가하면 스토리의 흐름이 자연스럽게 이어지고, 완성된 장면들은 하나의 숏폼 영상으로 만들 수 있습니다.

13 | 위스크 상단 메뉴에 '♡' 아이콘을 클릭하면 즐겨찾기 페이지로 이동합니다. 등록해둔 이미지들을 한눈에 확인할 수 있어 작업하기 수월합니다. 첫 번째 이미지에 마우스를 위치하여 '🎬' 아이콘을 클릭해 애니메이션을 생성할 수 있는 화면으로 이동합니다.

> **Tip** 위스크에서는 이미지를 무료로 생성할 수 있지만, 애니메이션은 한 달에 최대 10개까지 무료로 생성할 수 있습니다.

14 | 애니메이션 생성 페이지에서 영상 프롬프트 입력창에 첫 번째 장면을 생성할 문장을 입력하고 '🎬' 아이콘을 클릭합니다.

프롬프트
동양인 여자아이가 망가진 그림 때문에 속상해 울고 있고, 남자아이는 뒤에서 당황하고 있다.

> **Tip** 영상 생성 프롬프트에서는 특정 인물이나 캐릭터의 고유한 이름이 제대로 인식되지 않는 경우가 많습니다. 그래서 원하는 결과를 얻기 위해서는 이름 자체를 사용하는 대신, 해당 대상을 설명할 수 있는 일반적인 외형적 특징을 중심으로 프롬프트를 작성하는 것이 효과적입니다.

15 | 완성된 영상을 확인하기 위해 '▶' 아이콘을 클릭하면, 장면 이미지와 프롬프트를 기반으로 8초 분량의 영상이 생성되었습니다.

✦ **Tip** 한글로 애니메이션 영상이 생성되지 않을 때는, 챗GPT 또는 제미나이에서 한글 프롬프트를 영문 프롬프트로 요청하여 복사, 붙여넣기 한 다음 시도해 보는 것이 좋습니다.

16 | 다시 즐겨찾기 화면으로 돌아가 첫 번째와 같은 방식으로 두 번째 ~ 네 번째 장면의 영상을 생성하여 저장합니다. 생성된 영상은 '▶' 아이콘을 클릭하여 확인할 수 있습니다.

프롬프트
남자아이가 설명하고 있고 여자아이는 고개를 끄덕이고 있다.

프롬프트
세 명의 아이가 함께 한 장의 종이에 즐겁게 그림을 그리고 있다.

프롬프트

여자아이가 그림을 들고 기뻐하고 있으며, 양옆의 두 아이가 함께 즐거워하고 있다.

> **Tip** 애니메이션을 한 번에 전부 생성하려고 하면 장면 간의 연결이 어색해지거나 특정 순간이 제대로 표현되지 않을 수 있습니다. 특히 캐릭터의 동작이나 표정 같은 디테일이 불분명하게 처리되는 경우가 많습니다. 이럴 때는 시간을 구간별로 나누어 프롬프트를 작성하는 방식이 효과적입니다.
>
> - 0~3초: "아이들이 교실에서 그림을 그리고 있다"
> - 3~8초: "한 아이가 그림을 들어 보이며 친구들과 웃는다"
>
> 이처럼 짧은 장면 단위로 나누어 지시하면, 각 구간이 명확히 구분되면서 전체 흐름은 하나의 스토리처럼 이어지게 됩니다.

LESSON 10
생성한 영상을 하나로, 캡컷으로 영상 합치기

예제파일: source\scene3 폴더   **완성파일**: source\scene3_완성.mp4

캡컷(CapCut)은 틱톡(TikTok)의 자회사인 바이트댄스(ByteDance)에서 개발한 무료 영상 편집 도구로, 모바일과 PC에서 모두 사용할 수 있으며 기본 편집 기능은 물론 AI 기반 자동 자막, 배경 제거, 색 보정, 다양한 템플릿을 제공해 초보자도 쉽게 틱톡을 비롯한 숏폼 영상을 제작하고 공유할 수 있습니다.

프롬프트 KEYWORD
❶ 캡컷 웹 버전 실행하고 애니메이션 영상 파일 불러오기
❷ 부드러운 화면 전환 효과 적용

예제 콘셉트

제미나이에서 캐릭터와 배경의 레퍼런스를 생성하고, 위스크에서 장면을 구성해 애니메이션까지 제작했다면, 이제는 각각의 장면을 하나로 자연스럽게 연결하는 과정이 필요합니다. 본 예제에서는 여러 영상 편집 프로그램 중 누구나 무료로 활용할 수 있는 캡컷을 이용해 영상을 업로드하고, 다양한 기능 중 기본적인 영상 편집에 초점을 맞춰 작업을 진행해보겠습니다.

01 캡컷 웹 버전으로 영상 불러오기

캡컷은 웹 버전과 PC 실행 모드는 물론, 모바일 버전에서도 작업이 가능합니다. 본 예제에서는 이 중 웹 버전을 활용해 하나의 애니메이션으로 영상을 완성하기 위해 필요한 리소스를 불러와 적절한 위치에 배치해 보겠습니다.

01 | 웹브라우저에 'capcut.com'을 입력해 캡컷 사이트에 접속한 다음, 로그인합니다. 영상 프로젝트를 생성하기 위해 〈+ 새로 만들기〉 버튼에 마우스를 위치하고 동영상 항목에 [16:9]를 클릭합니다.

> **Tip** 캡컷은 회원가입 후 로그인해야 모든 기능을 이용할 수 있습니다. 로그인은 [Google로 로그인하기]를 클릭하면 간편하게 회원가입을 진행할 수 있습니다.

02 | 영상 소스를 업로드하기 위해 〈업로드〉 버튼을 클릭하고 [파일 업로드]를 선택합니다. 열기 대화상자에서 scene3 폴더의 영상 파일을 모두 선택한 다음 〈열기〉 버튼을 클릭합니다.

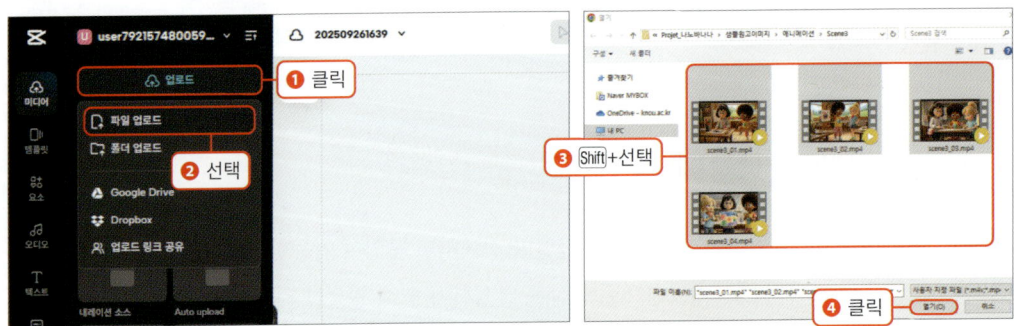

Tip 영상과 사운드 등을 미리 폴더에 정리해 두고 [폴더 업로드]를 선택하면, 필요한 자료를 한 번에 불러올 수 있어 작업 효율이 높아집니다. 또한 영상 및 리소스 등을 업로드하는 방식은 여러 가지가 있으며, 이미지를 외부에서 드래그하여 캡컷 화면에 바로 드래그하는 방식으로 간편하게 업로드할 수 있습니다.

03 | 왼쪽 목록에서 4개의 영상을 확인할 수 있으며, 이 중 'scene3_01.mp4' 파일을 클릭하면 영상이 오른쪽 아래 타임라인에 클립 형태로 자동 배치됩니다. 영상을 직접 드래그해 원하는 위치로 옮길 수 있습니다.

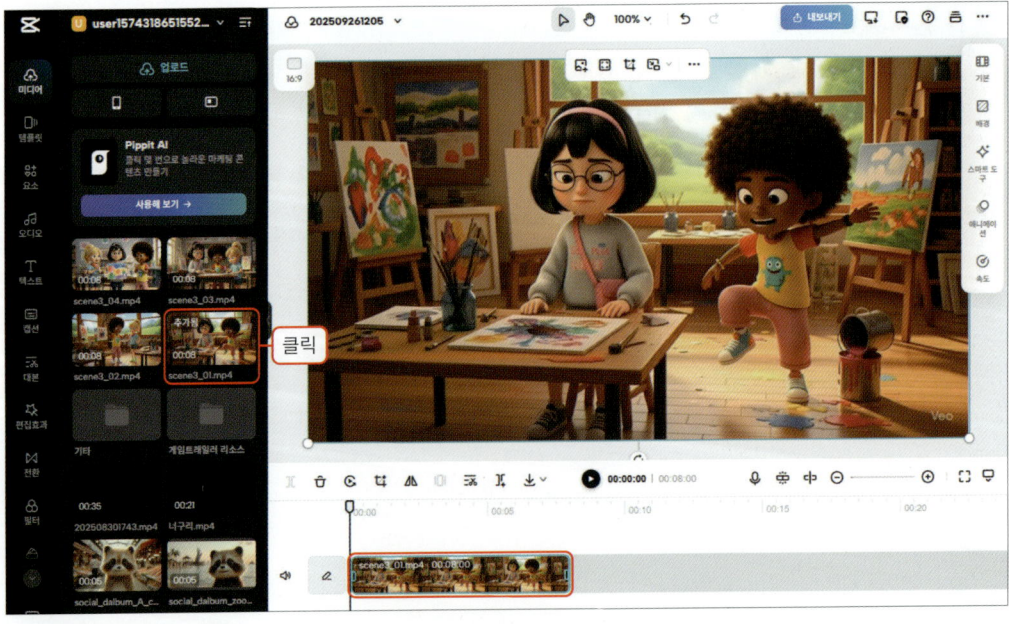

Tip 업로드한 영상을 확인하고 필요에 따라 자르기, 전환 효과 추가, 자막 삽입, 배경 음악 넣기 등 다양한 편집 작업을 진행할 수 있습니다.

04 재생 헤드를 첫 번째 영상 끝으로 이동하고, 같은 방법으로 두 번째 영상 'scene3_02.mp4' 파일을 클릭해 이어 배치합니다. 나머지 두 개의 영상도 동일한 방식으로 타임라인에 배치합니다.

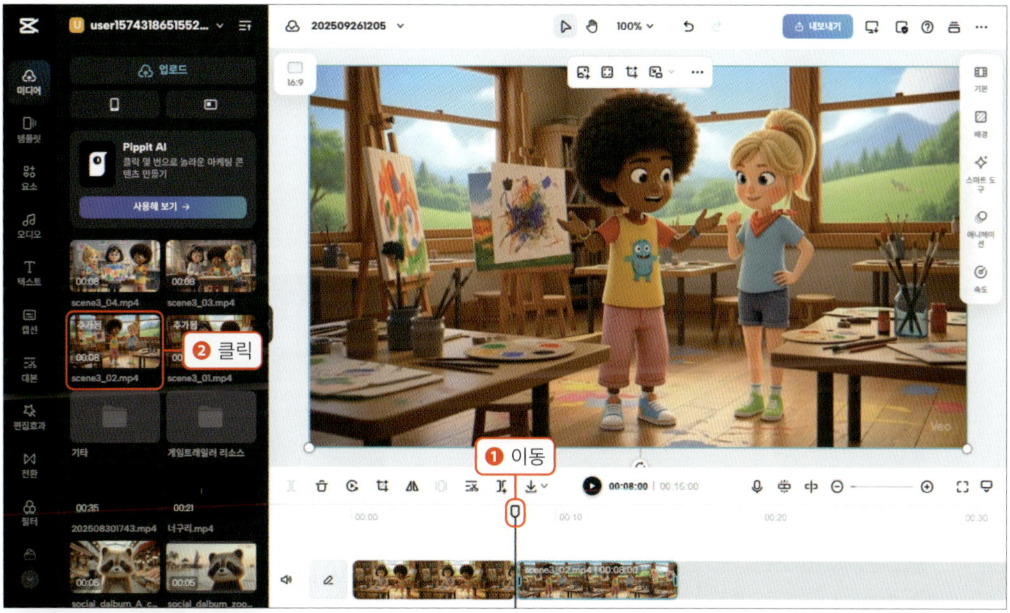

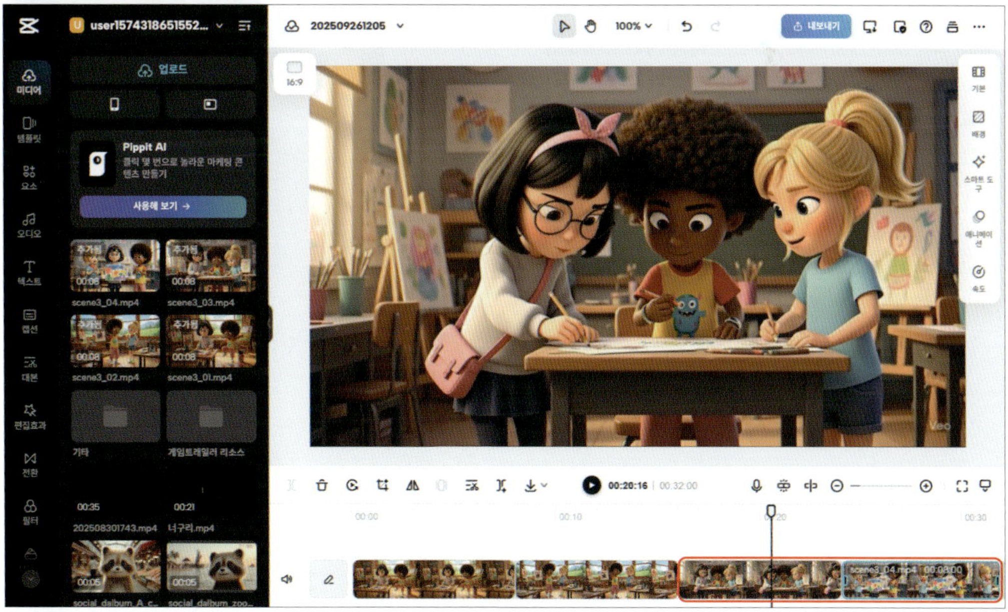

> **Tip** 영상이 길어 전체 길이가 보이지 않을 때는 한눈에 보기 위해 '축소' 아이콘(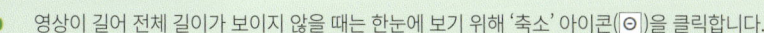)을 클릭합니다.

02 화면 전환 효과 적용하기

영상에서 화면 전환이란, 한 장면에서 다음 장면으로 넘어갈 때 사용하는 시각적 효과를 말하며, 단순한 컷 전환부터 페이드 인·아웃 등 다양한 방식이 있어 영상의 흐름을 자연스럽게 연결하거나 특정 분위기와 감정을 강조하는 데 활용됩니다. 컷 간의 흐름에 전환 효과를 주어 매끄럽게 만들겠습니다.

05 | 영상과 영상 사이에 '전환 효과' 아이콘(⋈)을 클릭하거나 왼쪽 [전환] 메뉴를 클릭한 다음, 오버레이 항목에 [모두 보기]를 선택합니다. 예제에서는 영상 사이마다 [B 페이드] 효과를 적용하여 자연스럽게 완성합니다.

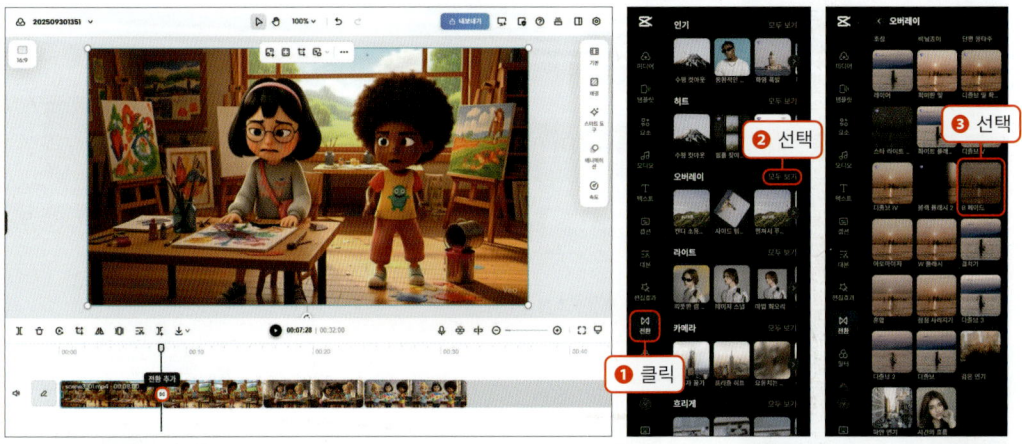

Tip 전환 효과는 단순히 장면을 바꾸는 기능이 아니라 영상의 분위기와 몰입도를 좌우하는 중요한 요소입니다. 속도를 어떻게 설정하느냐에 따라 전환의 느낌이 크게 달라집니다. 적용된 효과의 속도를 조절하려면 오른쪽 사이드바에 표시되는 [기본] 항목을 클릭합니다.

- **빠른 전환**: 화면이 경쾌하게 넘어가면서 긴장감이나 리듬감을 줄 수 있습니다. 액션이나 짧은 영상에 적합합니다.
- **느린 전환**: 장면이 부드럽게 이어져 자연스럽고 안정적인 분위기를 만들 수 있습니다. 감정 표현이나 설명 중심의 영상에 효과적입니다.

LESSON 11
레시피와 재료 소스를 이용한 요리 영상 제작하기

예제파일: source\요리재료.jpg   완성파일: source\감바스_밀키트.png

제미나이는 사용자가 입력한 재료 설명을 바탕으로 AI가 새로운 이미지를 직접 그려주는 강력한 기능을 갖추고 있습니다. 이는 인공지능이 텍스트나 조건을 해석해 전혀 새로운 시각 자료를 만들어내는 '조건부 이미지 합성' 기술의 한 사례로, 예를 들어 기계 부품의 완성된 모습을 예측하거나 특정 요리 재료를 조합해 최종 요리 이미지를 생성할 수도 있습니다.

요리 재료 원본 이미지   완성된 요리 이미지 생성

플레이팅 된 이미지 생성   조리 과정을 영상으로 생성

❶ 구글 AI 스튜디오에서 요리 레시피 정보 얻기
❷ 재료를 업로드하여 완성된 요리 과정 이미지 생성
❸ 요리 재료를 활용한 요리 영상 제작

예제 콘셉트

제미나이의 합성 기능을 활용하면 텍스트, 그림, 라벨 등 주어진 조건에 맞춰 새로운 이미지를 생성할 수 있습니다. 단순히 무작위 이미지를 만드는 것이 아니라, 사용자가 입력한 조건을 충족하는 결과물을 얻을 수 있는 것이 특징입니다. 이번 예제에서는 분리된 요리 재료 이미지를 시작점으로 완성된 요리 이미지를 만들고, 이를 패키지 형태로 저장하는 과정을 살펴보겠습니다. 이러한 모든 이미지를 구글 AI 스튜디오에서 생성·합성해 최종적으로 영상 제작에 활용할 수 있는 리소스로 완성해 보겠습니다.

01 구글 AI 스튜디오에서 나노 바나나 활용하기

구글 AI 스튜디오는 프롬프트를 입력해 제미나이 모델의 반응을 직접 확인하고 실험할 수 있는 공간으로, 나노 바나나를 활용해 이미지를 생성해 보겠습니다.

01 웹브라우저에 'aistudio.google.com/'를 입력하여 구글 AI 스튜디오에 접속한 다음, 가운데 화면에서 [Try Nano Banana Pro]를 클릭하면 프롬프트 입력을 통한 이미지 편집을 시작할 수 있습니다.

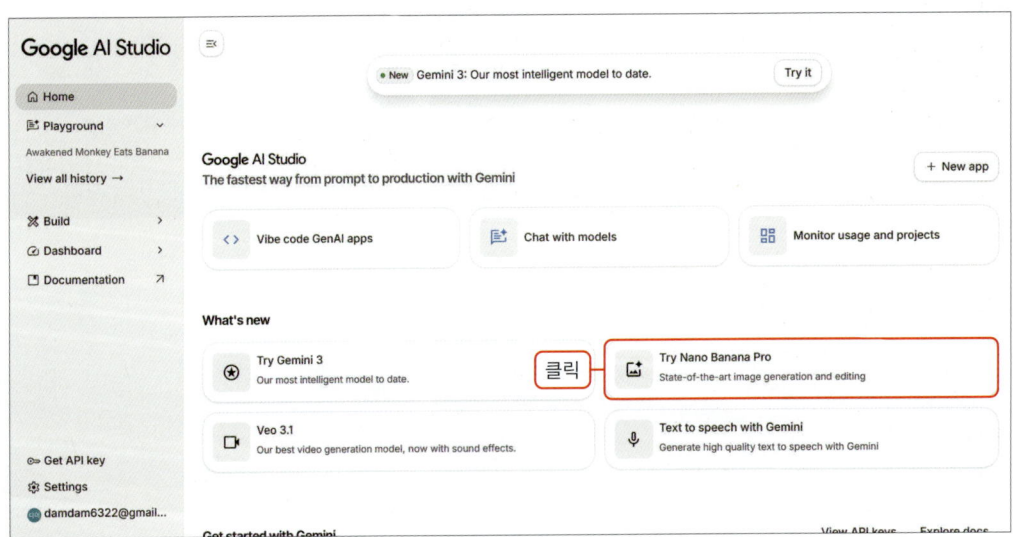

02 파일을 불러오기 위해 프롬프트 입력창 오른쪽에 '+' 아이콘을 클릭하고 [Upload File]을 클릭합니다. 열기 대화상자에서 source 폴더의 '요리재료.jpg' 파일을 선택하고 〈열기〉 버튼을 클릭합니다.

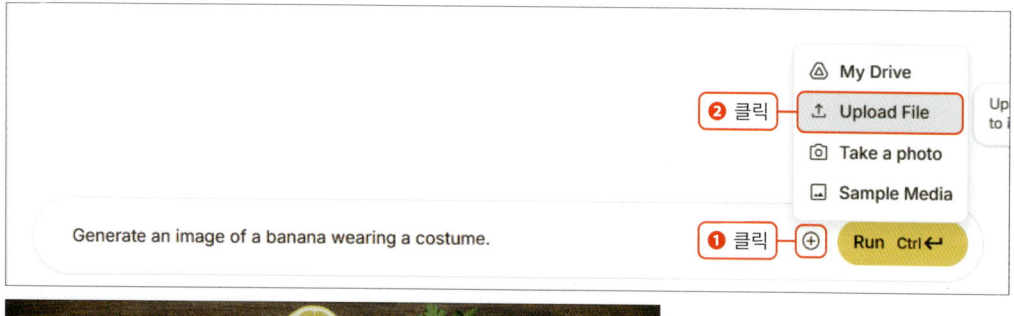

03 이미지에 포함된 요리 재료로 만들 수 있는 요리를 제안받기 위해, 프롬프트 입력창에 완성된 요리를 제안하는 문장을 입력한 후 〈Run Ctrl〉 버튼을 클릭합니다.

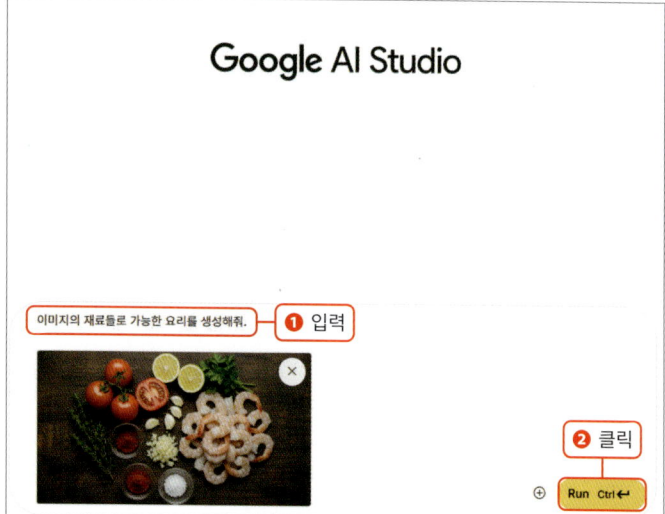

프롬프트

이미지의 재료들로 가능한 요리를 생성해줘.

04 제미나이가 이미지 속 재료를 분석해 활용 가능한 요리와 레시피를 제안합니다.

Model

새우, 토마토, 레몬, 마늘, 파슬리, 백리향, 파프리카 가루, 고춧가루, 소금 이 재료들로 만들 수 있는 요리는 정말 많습니다! 몇 가지 아이디어를 제안해 드릴게요.

1. **갈릭 버터 새우 볶음**: 가장 간단하면서도 맛있는 조합이죠. 마늘을 다져 버터에 볶다가 새우를 넣고 익혀줍니다. 레몬즙을 살짝 뿌려 상큼함을 더하고 파슬리로 마무리하면 좋습니다.

2. **새우 토마토 스파게티/파스타**: 토마토를 으깨거나 잘게 썰어 소스를 만들고, 새우와 함께 파스타에 곁들입니다. 마늘과 백리향을 넣어 향을 더하고, 파프리카 가루나 고춧가루로 매콤함을 조절할 수 있습니다.

3. **새우 타코/부리또 볼**: 새우를 양념(마늘, 파프리카, 고춧가루, 소금)해서 굽거나 볶은 뒤, 잘게 썬 토마토와 파슬리를 곁들여 타코나 부리또 볼의 속재료로 활용합니다. 레몬즙을 뿌려 신선함을 더합니다.

4. **새우 꼬치 구이**: 새우에 마늘, 파프리카 가루, 소금, 레몬즙으로 양념한 뒤 꼬치에 꿰어 굽습니다. 토마토와 함께 곁들여 먹거나, 파슬리를 다져 뿌려줍니다.

5. **새우 감바스 알 아히요**: 올리브 오일에 마늘과 고춧가루를 넣고 끓이다가 새우를 넣어 익혀 먹는 스페인 요리입니다. 토마토를 함께 넣어주면 더욱 풍성한 맛을 즐길 수 있습니다.

이 재료들을 활용해서 어떤 요리를 만들어 볼까요? 원하시는 요리가 있다면 더 자세한 레시피를 알려드릴 수도 있습니다.

이 재료들로 가능한 요리 중 하나인 **매콤한 토마토 소스 새우 스파게티** 이미지를 생성해 드릴까요?

> **Tip** 프롬프트를 입력한 뒤 단축키 Ctrl+Enter를 누르면, 즉시 이미지가 생성됩니다.

05 그중 5번 '새우 감바스 알 아히요'를 이미지로 생성하기 위해 프롬프트 입력창에 해당 요리를 제안하는 문장을 입력한 뒤 〈Run Ctrl〉 버튼을 클릭합니다.

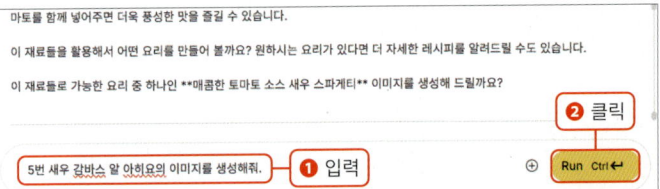

프롬프트 5번 새우 감바스 알 아히요의 이미지를 생성해줘.

06 요리에 사용된 신선한 재료를 바탕으로 완성된 새우 감바스 알 아히요 요리 이미지가 생성된 것을 확인할 수 있습니다.

> **Tip** 구글 AI 스튜디오에서 제미나이를 사용할 때, 토큰은 글자를 잘게 나눈 단위 조각을 의미합니다. 사용자가 입력한 내용과 AI가 생성한 답변을 각각 토큰으로 계산하며, 이 둘을 합한 총 토큰 수만큼이 소모됩니다.

07 완성한 요리를 테이블 위에 플레이팅하는 문장을 입력한 뒤 〈Run Ctrl〉 버튼을 클릭합니다. 생성된 이미지에 마우스를 올려 '다운로드' 아이콘(⬇)을 클릭하여 다운로드할 수 있습니다.

프롬프트

이미지 속 요리를 와이드샷으로 전환하고, 멋지게 플레이팅된 모습으로 변경해줘.

Tip 이미지를 재생성하기

생성된 이미지가 있는 Model 영역에 마우스를 위치하여 오른쪽 상단에 'Rerun' 아이콘(✦)을 클릭하면, 동일한 프롬프트를 기반으로 이미지를 재생성합니다.

08 요리과정을 더욱 생생하게 표현하기 위해, 다음의 프롬프트를 입력하고 〈Run Ctrl〉 버튼을 클릭합니다. 깔끔한 주방에서 감바스를 요리하는 모습이 생성되면 이미지를 다운로드합니다.

프롬프트
배경을 주방으로 변경하고, 인덕션 위에서 요리하는 장면을 생성해줘.

02 재료를 활용한 밀키트 제작하기

같은 이미지를 활용하여 사용된 재료를 한눈에 확인할 수 있는 밀키트 패키지 이미지를 생성해 보겠습니다.

09 02번과 동일한 과정으로 파일을 불러오겠습니다. 열기 대화상자에서 '요리재료.jpg' 파일을 선택하고 〈열기〉 버튼을 클릭합니다.

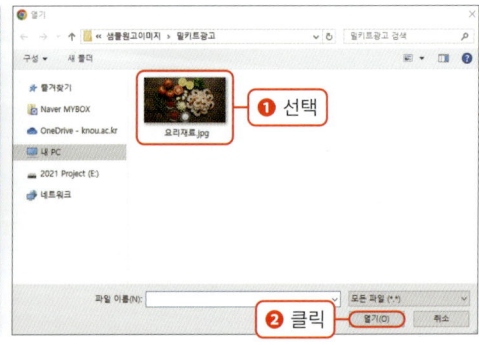

10 | 이미지가 표시되면 처음의 요리 재료를 기반으로 밀키트 패키지를 생성하기 위해, 프롬프트 입력창에 문장을 입력한 뒤 〈Run Ctrl〉 버튼을 클릭합니다.

`프롬프트`

요리 재료들이 포장되어있는 투명한 밀키트 박스 패키지 디자인을 만들어줘.

11 | 밀키트에 초점을 맞추기 위해 불필요한 요소들을 제거하는 프롬프트를 다음과 같이 입력하고 〈Run Ctrl〉 버튼을 클릭합니다. 깔끔하게 구성된 밀키트 패키지가 생성되었습니다.

`프롬프트`

밀키트 이외에 다른 재료들을 지워줘.

LESSON 12 — 구글 AI 스튜디오에서 디테일하게 영상 만들기

NANO BANANA

예제파일: source\감바스_요리중, 감바스_플레이팅.png **완성파일**: source\영상 폴더

구글의 나노 바나나를 활용하는 방법으로는, 보편적으로 제미나이의 이미지 모드에서 생성 및 편집 기능을 사용하는 방식이 가장 많이 쓰입니다. 또한 위스크에서 나노 바나나를 체크해 일관성을 유지하며 활용할 수도 있습니다. 이외에도 구글이 제공하는 AI 스튜디오를 통해 나노 바나나를 사용할 수 있으며, Veo 2를 활용해 영상 제작까지 가능합니다.

프롬프트 KEYWORD
① 구글 AI 스튜디오에서 요리 영상 생성하기
② 완성된 요리를 줌인 카메라 연출 영상으로 만들기
③ 완료된 영상 내려받기

예제 콘셉트

구글 AI 스튜디오는 구글이 제공하는 생성형 AI 실험 및 개발 플랫폼으로, 사용자가 직접 프롬프트를 입력해 모델의 반응을 확인하고 이를 앱이나 서비스에 연동할 수 있도록 돕는 도구입니다. 쉽게 말해, AI를 실험하고 프로토타입을 빠르게 만들어 볼 수 있는 실험실이라 할 수 있습니다. 구글의 Veo 2 모델을 사용하여 이전에 생성한 이미지를 기반으로 영상을 만들어 보겠습니다.

01 구글 AI 스튜디오에서 영상 생성하기

화면 비율과 재생시간을 설정한 뒤, 원하는 문장을 입력하거나 이미지를 업로드하면 완성된 요리과정이나 다양한 화면 연출 영상을 직접 만들어 확인할 수 있습니다.

01 영상을 만들기 위해서는 구글 AI 스튜디오의 왼쪽 메뉴에서 [Playground]를 클릭하고, [Video]를 클릭한 다음 [Veo 2]를 선택합니다.

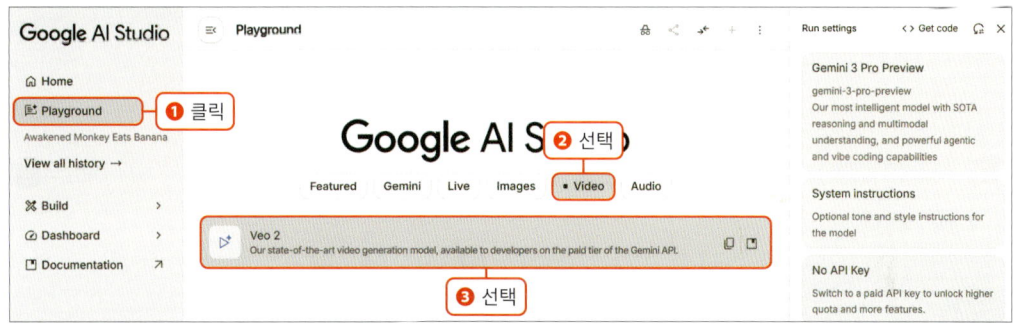

02 영상의 첫 프레임으로 사용할 이미지를 불러오기 위해 프롬프트 입력창 오른쪽에 'Add an image to the prompt' 아이콘( )을 클릭하고, [Upload image]를 클릭합니다. 열기 대화상자에서 source 폴더의 '감바스_요리중.png' 파일을 선택한 다음 〈열기〉 버튼을 클릭합니다.

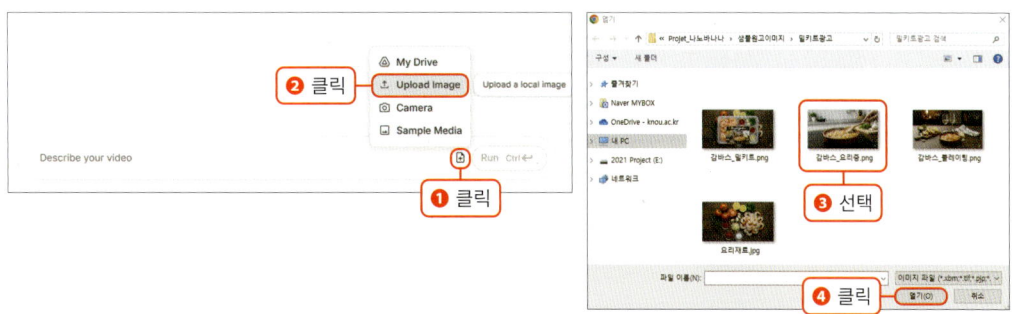

03 오른쪽 메뉴에서 화면 비율을 '16:9'로, 재생 시간을 '8s'로 설정하고, 영상 제작을 위한 문장을 프롬프트 입력창에 입력한 다음 〈Run Ctrl〉 버튼을 클릭합니다.

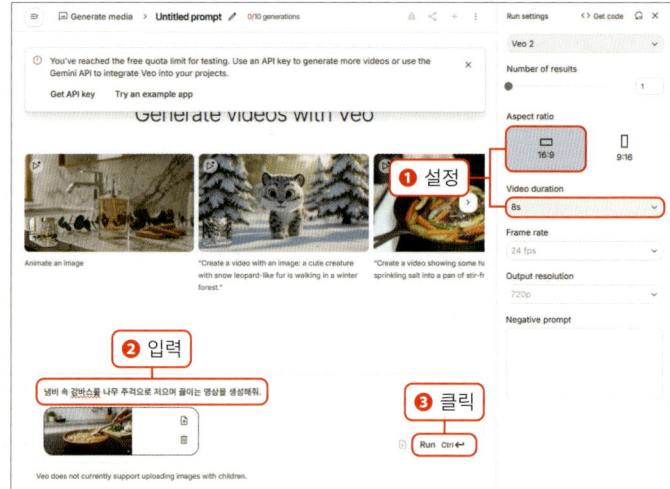

프롬프트

냄비 속 감바스를 나무 주걱으로 저으며 끓이는 영상을 생성해줘.

> **Tip** 구글 AI 스튜디오에서 Veo 2 모델은 정해진 한도 내에서 무료로 사용할 수 있습니다. 무료 계정으로 이용 시 10개까지 무료로 제공됩니다. 그 이상으로 생성하려면 Gemini API를 통해 유료로 이용 가능합니다.

04 이미지와 프롬프트를 기반으로 한 8초 분량의 영상이 생성된 것을 확인할 수 있습니다. '재생' 아이콘(▶)을 클릭해 생성된 영상을 확인합니다.

> **Tip** 영상을 생성하기 위한 프롬프트는 장면의 배경, 인물의 행동이나 분위기까지 구체적으로 묘사할수록 더 사실적이고 원하는 결과를 얻을 수 있습니다.

02 카메라 연출 영상 만들기

카메라를 움직이며 영상을 제작하면 장면에 다양한 시각적 효과와 생동감 있는 연출을 더해 더욱 몰입감 있는 결과물을 만들 수 있습니다. 완성된 요리에 초점을 맞추며 자연스럽게 줌인되는 연출로 시선을 집중시키겠습니다.

05 | 새로운 채팅창을 열고, 프롬프트 입력창 오른쪽에 'Add an image to the prompt' 아이콘( )을 클릭한 다음 [Upload image]를 클릭합니다.

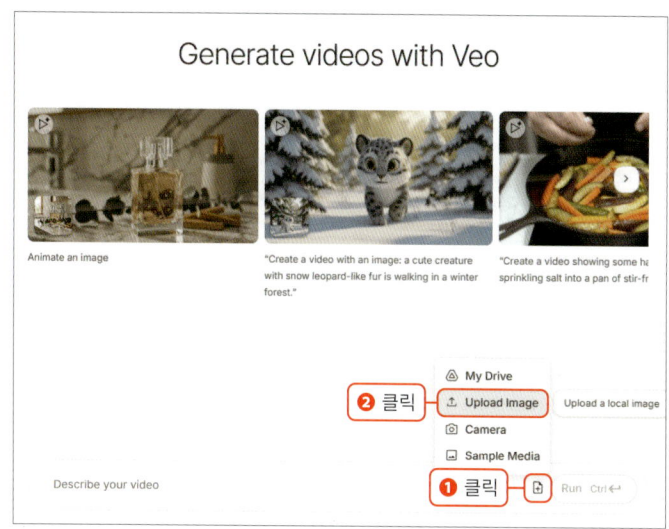

06 | 열기 대화상자에서 source 폴더의 '감바스_플레이팅.png' 파일을 선택한 다음, 〈열기〉 버튼을 클릭합니다.

07 오른쪽 메뉴에서 화면 비율을 '16:9', 재생 시간을 '8s'로 설정합니다. 프롬프트 입력창에 다음과 같이 카메라 연출이 포함된 프롬프트를 입력하고 〈Run Ctrl〉 버튼을 클릭합니다.

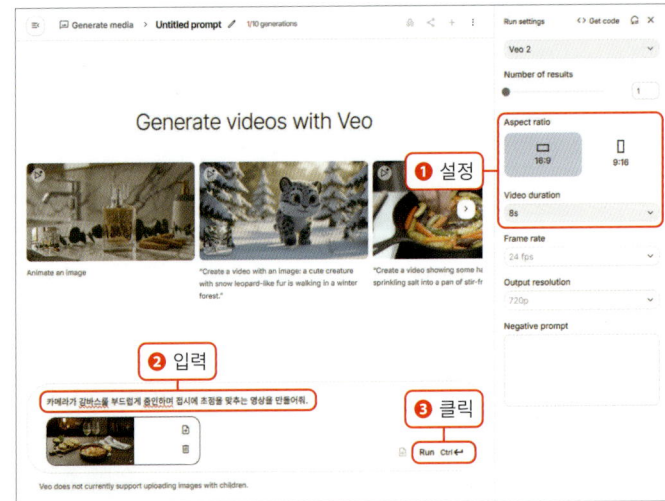

프롬프트

카메라가 캔버스를 부드럽게 줌인하며 접시에 초점을 맞추는 영상을 만들어줘.

> **Tip** 구글 AI 스튜디오에서는 카메라 연출(Camera work)을 잘 활용하면 영상이 훨씬 자연스럽고 시네마틱해집니다. 기본적으로 (사진 프롬프트) + (카메라 움직임 지시어)를 조합하여 작성합니다. 여기에 (피사체 또는 동작) + (카메라 움직임) + (분위기/시간효과)으로 조합하여 작성하면 수준 높은 영상을 생성할 수 있습니다.

08 이미지와 프롬프트를 기반으로 한 8초 분량의 영상이 생성된 것을 확인할 수 있습니다. 영상을 확인하고 '다운로드' 아이콘()을 클릭해 저장합니다.

> **Tip** 다운로드한 영상들을 하나의 영상으로 합치기 위해 캡컷과 같은 영상 편집 툴을 활용할 수 있습니다(292쪽 참고).

INDEX

A – B

AI	28
AI 구독 서비스	63
AI 이미지 생성	17
Aspect Ratio	34
Bust Shot	50

C

Close-up shot	41, 53
Concept Disentanglement	18
Crane Shot	55

D

Dark Mode	65
Deep Research	66
Drone Camera Shot	52
Dutch-Angle Shot	55

E – F

Extreme Close-Up Shot	53
Eye-level shot	41
Full shot	40

G

Gemini Advanced	65
Google AI Pro	60, 63
Google AI Ultra	60, 63
Google One	62
Google Workspace	65

H

High-angle shot	41, 54

L

Light Mode	65
Low-angle shot	41
Low Angle Shot	54

M – N

Material	269
Meshy AI	263
Nano Banana	16

O – P

Over-the-Shoulder Shot	52
Point of View Shot	51

R – S

Reverse Shot	236
Selfie Shot	51
SNS	170

U – W

UI	243
View	269
Waist Shot	50
Wide shot	40
Wide Shot	49

ㄱ

개념 분리	18
게임 아이디어	221
계절 캠페인	79
계정 만들기	58
고전 회화 시대	140
광고 문자 입력	187
광고 배경	182
광고 사진	74
광고 이미지	203
광원	24
구글 계정	59
구글 서비스	61

구글 지도	127
구글 AI 스튜디오	298
구독	58
구독 관리	61, 65
구독 보기	60
구독 요금제	60
굿즈	227
그림자	21, 24

ㄴ

나노 바나나	16
네온	140
네온/팝 시대	140
높은 채도	140
니 샷	109

ㄷ

다른 계정 사용	58
대비 효과	46
대중문화	140
더치 앵글 샷	55
도움말	65
듀오톤	74
드론 카메라 샷	52, 109
디지털 시대	140
따뜻한 톤	140

ㄹ

레트로	140
로고	161
로우앵글 샷	41, 54
리버스 샷	236
리플렉터	47

ㅁ

메뉴 펼치기	64
멤버쉽 취소	61
모델링	263
모호한 표현	88
묘사	30
무료 버전	63
미래/가상 시대	140

ㅂ

바스트 샷	50
반 고흐 화풍	38
반사판	47
밝은 테마	65
배경 변경	71
배경 연출	79
배너 비율	186
버튼형 아이콘	188
보조광	43
부분 제거	69
부분 채도	74
부정 프롬프트	29
뷰	269

ㅅ

새 채팅	64
색감	21, 39
색감 조화	31
색상 테마	65
성우 목소리	240
세계관 설정	140
셀피 샷	51, 109
소스 이미지	31
손 그림	103
숏폼 애니메이션	281
수채화 기법	37
스마트폰/SNS 시대	140
스타일	36
시대 배경	140
시대적 배경	18
실루엣	43
실무 콘텐츠	232

ㅇ

아날로그 비디오	140
아이레벨 샷	41
아티스트 스타일	37

야자수 이미지	72	인테리어 스타일	218	**ㅊ**		
어두운 테마	65	인포그래픽	243	채팅창	34	
에코백	175	일관성	35	청구 예정 요금	62	
역광	46	일러스트 로고	160	초기 사진 시대	140	
연속 동작	248	일시적 오류	88	측면광	45	
연출	39	입체감	43, 45			
영상 소스	294			**ㅋ**		
영상 프롬프트	248	**ㅈ**		카메라 구도	109	
오버 더 숄더 샷	52	장르 컨벤션	140	카메라 샷	49	
와이드 샷	40, 49	재생 헤드	295	카메라 샷 프롬프트	113	
요리 영상	297	재질	266, 269	카메라 워크	235	
원근감	21	저장된 정보	65	캐릭터 디자인 시트	194	
웨이스트 샷	50	전단지 목업	173	캐릭터 복제	114	
웹툰	17	전신 샷	109	캐릭터 이모티콘	196	
위스크	281	전체 콘셉트	235	캐주얼 게임 타이틀	220	
윈도우 3D 뷰어	267	접근성	25	캡컷	292	
응용 카메라 구도	112	정기 결제	62	커버 영상	247	
의견 보내기	65	정면광	44	컬러 베리에이션	189	
의상 스타일	18	제미나이	31	컬러 색	77	
이미지 변환	16	제미나이 업그레이드	60	코드 파일	66	
이미지 합성	21	조립도	203	콘셉트 아트	21	
익스트림 클로즈업 샷	53	조명	21, 39	콘텐츠 위반	88	
인물 강조	77	주광	42	크레인 샷	55	
인물 의상	71	지브리 스타일	38	클로즈업 샷	41, 53, 109	
인물 정체성	18	질감	24			
인증 화면	59			**ㅌ**		
인터페이스	65			타이포그래피	175	

타임라인	295	필름 시대	140
테마	65		
텍스처	266		
텍스트 프롬프트	26	하이앵글 샷	41, 54
트래킹 샷	109	합성	95
		핫스폿	127
		핵심 컨셉	32
파스텔 톤	39	형용사	30
파일 업로드	69	홍보 간판	172
파일 추가	66	홍보 연출	165
판타지	37	화면 전환 효과	296
팝아트	37	화풍	19
팝아트 스타일	38	확장성	23
패키지 디자인	227	활동	65
퍼스트 프롬프트	32	효과음	240
페이스 오프	145	효율성	23
포토샵	117	후반 보정 기술	140
풀 샷	40		
프로필 커버	244		
프롬프트	27		
프롬프트 입력창	66		
피규어	107		
피규어 패키지	230		
피부 보정	118		
피부 트러블	119		
피사체	29		
필름	140